KONRAD WESTBOMKE

Der Anspruch auf Erlaß von Rechtsverordnungen und Satzungen

Schriften zum Öffentlichen Recht

Band 302

Der Anspruch auf Erlaß von Rechtsverordnungen und Satzungen

Von

Dr. Konrad Westbomke

DUNCKER & HUMBLOT / BERLIN

CIP-Kurztitelaufnahme der Deutschen Bibliothek

Westbomke, Konrad

Der Anspruch auf Erlaß von Rechtsverordnungen und Satzungen. — 1. Aufl. — Berlin: Duncker und Humblot, 1976.
(Schriften zum Öffentlichen Recht; Bd. 302)
ISBN 3-428-03685-9

D 21

Gedruckt 1976 bei Buchdruckerei A. Sayffaerth - E. L. Krohn, Berlin 61
Printed in Germany

ISBN 3 428 03685 9

Vorwort

Diese Arbeit hat im Wintersemester 1975/76 dem Fachbereich Rechtswissenschaft der Universität Tübingen als Dissertation vorgelegen.

Mein besonderer Dank gilt meinem verehrten Doktorvater Herrn Prof. Dr. Dr. h. c. Otto Bachof, durch dessen kritische Stellungnahme zur Rechtsprechung des Bundesverwaltungsgerichts dieses Buch angeregt wurde und dessen hilfreichen Hinweisen es seinen Fortgang verdankt.

Ebenso danke ich Herrn Senator E. h. Ministerialrat a. D. Prof. Dr. J. Broermann für die Aufnahme dieser Arbeit in die Reihe „Schriften zum Öffentlichen Recht".

Tübingen im März 1976 *Der Verfasser*

Inhaltsverzeichnis

Drittes Kapitel

Besonderheiten des Anspruches auf Erlaß von Satzungen

Viertes Kapitel

Die prozessuale Geltendmachung des Anspruches auf Erlaß untergesetzlicher Rechtsnormen

Abkürzungsverzeichnis

Abl.	=	Ablehnend
a. F.	=	alte Fassung
AöR	=	Archiv des öffentlichen Rechts (zit. nach Band und Seite)
AT	=	Allgemeiner Teil
AS	=	Sammlung von Entscheidungen des Bayerischen Verwaltungsgerichtshofes mit Entscheidungen des Bayerischen Verfassungsgerichtshofs, des Bayerischen Dienstgerichtshofes für Richter und des Bayerischen Gerichtshofs für Kompetenzkonflikte. Herausgegeben vom Bayerischen Verwaltungsgerichtshof in München (zit. nach Band der neuen Folge und Seite)
Bad.-Württ.	=	Baden-Württemberg, baden-württembergisch
Bad.-Württ. VBl.	=	Baden-Württembergisches Verwaltungsblatt (zit. nach Jahrgang und Seite)
BAG	=	Bundesarbeitsgericht
BAGE	=	Entscheidungen des Bundesarbeitsgerichts. Herausgegeben von den Mitgliedern des Gerichtshofes (zit. nach Band und Seite)
BAnz.	=	Bundesanzeiger
BauR	=	Baurecht. Zeitschrift für das gesamte öffentliche und zivile Baurecht (zit. nach Jahrgang und Seite)
Bay.	=	Bayern, bayerisch
Bay. VBl.	=	Bayerische Verwaltungsblätter (zit. nach Jahrgang und Seite)
BBauG	=	Bundesbaugesetz vom 23. Juni 1960 (BGBl. I, S. 341)
BEG	=	Bundesergänzungsgesetz zur Entschädigung für Opfer der nationalsozialistischen Verfolgung (Bundesentschädigungsgesetz) vom 18. Sept. 1953 (BGBl. I, S. 1387)
BGB	=	Bürgerliches Gesetzbuch
BGBl.	=	Bundesgesetzblatt
BGH	=	Bundesgerichtshof
BGHSt	=	Entscheidungen des Bundesgerichtshofes in Strafsachen. Herausgegeben von den Mitgliedern des Bundesgerichtshofes und der Bundesanwaltschaft (zit. nach Band und Seite)
BGHZ	=	Entscheidungen des Bundesgerichtshofes in Zivilsachen. Herausgegeben von den Mitgliedern des Bundesgerichtshofes und der Bundesanwaltschaft (zit. nach Band und Seite)
BRS	=	Baurechtsammlung. Rechtsprechung der Bundesverwaltungsgerichts, der Oberverwaltungsgerichte der Länder und anderer Gerichte zum Bau- und Bodenrecht. Herausgegeben von Thiel, Fr. und Gelzer, Konrad (zit. nach Band und Seite)

BT	=	Bundestag
BVerfG	=	Bundesverfassungsgericht
BVerfGE	=	Entscheidungen des Bundesverfassungsgerichts. Herausgegeben von den Mitgliedern des Bundesverfassungsgerichts (zit. nach Band und Seite)
BVerfGG	=	Gesetz über das Bundesverfassungsgericht i. d. F. der Bekanntmachung vom 3. Februar 1971 (BGBl. I, S. 105)
BVerwG	=	Bundesverwaltungsgericht
BVerwGE	=	Entscheidungen des Bundesverwaltungsgerichts. Herausgegeben von Mitgliedern des Gerichts (zit. nach Band und Seite)
Diss.	=	Dissertation
DöV	=	Die öffentliche Verwaltung (zit. nach Jahrgang und Seite)
Dt.	=	Deutsch
DVBl.	=	Deutsches Verwaltungsblatt (zit. nach Jahrgang und Seite)
DWW	=	Deutsche Wohnungswirtschaft (zit. nach Jahrgang und Seite)
E	=	Entscheidung
Erl.	=	Erläuterung
ESVGH	=	Entscheidungen des Hessischen Verwaltungsgerichtshofs und des Verwaltungsgerichtshofs Baden-Württemberg mit Entscheidungen der Staatsgerichtshöfe beider Länder. Herausgegeben von den Mitgliedern der Verwaltungsgerichtshöfe (zit. nach Band und Seite)
FGO	=	Finanzgerichtsordnung vom 6. Oktober 1965 (BGBl. I, S. 1477)
FN	=	Fußnote
G	=	Gesetz
Ges. Bl.	=	Gesetzblatt
GewO	=	Gewerbeordnung für das Deutsche Reich i. d. F. vom 26. Juli 1900 (RGBl., S. 871)
GG	=	Grundgesetz für die Bundesrepublik Deutschland vom 23. Mai 1949 (BGBl., S. 1)
GO	=	Gemeindeordnung
GVBl.	=	Gesetz- und Verordnungsblatt
GVG	=	Gerichtsverfassungsgesetz i. d. F. der Bekanntmachung vom 8. September 1961 (BGBl. I, S. 1665)
HBKWP	=	Handbuch der kommunalen Wissenschaft und Praxis. Herausgegeben von Peters, Hans, 3 Bde., Bd. I Kommunalverfassung, Berlin, Göttingen, Heidelberg 1956; Bd. II Kommunale Verwaltung, Berlin, Göttingen, Heidelberg 1957; Bd. III Kommunale Finanzen und Kommunale Wirtschaft, Berlin, Göttingen, Heidelberg 1959
HdbDStR	=	Handbuch des Deutschen Staatsrecht. Herausgegeben von Anschütz, Gerhard und Thoma, Richard, 2 Bde., 1. Bd. Tübingen 1930, 2. Bd. Tübingen 1932
Hrsg.	=	Herausgeber

Hess.	= Hessen, Hessisch
Hlbs.	= Halbsatz
h. M.	= herrschende Meinung
HO	= Gesetz zur Ordnung des Handwerks (Handwerksordnung) i. d. F. vom 28. Dezember 1965 (BGBl. 1966 I, S. 1)
HRRVwR	= Höchstrichterliche Rechtsprechung zum Verwaltungsrecht. Von Menger, Christian-Friedrich; Erichsen, Hans-Uwe und Mutius, Albert von. Köln, Berlin, Bonn, München (zit. nach Jahrgang und Nummer)
i. d. F.	= in der Fassung
i. V. m.	= in Verbindung mit
JR	= Juristische Rundschau (zit. nach Jahrgang und Seite)
JuS	= Juristische Schulung (zit. nach Jahrgang und Seite)
JZ	= Juristen-Zeitung (zit. nach Jahrgang und Seite)
LStVG	= (Bayerisches) Gesetz über das Landesstrafrecht und das Verordnungsrecht auf dem Gebiet der öffentlichen Sicherheit und Ordnung (Landesstraf- und Verordnungsgesetz) i. d. F. der Bekanntmachung vom 7. November 1974 (GVBl., S. 753)
LVG	= (Bad.-württ.) Landesverwaltungsgesetz vom 7. November 1955 (GBl., S. 225)
m.	= mit
MDR	= Monatsschrift für Deutsches Recht (zit. nach Jahrgang und Seite)
n. F.	= neue Folge
Nieders.	= Niedersachsen, niedersächsisch
NJW	= Neue Juristische Wochenschrift (zit. nach Jahrgang und Seite)
Nordrh.-Westf.	= Nordrhein-Westfalen, nordrhein-westfälisch
OBG	= (Nordrh.-westf.) Gesetz über Aufbau und Befugnisse der Ordnungsbehörden (Ordnungsbehördengesetz) i. d. F. der Bekanntmachung vom 28. Oktober 1969 (GVBl., S. 732)
OLG	= Oberlandesgericht
OVGE	= Entscheidungen der Oberverwaltungsgerichte für das Land Nordrhein-Westfalen in Münster sowie für die Länder Niedersachsen und Schleswig-Holstein in Lüneburg (zit. nach Band und Seite)
PAG	= Gesetz über die Aufgaben und Befugnisse der Polizei in Bayern (Polizeiaufgabengesetz) i. d. F. der Bekanntmachung vom 24. Okt. 1974 (GVBl., S. 739).
PolG, PG	= Polizeigesetz
PVG	= Polizeiverwaltungsgesetz
Rdnr.	= Randnummer
RGZ	= Entscheidungen des Reichsgerichts in Zivilsachen. Herausgegeben von den Mitgliedern des Gerichtshofes und der Reichsanwaltschaft (zit. nach Band und Seite)

RVkBl.	= Reichsverkehrsblatt
RVO	= Reichsversicherungsordnung i. d. F. der Bekanntmachung vom 15. Dezember 1924 (RGBl. I, S. 779)
Schlesw.-Holst.	= Schleswig-Holstein, schleswig-holsteinisch
SOG	= (Hess. und nieders.) Gesetz über die öffentliche Sicherheit und Ordnung. Hess.: i. d. F. vom 26. Januar 1972 (GVBl. I, S. 24), Nieders.: vom 21. März 1951 (GVBl. I, S. 89).
StBauFG	= Gesetz über städtebauliche Sanierungs- und Entwicklungsmaßnahmen in den Gemeinden (Städtebauförderungsgesetz) vom 27. Juli 1971 (BGBl. I, S. 1125)
Verf.	= Verfassung
VerfGH	= Verfassungsgerichtshof
Verh.	= Verhandlungen
Verw. Rspr.	= Verwaltungsrechtsprechung in Deutschland. Sammlung obergerichtlicher Entscheidungen aus dem Verfassungs- und Verwaltungsrecht. Herausgegeben von Wehrl, Hans-Lothar und Schwarzer, Herbert (zit. nach Band und Seite)
VG	= Verwaltungsgericht
VGH	= Verwaltungsgerichtshof
Vorb.	= Vorbemerkung
VVDStRL	= Veröffentlichungen der Vereinigung der Deutschen Staatsrechtslehrer. (zit. nach Heft und Seite)
VwGO	= Verwaltungsgerichtsordnung vom 21. Januar 1960 (BGBl. I, S. 17)
WiR	= Wirtschaftsrechtl. Beiträge und Berichte aus dem Gesamtbereich des Wirtschaftsrechts. Herausgegeben von Friauf, Karl Heinrich (zit. nach Jahrgang und Seite)

Einleitung

„Einen Anspruch auf den Erlaß einer Rechtsverordnung gibt es nicht." So lautet eine apodiktische Feststellung des BVerwG vom 1. 8. 1958 — VII A 35.57: BVerwGE 7, 188 f.[1]. Das Gericht lehnte damit den Antrag einer Tarifvertragspartei auf Allgemeinverbindlicherklärung eines Tarifvertrages ab. In ähnlicher Kürze wurde später auch von diesem Gericht das Begehren eines Güterkraftverkehrsunternehmens abgelehnt, das eine Ausnahme, die der Bundesverkehrsminister durch Rechtsverordnung zu erlassen gehabt hätte, nach § 20 Abs. 1 der damals gültigen Kraftverkehrsordnung i. d. F. von 1944 (RVkBl. B Nr. 6 vom 8. 3. 1944) erstrebte, um seine Tarife für die Beförderung von Gütern zwischen zwei bestimmten Orten der Straßenentfernung von 30 km anpassen zu können und nicht weiterhin die Eisenbahntarifentfernung von 159 km zugrunde legen zu müssen[2]. Wohl nicht zu Unrecht hat *Bachof* dazu die Frage gestellt, ob das nicht „staatlich verordneter Wucher ohne Abwehrmöglichkeit" sei[3]. Das OVG Berlin hingegen hat dem Personalrat der Rechtsreferendare einen Anspruch auf Ergänzung der Berliner Justizausbildungsordnung dahingehend, daß er an der zweiten juristischen Staatsprüfung zu beteiligen sei, zuerkannt[4].

Ansprüche auf Satzungen oder auf deren Ergänzung wurden bisher insbesondere bei Bebauungsplänen akut. Die Problematik verschärft sich hier noch dadurch, daß § 2 Abs. 9 BBauG solche Ansprüche ausdrücklich ausschließen will, was die h. M. auch so hinnimmt. Speziell mit dieser Frage waren bisher der Bay.VerfGH[5] und der Hess. VGH[6] befaßt. Im Falle der Verfassungsbeschwerde zum Bay. VerfGH wollte ein Grundstückseigentümer in den Planungsbereich einer Stadt einbezogen werden. Das Gericht beschied abschlägig: Mit der Rüge der Gleichheitsverletzung könne der Beschwerdeführer in diesem Verfahren nicht gehört werden; Art. 103 der bay. Verfassung vom 2. 12. 1946 (GVBl., S. 333), der das Eigentumsrecht garantiert, könne nicht verletzt sein, im übrigen gehe § 2 Abs. 9 BBauG als Bundesrecht dem Art. 103

---

[1] Mit kritischer Anm. *Bachof*, Verf. R. I, 245 f.

[2] BVerwGE 13, 328 ff.

[3] Verf. R. II, 142 ff. (144).

[4] DVBl. 1970, 700 f. m. abl. Anm. *Merten*, 701 f.

[5] DVBl. 1966, 798 f. m. Anm. *Schneider*, DVBl. 1966, 799 f.

[6] ESVGH 22, 224 ff.

der bay. Verfassung vor. Auch im Falle des Hess. VGH beantragte ein Plananrainer Einbeziehung seines Grundstückes in den Bebauungsplan. Die Klage wurde als unzulässig abgewiesen. Zur Begründung führte das Gericht aus, dem Kläger fehle das Rechtsschutzbedürfnis, da er einen von der Rechtsordnung nicht gebilligten Anspruch geltend mache. Grundsätzlich diene die untergesetzliche Normgebung nämlich nicht der Erfüllung von Individualansprüchen, sondern dem Wohl der Allgemeinheit, § 2 Abs. 9 BBauG sei nur Ausdruck dessen. Diese Beispiele mögen demonstrieren, daß es in der vorliegenden Arbeit nicht nur um eine theoretische Fragestellung geht, sondern daraus auch praktisch bedeutsame Folgerungen gezogen werden können.

Letztlich möge die Arbeit auch einen Beitrag liefern zur Problematik des Spannungsverhältnisses zwischen Durchsetzung des Vorrangs der Verfassung und dem Geltungsanspruch des Gesetzes einerseits und der Gewaltenteilung und dem Rechtsetzungsermessen andererseits.

Aufbaumäßig wird so verfahren, daß zunächst mit einer kurzen Erörterung der subjektiven öffentlichen Rechte eine Basis für die weitere Behandlung des Themas gewonnen werden soll. Sodann ist Stellung zu nehmen zu der Frage, ob bei grundsätzlicher Anerkennung der Möglichkeit eines Anspruchs auf Gesetzeserlaß ein solcher auf Rechtsverordnungs- und Satzungserlaß noch ausgeschlossen werden kann. Letztere Ansprüche werden dann im Hauptteil der Arbeit eingehend erörtert. Im Anschluß daran soll die Art der gerichtlichen Durchsetzung aufgezeigt werden. Es sei noch darauf hingewiesen, daß sich die Darlegungen ausschließlich auf die Ansprüche einzelner Personen beziehen, ausgeklammert sind also solche von Körperschaften (etwa von Gemeinden gegen das Land oder den Bund) und Verbänden (etwa von Gewerkschaften oder Arbeitgeberverbänden auf Allgemeinverbindlicherklärung von Tarifverträgen[7]).

---

[7] Dazu etwa *v. Barby*, 150 ff.

Erstes Kapitel

Zur allgemeinen Problematik von Ansprüchen auf Erlaß von Rechtsnormen

Die Frage nach den Ansprüchen auf Erlaß von Rechtsnormen ist zu einem großen Teil nur auf die Frage nach einem Gesetzeserlaßanspruch bezogen worden[1]. Untersuchungen zum Anspruch auf Erlaß von Rechtsverordnungen und Satzungen haben demgegenüber bisher weitgehend nur kursorischen Charakter gehabt[2]. Zwar stehen beide Probleme in einem gewissen Zusammenhang, denn soweit ein Anspruch auf Gesetzeserlaß anerkannt ist, wird man die Möglichkeit von Ansprüchen auf Erlaß von Rechtsverordnungen und Satzungen wohl nicht mehr ausschließen können; aber auch dort, wo ein Anspruch auf Gesetzeserlaß nicht besteht, könnte trotzdem ein Anspruch auf Erlaß von Rechtsverordnungen und Satzungen bestehen, weil dieser sich wohl nicht ausschließlich aus der Verfassung ergeben muß, sondern auch im unter der Verfassung stehenden Gesetz begründet sein könnte.

I. Subjektive öffentliche Rechte und Ansprüche

Wenn im Zusammenhang mit dem Thema dieser Arbeit zunächst auf die Lehre von den subjektiven öffentlichen Rechten eingegangen werden soll, so kann eine solche Erörterung zwangsläufig nur kursorischen Charakter haben; sie erscheint dennoch notwendig, da auf diese Weise eine Basis für die weiteren Ausführungen gewonnen werden kann.

---

[1] BVerfGE 1, 97 ff.; 6, 257 ff. (264); 8, 1 ff. (9 ff.); 22, 349 ff. (360); 25, 236 ff. (246); 26, 100 ff. (109); BGHZ 56, 40 ff.; *Jülicher*, Die Verfassungsbeschwerde gegen Urteile bei gesetzgeberischem Unterlassen; *Lechner*, NJW 1955, 1817 ff.; *Seiwerth*, Zur Zulässigkeit der Verfassungsbeschwerde gegenüber Grundrechtsverletzungen des Gesetzgebers durch Unterlassen; *Seufert*, Die nicht erfüllten Gesetzgebungsgebote des GG und ihre verfassungsrechtliche Durchsetzung; *Schneider*, AöR 89, 24 ff.

[2] BVerfGE 13, 248 ff. (dazu *Fuss*, JZ 62, 738 ff.); 16, 332; BVerwGE 7, 188 ff.; 13, 328 ff.; Bay. VerfGH, DVBl. 1966, 798 ff. m. Anm. *Schneider*, DVBl. 1966, 799 f.; Hess. VGH, ESVGH 22, 224 ff.; OVG Berlin, DVBl. 1970, 700 f. m. Anm. *Merten*, 701 f.; *Bachof*, Verf. R. I, 245 f.; ders., Verf. R. II, 143 f.; *Obermayer*, Bay. VBl. 1958, 69 ff. (71); ders., DVBl. 1965, 625 ff. (632 f.); *v. Barby* (allerdings mit weitgehender Beschränkung auf die prozessuale Durchsetzbarkeit).

1. Die Lehre von den subjektiven öffentlichen Rechten

Nachdem die Existenz subjektiver öffentlicher Rechte heute so gut wie nicht mehr angezweifelt wird[3], steht im Mittelpunkt der Diskussion die Frage der Abgrenzung von echten derartigen Rechten zu den sog. Rechtsreflexen[4].

Die h. L. hat *Bühler*[5], aufbauend auf *Georg Jellinek*[6], dahingehend zusammengefaßt, daß die subjektiven öffentlichen Rechte sich darstellen als „diejenige rechtliche Stellung des Untertanen zum Staat, in der er auf Grund eines Rechtsgeschäftes oder eines zwingenden, zum Schutze seiner Individualinteressen erlassenen Rechtssatzes, auf den er sich der Verwaltung gegenüber soll berufen können, vom Staat etwas verlangen kann oder ihm gegenüber etwas tun darf".

Läßt man die durch Rechtsgeschäft begründeten subjektiven öffentlichen Rechte einmal außer Betracht, so liegen solche im Gegensatz zu bloßen Rechtsreflexen dann vor, wenn Normen wenigstens unter anderem zum Individualinteressenschutz erlassen wurden. Diese Umschreibung könnte allerdings zu der Annahme verleiten, die Gewährung subjektiver öffentlicher Rechte liege völlig im Belieben des historischen Normgebers. Die Zurückweisung einer solchen Auffassung und damit die Einfügung der überkommenen Lehre in das Wertsystem des GG ist im wesentlichen das Verdienst von *Bachof*[7]. Danach widerspräche es unserer staatlichen Grundordnung, wenn man den Einzelnen nur als Objekt der Rechtsordnung sähe, vielmehr ergebe sich aus der Gesamtsicht des GG, insbesondere aus den Art. 20 Abs. 1 und 28 Abs. 1 S. 1, daß „unter der Verfassungsordnung des GG *alle* objektivrechtlichen gewährten und gewollten Begünstigungen des öffentlichen Rechts zu subjektiven Rechten geworden seien"[8]. Dieser *Bühler / Bachof*schen Lehre, der sich mit hier nicht weiter interessierenden Nuancierungen die h. M. angeschlossen hat[9], ist insbesondere *Henke*[10] entgegengetreten.

---

[3] Ablehnend noch *Giacometti*, 306; vgl. im übrigen *Lorenz*, 74 ff.

[4] Vgl. *Bachof*, Gedächtnisschr. f. W. Jellinek, 294; *Henke*, Festschr. f. W. Weber, 498.

[5] Die subjektiven öffentlichen Rechte, 224; ähnlich ders., Gedächtnisschr. f. W. Jellinek, 274.

[6] System der subjektiven öffentlichen Rechte, 42 ff.

[7] VVDStRL 12, 72 ff.; ders., Gedächtnisschr. f. W. Jellinek, 287 ff. Schon in „Vornahmeklage", 69 hat er darauf hingewiesen, daß Ermessensnormen subjektive öffentliche Rechte nicht hindern, soweit die Grenzen des Ermessens überschritten werden. Neuerdings auch *Wolff / Bachof*, § 43 I b 1 (S. 321).

[8] Gedächtnisschr. f. W. Jellinek, 299 (Hervorhebung im Original).

[9] Bedeutsam ist noch die Ansicht von *Rupp*, Grundfragen, 171 ff., der auf die Statuslehre G. Jellineks zurückgeht, einen Status jedoch nur dann annimmt, wenn ein Verwaltungsgesetz dem Schutz von Einzelinteressen diene (S. 246), so daß auch er letztlich auf die Kriterien der h. M. angewiesen

Seine zunächst aufgestellte Grundposition ging dahin, daß subjektive öffentliche Rechte — nur und immer — dann entstehen, wenn die Verwaltung ein Gesetz verletzt, das den Bürger in seinen „eigenen Angelegenheiten" betrifft[11].

Hatte man diese Ansicht zunächst allgemein als ein aliud zur h. M. angesehen[12], so zeigen die neuesten, ergänzenden Erörterungen *Henkes* zu diesem Thema[13], daß beide Positionen durchaus nicht so weit von einander entfernt sind, wie es zunächst den Anschein hatte. Dabei knüpft Henke an die zivilistische Lehre[14] von den subjektiven Rechten an, in deren Rahmen seit der Kodifizierung des BGB die relativen Rechte im Vordergrund stehen[15]. Für das öffentliche Recht heißt das Henke zufolge, daß im Vordergrund das öffentlich-rechtliche Rechtsverhältnis steht, aus dem die Ansprüche in gleicher Weise erwachsen wie im Zivilrecht aus den Schuldverhältnissen[16]. In dieser Tendenz der schwerpunktmäßigen Betrachtung des Rechtsverhältnisses geht er mit *Bachof*[17] einig. Beide folgern denn auch daraus, daß für das Entstehen subjektiver öffentlicher Rechte der Bürger den Grundrechten als absoluten Rechten nicht die Bedeutung zukommt, wie sie etwa von *Lorenz*[18] behauptet wird; als mindestens ebenso bedeutsam sind einfachgesetzlich gewährte relative Rechte anzusehen[19]. Auch für die eigentliche Abgrenzung zwischen subjektiven Rechten und Rechtsreflexen benutzt Henke das Zivilrecht als Anknüpfungspunkt[20]. So regele das Gesetz in § 433 BGB Angelegenheiten des Käufers, nicht irgendeines Dritten, deshalb verleihe § 433 Abs. 1 BGB bei Erfüllung der Tatbestandsvoraussetzungen nur dem Käufer ein subjektives Recht. Gleiches habe auch im öffentlichen Recht zu gelten[21]. Diese von ihm schon früher vorge-

ist. — Im übrigen: *Dürig:* Maunz / Dürig / Herzog, Art. 19 Abs. 4 Rdnr. 35 ff.; *Forsthoff*, HDSW, Bd. 10, 234 ff.; ders., Lehrb., 186; *Huber*, Wirtschaftsverw. R. Bd. 1, 681; *v. Turegg / Kraus*, 162; *W. Jellinek*, Verw. R., 201; aus der Rechtsprechung: BVerfGE 15, 281 f.; BVerwGE 1, 159; 9, 78; 27, 33; OVG Lüneburg, DöV 1964, 428; OVG Berlin, NJW 1967, 2279; VGH Bad.-Württ., DVBl. 1972, 586 ff. (587 f.).

10 Das subjektive öffentliche Recht, 3 f.; ders., Festschr. f. W. Weber, 495 ff.; ebenso *Bartlsperger*, VerwArch. 60, 49; ders., DVBl. 1970, 32; *Bernhardt*, 306 f.

11 Das subjektive öffentliche Recht, 57 ff. (60).

12 *Rupp*, DVBl. 1969, 221 f.; *Friauf*, DVBl. 1971, 713 ff. (715); *Bachof:* Wolff / Bachof, § 43 I b 2. (S. 322 f.).

13 Festschr. f. W. Weber, 495 ff.

14 Zusammenfassend hierzu *Raiser*, 465 ff.

15 *Henke*, Festschr. f. W. Weber, 500.

16 Ebd., FN 8.

17 VVDStRL 30, 193 ff. (231).

18 S. 63.

19 *Bachof:* Wolff / Bachof, § 43 I b 2 (S. 323); *Henke*, Festschr. f. W. Weber, 500 ff. (502).

20 Ebd., 509 ff.

tragene Auffassung[22] erläutert er zur Vermeidung von Fehldeutungen nun dahin, daß es nicht auf ein bloßes faktisches, von jedem Gesetz losgelöstes Betroffensein ankomme, sondern auf eine objektive Interpretation des Gesetzesinhaltes, die, um zu subjektiven öffentlichen Rechten zu gelangen, ergeben müsse, daß die betroffenen Angelegenheiten Gegenstand der Gesetzesregelung sind. Erreicht werden soll damit, daß das Entstehen subjektiver öffentlicher Rechte nicht vom Willen oder der Absicht des Gesetzgebers abhängig ist[23].

In die gleiche Richtung gehen aber auch die Äußerungen *Bachofs*[24], der ebenfalls nicht auf die subjektiven Vorstellungen des Normgebers abheben will, sondern auf eine objektive Bewertung der beteiligten Interessen.

Somit läßt sich im Ergebnis kaum noch von Unterschieden zwischen beiden Meinungen sprechen, wenn man von terminologischen Differenzen absieht. Mit Recht vertritt daher *Bachof* die Meinung, daß für das entscheidende Problem der Abgrenzung zwischen subjektiven öffentlichen Rechten und Rechtsreflexen jeweils die gleichen Überlegungen anzustellen seien, gleichgültig ob man nun danach frage, wessen Angelegenheiten ein Gesetz betreffe oder wessen Interessen es schütze[25].

Einer Verdeutlichung bedarf die Ansicht von *Henke* allerdings meines Erachtens in diesem Zusammenhang noch: Selbstverständlich kann der Gesetzgeber im Rahmen des verfassungsrechtlich Möglichen subjektive Rechte gewähren oder versagen. Darin liegt ein Unterschied zu der bei der Auslegung der verabschiedeten Norm anzuwendenden Methode. Faßt er nämlich die Norm derart eindeutig, daß solche Rechte ausscheiden, so kommt man darüber auch mit objektiver Gesetzesinterpretation nicht hinweg[26].

---

[21] Allerdings kann nicht verkannt werden, daß die Feststellung, wessen Angelegenheiten durch eine Norm geregelt werden, im Zivilrecht regelmäßig leichter ist, als im öffentlichen Recht, bei dem die sprachliche Fassung einer Norm vielfach noch vor dem Hintergrund des objektiven Gesetzmäßigkeitsprinzips zu sehen ist (vgl. *Rupp*, Grundfragen, 246).

[22] Das subjektive öffentliche Recht, 60.

[23] Festschr. f. W. Weber, 510.

[24] *Wolff / Bachof*, § 43 I b 2 (S. 322); Gedächtnisschr. f. W. Jellinek, 297.

[25] *Wolff / Bachof*, § 43 I b 2 (S. 323); krasser noch *Rupp*, DVBl. 1969, 221 f., der Henke entgegenhält, er ersetze nur eine Frage durch eine andere. Größere Unterschiede in den beiden Meinungen scheinen noch *Erichsen / Martens:* Erichsen / Martens (Hrsg.), 124 (FN 56) zu sehen.

[26] Als falsch muß auch die Ansicht von *Vogel*, Gefahrenabwehr, 169 angesehen werden, wonach der Gesetzgeber nicht darüber entscheide, durch welche Vorschriften er subjektive Rechte gewähren wolle, denn nach Art. 19 Abs. 4 GG sei es nicht Sache des Gesetzgebers, Klagemöglichkeiten zu eröffnen. *Vogel* vermischt hier unzulässigerweise Klagemöglichkeiten und subjektive Rechte.

2. Der Anspruch als Bestandteil subjektiver öffentlicher Rechte

Auch in der Frage der Differenzierung zwischen subjektiven öffentlichen Rechten und Ansprüchen bestehen zwischen *Bachof* und *Henke* höchstens noch terminologische Unterschiede. In der Sache lehnen sich beide eng an die im Privatrecht gebildeten Kategorien an[27]: Bachof teilt die subjektiven öffentlichen Rechte in Beherrschungsrechte oder absolute Rechte, Ansprüche und Gestaltungsrechte ein[28]. Darüber hinaus können jedoch auch aus Beherrschungs- und Gestaltungsrechten Ansprüche entstehen, nämlich bei Verletzung dieser Rechte[29].

Henke differenziert dagegen nach absoluten und relativen Rechten, letztere wiederum nach abhängigen und selbständigen Rechten[30]. Relative selbständige Rechte werden dabei mit den Ansprüchen im Sinne der *Bachof*schen Einteilung gleichgesetzt[31]. Als relative abhängige Rechte bezeichnet er Ansprüche, die aus der Beeinträchtigung absoluter Rechte, als die er Grundrechte ansieht[32], hervorgehen[33]. Damit verbleibt auch in diesem Bereich kein wesentlicher Unterschied zu den Ansprüchen, die sich nach Bachof aus der Verletzung von Beherrschungs- oder Gestaltungsrechten ergeben.

Folgt man in der Terminologie *Henke*, so sind Ansprüche also entweder relative selbständige Rechte, die sich aus der Verwirklichung eines gesetzlichen Tatbestandes als Rechtsfolge ergeben oder relative, abhängige Rechte, die sich aus der Verletzung absoluter Rechte ergeben. Abschließend sei hier für die weitere Behandlung des Themas nur noch angemerkt, daß Ansprüche als solche nach keiner Meinung auf Vornahme oder Nichtvornahme von Einzelakten beschränkt sind.

II. Die herrschende Meinung und Rechtsprechung zum Anspruch auf Erlaß formeller Gesetze

1. Die neue Rechtslage unter dem GG

Unter der Geltung der Weimarer Verfassung erschien es wohl noch weitgehend ausgeschlossen, daß es gegen den Gesetzgeber Ansprüche

[27] Vgl. *Raiser*, 466.

[28] *Wolff / Bachof*, § 43 I a 3 (S. 320); ders., Gedächtnisschr. f. W. Jellinek, 293.

[29] Gedächtnisschr. f. W. Jellinek, 294; insoweit übereinstimmend *Rupp*, Grundfragen, 171 ff.

[30] Festschr. f. W. Weber, 498 ff.

[31] Vgl. die abstrakte Definition über das Entstehen relativer selbständiger Rechte bei *Henke*, ebd., 504 und die von *Bachof:* Wolff / Bachof, § 43 I a 3 (S. 320) genannten Einzelbeispiele zu den Ansprüchen.

[32] Ebd., 501.

[33] Ebd., 502.

geben könne. Diese Auffassung hatte im wesentlichen zwei Gründe, nämlich einmal die nahezu völlige Ungebundenheit des Gesetzgebers[34], zum anderen die Überzeugung von seinem ausschließlichen Tätigwerden im Gemeininteresse[35].

Erste Auflockerungen dieser bis dahin überwiegend herrschenden Ansicht wurden aber unter der Herrschaft des GG bald sichtbar. Während noch das Reichsgericht eine Amtshaftung für Gesetzgebungsmaßnahmen abgelehnt hatte[36], räumte *Bachof* schon 1951 eine solche Schadensersatzmöglichkeit ein. Einen Anspruch auf Gesetzeserlaß lehnte Bachof zwar zunächst noch ab, bezeichnenderweise aber schon nicht mehr mit der überkommenen Begründung, sondern unter Berufung auf den Gewaltenteilungsgrundsatz[37].

Auch das BVerfG hatte sich bereits sehr früh mit dem Anspruch auf Gesetzeserlaß zu befassen[38]. Man merkt noch seiner Entscheidung vom 19. 12. 1951 deutlich eine argumentative Unsicherheit an. Das Gericht lehnt zum einen den Anspruch wegen einer möglichen Schwächung der gesetzgebenden Gewalt ab[39], nimmt damit also Bezug auf die rechtliche Ungebundenheit des Gesetzgebers, zum anderen begründet es die Ablehnung aber auch damit, daß dadurch eine Verschiebung staatlicher Zuständigkeiten ausgelöst würde[40], womit der Gewaltenteilungsgrundsatz angesprochen ist. Die Unsicherheit des Gerichts zeigt sich ferner daran, daß es sich in einem obiter dictum die Möglichkeit offenhielt, einen solchen Anspruch u. U. doch zu gewähren[41], was denn auch später in etlichen Fällen geschah[42].

Diese Neuorientierung von Rechtsprechung und Lehre[43] war unter dem GG zwingend geworden. Die Ansicht von der Ungebundenheit des Gesetzgebers konnte schon angesichts der Art. 1 Abs. 3 und 20 Abs. 3 GG nicht mehr länger aufrechterhalten werden[44]. Den Normerlaß

---

[34] *Thoma*, HdbDStR II, 608 f.

[35] *G. Jellinek*, System der subjektiven öffentlichen Rechte, 80.

[36] RGZ 125, 282; neuestens noch *Drees:* Erman / Drees, § 839, Rdnr. 19.

[37] Vornahmeklage, 18.

[38] BVerfGE 1, 97 ff.

[39] Ebd., S. 100.

[40] Ebd., S. 101.

[41] Ebd., S. 105.

[42] BVerfGE 6, 257 ff. (264); 8, 1 ff. (9 ff.); 15, 46 ff. (75); 22, 349 ff. (360); 25, 236 ff. (246); 26, 100 ff. (109 f.).

[43] Auch sie stimmt heute einem möglichen Anspruch auf Gesetzeserlaß durchweg zu: *Maunz:* Maunz / Dürig / Herzog, Art. 70, Rdnr. 2; *Bachof*, Verf. R. I, 245, II, 143 f.; *Schneider*, AöR, 89, 34 f.; *Rupp*, JuS 1968, 167; *Seiwerth*, 100 ff.; *Obermayer*, DVBl. 1965, 633; *Schmidt-Bleibtreu:* Maunz / *Sigloch* / *Schmidt-Bleibtreu*, § 90 Rdnr. 107 ff.

[44] Daß auch dieser Grundsatz zur Zeit der WRV schon umstritten war, zeigt sich bei *E. Kaufmann*, VVDStRL 3, 5; *C. Schmitt*, 155; weitere Nachweise pro und contra bei *Anschütz*, Art. 109 „Literatur".

ausschließlich dem Allgemeininteresse zuzuordnen, verboten ein großer Teil der Gesetzgebungsbefehle. Namentlich die Art. 6 Abs. 5; 3 Abs. 2 i. V. m. 117 Abs. 1; 131 GG, mußten als auch den Individualinteressen dienend angesehen werden, sollten die Einzelnen nicht zu bloßen Objekten staatlichen Handels werden, was im Widerspruch zu Art. 1 Abs. 1 GG gestanden hätte.

2. Die Gesetzgebungsaufträge im besonderen

Da sich ein Anspruch auf Erlaß einer Norm immer nur aus einer höherrangigen als der gewünschten Norm ergeben kann, muß für einen Anspruch auf Erlaß eines formellen Gesetzes also die Anspruchsgrundlage im GG — speziell in den Grundrechten und grundrechtsgleichen Rechten — gesucht werden[45]. Als Ausgangspunkt bieten sich hier die erwähnten Gesetzgebungsaufträge an, und so hat denn auch das BVerfG jeweils danach gefragt, ob der Anspruchsteller sich auf solche berufen konnte[46]. Gesetzgebungsaufträge, die dem Schutz des Individuums dienen, wurden z. B. gesehen in den Art. 6 Abs. 5 und 33 Abs. 5 GG[47]. Die weitaus meisten einschlägigen Verfassungsbeschwerden richteten sich aber nicht gegen ein sog. absolutes Unterlassen des Gesetzgebers, sondern gegen ein sog. relatives[48], d. h. gegen die Nichtberücksichtigung in einem erlassenen begünstigenden Gesetz.

Im Mittelpunkt der Erörterung dieser Unterlassensform steht stets der Gleichheitssatz. Nun wird zwar behauptet, die Berufung auf eine Verletzung des Art. 3 Abs. 1 GG reiche allein für eine Verfassungsbeschwerde gegen gesetzgeberisches Unterlassen nicht aus, sondern es müsse stets noch ein ausdrücklicher Verfassungsauftrag hinzukommen[49], diese Ansicht wird jedoch durch die Rechtsprechung des BVerfG widerlegt. Es genügt in diesem Zusammenhang, auf einen Fall zu verweisen, in dem eine bestimmte Personengruppe gleichheitswidrig nicht in die begünstigende Regelung des Gesetzes über die Wiedergutmachung nationalsozialistischen Unrechts für Angehörige des öffentlichen Dienstes einbezogen worden war[50]. Ein besonderer Verfassungsauftrag war

[45] Hier ist der Einfachheit halber nur vom Anspruch auf Erlaß von Bundesgesetzen die Rede. Zur Begründung von Ansprüchen auf Erlaß von Landesgesetzen kommen natürlich alle im Range über den Landesgesetzen stehende Rechtsnormen in Betracht.

[46] BVerfGE 2, 287 ff. (291); 6, 257 ff. (264); 8, 1 ff. (20); 11, 255 ff. (261); 25, 236 ff. (246); 29, 283 ff.

[47] BVerfGE 8, 210 ff.; 8, 18 ff.

[48] Die Begriffe „absolutes" und „relatives" Unterlassen stammen von *Wessel*, 161 ff. (164).

[49] *Schmidt-Bleibtreu*, § 90 Rdnr. 112.

[50] BVerfGE 18, 288 ff. (301).

nicht gegeben, ein subjektives öffentliches Recht der Beschwerdeführer lag aber in Form des Reaktionsanspruches auf die Verletzung ihres Rechts aus Art. 3 Abs. 1 GG vor. In diesem Fall wird deutlich, daß die Formel: „Anspruch auf Gesetzeserlaß oder -ergänzung nur bei konkretem Verfassungsauftrag" die eigentliche Frage nach dem subjektiven öffentlichen Recht verdeckt hätte. Zwar wird auch bei den Verfassungsaufträgen stets gefragt, inwieweit sie im Interesse des Einzelnen bestehen; gerade die genannte Entscheidung zeigt aber, daß bei dieser verengten Fragestellung nur allzu leicht übersehen wird, daß im Bereich des Anspruchs auf Gesetzeserlaß und insbesondere Gesetzesergänzung die sog. relativen, abhängigen Rechte eine bedeutsame Funktion haben[51]. Allerdings ist zu sagen, daß in solchen Fällen bloßer Verletzung des Art. 3 Abs. 1 GG die gleichheitswidrig Beeinträchtigten in der Regel keinen strikten Anspruch auf Gesetzesergänzung zu ihren Gunsten haben, sondern nur die Korrektur der Ungleichheit verlangen können. Dieser Korrekturanspruch kann zwar durch die gewünschte Gesetzesergänzung, aber zumeist auch durch Änderung oder gar vollständige Aufhebung des Gesetzes erfüllt werden. Daher wird man in diesen Fällen auch wohl nur von einer Destination sprechen können. Aus dieser Vielzahl von Möglichkeiten ergibt es sich dann auch, daß die Tenorierung solcher Entscheidungen des BVerfG recht unterschiedlich ausfällt[52].

Neben dieser eigenständig anspruchsbegründenden Funktion des Gleichheitssatzes hat Art. 3 Abs. 1 GG übrigens eine prozessuale Funktion, nämlich Verfassungsaufträge aus Grundgesetznormen, die nicht in § 90 Abs. 1 BVerfGG genannt sind, der Verfassungsbeschwerde zugänglich zu machen[53], das war insbesondere bei den Entscheidungen zu Art. 131 GG der Fall[54]. Gerade den Entscheidungen 6, 257 ff. (266) und 8, 1 ff. (10), die auf Verfassungsbeschwerden zurückgingen, merkt man an, wie nach der Bejahung der Zulässigkeit mittels Art. 3 Abs. 1 GG die materiell-rechtliche Argumentation nur noch auf Art. 131 GG abgestellt wird. Diese Funktion könnte allerdings in gleicher Weise auch wohl durch Art. 2 Abs. 1 GG erfüllt werden.

---

[51] Ebenso kann sich aus Art. 12 Abs. 1 i. V. m. Art. 3 Abs. 1 GG ein entsprechender Anspruch auf Gesetzeserlaß ergeben: BVerfGE 25, 236 ff. (246, 252). Zustimmend auch *Dax*, 130: *Seiwerth*, 70; *Lechner*, NJW 1955, 1818.

[52] Vgl. dazu *Schefold / Leske*, NJW 1973, 1297 ff. (1299 ff.). Diese verschiedenen Möglichkeiten zur Beseitigung der Gleichheitsverletzung beachtet *Salzwedel*, 342, nicht genügend, wenn er behauptet, über Art. 3 Abs. 1 GG könne eine Regelung nur zu Fall gebracht werden.

[53] *Seufert*, 168; *Schmidt-Bleibtreu*, § 90 Rdnr. 112.

[54] BVerfGE 6, 257 ff.; 8, 1 ff.; 15, 167 ff.; 16, 254 ff.

3. Der derzeitige Problemstand

Die schon in der ersten einschlägigen Entscheidung[55] angedeutete Problematik der Gewaltenteilung nahm schon bald einen Großteil der Diskussion um den Anspruch auf Gesetzeserlaß ein[56]. Eine Lösung fand das Gericht in den vielfältigen Varianten der Entscheidungsformulierung[57]. Teilweise wurde nur ein verfassungswidriges Unterlassen des Gesetzgebers festgestellt, wobei es davon ausging, daß eine solche Feststellung die moralische Wirkung auf den Gesetzgeber nicht verfehlen werde[58]. Teils wurden die Gerichte als berufen angesehen, den durch gesetzgeberisches Unterlassen frei gewordenen Raum durch ihre Rechtsprechung auszufüllen[59]. Teils appellierte das BVerfG — meist mit Fristsetzung — an den Gesetzgeber, die unterlassene Normsetzung nachzuholen[60]. Welche Formulierung zu wählen ist, dürfte wohl weitgehend eine Frage der Einzelfallentscheidung sein.

Dabei ist nicht zu verkennen, daß das GG die Gewaltenteilung im Sinne einer Gewaltenverschränkung und nicht im Sinne einer strengen Gewaltentrennung versteht. So sieht es in Art. 93 i. V. m. § 95 Abs. 3 BVerfGG ausdrücklich eine kassatorische Normenkontrolle vor, und bestimmte Entscheidungen sind gemäß § 31 Abs. 2 BVerfGG sogar mit Gesetzeskraft ausgestattet. Man kann insoweit also durchaus von einer negativen Gesetzgebungsbefugnis des BVerfG sprechen[61], ohne daß deshalb jemals sein Gerichtscharakter in Zweifel gezogen worden wäre[62]. Nach dem GG greift also dieses Gericht schon so weit in den Bereich der Legislative ein, daß auch ein verpflichtender Ausspruch[63] zum Erlaß einer Norm oder Teilnorm nicht von vornherein undenkbar wäre[64]. Wenn ein solcher aber dennoch kaum je vorkommt, so beruht das allein auf dem gesetzgeberischen Ermessen, daß auch i. d. R. dann noch erhalten bleibt, wenn das BVerfG bestimmte Grundsätze für die zu erlassende Regelung aufgestellt hat; dieses Ermessen kann das

---

[55] BVerfGE 1, 97 ff.

[56] *H. H. Klein*, BVerfG und Staatsraison; *Jülicher*, 36 ff.; *Lange*, NJW 1962, 417 ff.

[57] Überblick bei *Schefold / Leske*, NJW 1973, 1297 ff.

[58] So z. B. BVerfGE 6, 257 ff. (265 f.).

[59] BVerfGE 3, 225 ff. (247 f.).

[60] Eingehend mit Nachweisen dazu *Rupp / v. Brünneck*, 355 ff. Neuestens etwa BVerfG, JZ 1975, 279 ff.

[61] Wie weit heute das BVerfG schon in den Bereich der Legislative hineinwirkt, zeigt sich deutlich in der Entscheidung Bd. 36, 1 ff. (36). Hierzu mit Recht kritisch *Wilke / Koch*, JZ 1975, 233 ff.

[62] Vgl. *Hesse*, 225.

[63] Ein Gesetzeserlaß durch das BVerfG würde auch das dafür im GG vorgesehene Verfahren völlig sprengen.

[64] Vgl. auch die Rezension von *Ule* zu BVerfGE Bd. 15, DVBl. 1964, 779.

Gericht u. a. deshalb nicht ausüben, weil in ihm nicht die pluralistischen Kräfte wie in den Gesetzgebungsorganen wirken[65].

Als Ergebnis bleibt also festzuhalten, daß ein Anspruch auf Erlaß eines formellen Gesetzes sich einmal unmittelbar aus einem ausdrücklichen Verfassungsauftrag ergeben kann; soweit ein solcher sich außerhalb der in § 90 Abs. 1 BVerfGG genannten Vorschriften befindet, bedarf es zur Zulässigkeit der Verfassungsbeschwerde eines Grundrechtes, das i. d. R. in den Art. 2 Abs. 1 oder 3 Abs. 1 GG zu suchen sein wird. Beim sog. relativen Unterlassen kann dem Art. 3 Abs. 1 GG ausnahmsweise auch die Funktion der Anspruchsgrundlage zukommen; gewöhnlich muß die Entscheidung jedoch bei Verletzung von Art. 3 Abs. 1 GG als feststellende ergeben, weil dem Gericht nicht die Ausübung gesetzgeberischen Ermessens zustehen kann, und die Verletzung von Art. 3 Abs. 1 GG dann nur einen Korrekturanspruch unbestimmten Inhalts und nicht einen positiven Anspruch auf Gesetzeserlaß auslöst.

III. Der Schluß a maiore ad minus vom Anspruch auf Erlaß formeller Gesetze auf den Anspruch auf Erlaß von Rechtsverordnungen und Satzungen

1. Die Voraussetzungen des Schlusses

Einmütigkeit besteht in der Lehre darin, daß es sich bei dem argumentum a maiore ad minus nicht um ein formallogisches Schlußverfahren im philosophischen Sinne handelt, vielmehr sind ausschließlich teleologische Gesichtspunkte maßgebend[66], d. h. entscheidend ist die übereinstimmende ratio des weitergehenden geregelten Falles mit dem des weniger weitgehenden[67].

2. Die teleologische Gleichheit beider Ansprüche

Schon der Oberbegriff „Rechtsnorm“ zeigt an, daß den Gesetzen einerseits und den Rechtsverordnungen und Satzungen andererseits Gemeinsames zugrunde liegt, nämlich grundsätzlich eine abstrakt-generelle Regelung; insoweit unterscheiden sich also Gesetze von Rechtsverordnungen und Satzungen nicht.

Auch macht es im vorliegenden Zusammenhang keinen Unterschied, daß einmal Normgeber die Legislative und einmal die Exekutive bzw.

---

[65] So hat denn auch das BVerfG diesen Grund stets mit herangezogen.

[66] *Klug*, 137; *Canaris*, 78; ähnlich wohl auch *Weinberger*, 337 f.; *Forsthoff*, Lehrb., 138; *Larenz*, 295; *Schneider*, Logik für Juristen, 183 f.

[67] *Larenz*, 295.

autonome Körperschaft ist, denn die Verordnungsgebung und Satzungsautonomie dienen nur dazu, den Gesetzgeber von Detailregelungen zu entlasten[68], sei es in Bezug auf sachliche, oft schnellem Wandel unterworfene Einzelfragen, so bei Rechtsverordnungsermächtigungen, sei es in Bezug auf Fragen, die nur einen räumlich oder personell begrenzten Interessentenkreis berühren, wie bei der Autonomieverleihung. Entscheidend ist also wohl, daß grundsätzlich dieselben Regelungen im Gesetz wie auch in einer Rechtsverordnung oder Satzung enthalten sein können, die Formen sind insoweit weitgehend austauschbar, es bestehen also keine wesensmäßigen, sondern nur technische Unterschiede. Auch die Gewaltenteilungsproblematik stellt sich im Verhältnis zur Exekutive nicht als so gravierend dar, denn das Rechtsetzungsermessen der Exekutive ist jedenfalls nicht schwächer gebunden als dasjenige des Gesetzgebers[69].

Das macht den Schluß zwingend, daß man bei prinzipieller Anerkennung eines Anspruchs auf Gesetzeserlaß ebenso die Möglichkeit eines Anspruchs auf Erlaß untergesetzlicher Rechtsnormen anerkennen muß[70], wie denn das heute zum Teil, allerdings ohne eingehende Untersuchung, auch schon geschieht[71].

Zu klären, welche besonderen materiellen Voraussetzungen für den Anspruch auf Erlaß von Rechtsverordnungen und Satzungen gelten und wie der Anspruch gegebenenfalls durchgesetzt werden kann, soll Aufgabe der nun folgenden Kapitel sein.

---

[68] So für die Rechtsverordnungen *Wilke:* v. Mangoldt / Klein, Art. 80 Anm. II 3 e.

[69] Vgl. dazu BVerfGE 13, 248 ff. (254 f.).

[70] *Hamann,* Autonome Satzungen, 4.

[71] BVerfGE 13, 248 m. Anm. *Fuss,* JZ 1962, 738 ff.; *Bachof,* Verf. R. I, 145, II, 143 - 145; *Bartlsperger,* DVBl. 1967, 360 ff. (373); *Kalkbrenner,* DöV 1963, 41 ff. (50 f.); *Obermayer,* DVBl. 1965, 632 f.; a. A. *Zuleeg,* DVBl. 1970, 157 ff. (160 f.); BVerwGE 7, 188; 13, 328.

Zweites Kapitel

Besonderheiten des Anspruches auf Erlaß von Rechtsverordnungen

I. Die Rechtsverordnungsarten nach dem GG

1. Zulässige Formen der Rechtsverordnung

Auszuscheiden sind hier von vornherein die nach dem GG unzulässigen Formen von Rechtsverordnungen, nämlich die Notverordnungen und die sog. Verordnungen des vereinfachten Gesetzgebungsverfahrens[1]. Unter den noch verbleibenden gesetzändernden und gesetzergänzenden Verordnungen, Ausführungs- und Durchführungsverordnungen und Organisationsverordnungen ist die Zulässigkeit der ersteren Kategorie besonders umstritten, ihre Zulässigkeit soll deshalb zunächst behandelt werden.

a) Gesetzändernde und gesetzergänzende Rechtsverordnungen

Die erwähnten unzulässigen Rechtsverordnungsformen und die hier zu erörternden gesetzändernden und gesetzergänzenden Rechtsverordnungen werden häufig unter der Sammelbezeichnung gesetzesvertretende Rechtsverordnungen genannt[2]. Diese Zusammenfassung unter einer einheitlichen Bezeichnung ist jedoch mißverständlich[3]. Richtig ist nur, daß es sich durchweg um untergesetzliche Rechtsnormen handelt, die am sog. Vorrang des Gesetzes teilhaben. Über ihre Unzulässigkeit ist damit aber noch nichts ausgesagt, denn aus dem Wortlaut des im Mittelpunkt der Erörterungen stehenden Art. 80 Abs. 1 GG läßt sich ein Schluß dahingehend, Rechtsverordnungen, die am Vorrang des

---

[1] Vgl. statt aller: *Schack*, DöV 1962, 652; *B. Wolff*, AöR 78, 194 ff. (202 f.); *Lange*, JR 1968, 8 ff. (9 f.). Etwas anderes gilt allerdings zum Teil nach den Landesverfassungen: Vgl. Art. 62 Abs. 1 Verf. Bad.-Württ.; Art. 110 hess. Verf.; Art. 35 nieders. Verf.; Art. 60 Verf. Nordrh.-Westf.; Art. 111, 112 Verf. Rheinl.-Pfalz.

[2] *Schack*, Festschr. f. Haff, 332 ff. (337); *B. Wolff*, 202 f.; *Klein*, Verordnungsermächtigungen, 40 ff.

[3] Wie leicht das zu Unklarheiten führen kann, hat sich in der Entscheidung des BVerfG 22, 1 ff. (12) gezeigt, wo von diesen Verordnungen pauschal gesagt wird, sie könnten nicht mehr erlassen werden.

Gesetzes teilhätten, seien stets unzulässig, nicht rechtfertigen. Deshalb ist die Zulässigkeit von gesetzändernden und gesetzergänzenden Rechtsverordnungen nunmehr für sich zu prüfen; den Maßstab bilden auch hier das Gewaltenteilungsmodell des GG und seine Emanationen in Art. 80 Abs. 1 und Art. 129 Abs. 3 GG.

Soweit eine Ablehnung der Zulässigkeit nicht auf undifferenzierten Rechtsstaatserwägungen beruht[4], wird zum Teil Art. 129 Abs. 3 GG in den Art. 80 Abs. 1 GG hineininterpretiert, indem behauptet wird, dem Art. 129 Abs. 3 liege ein strengeres Gewaltenteilungsmodell zugrunde als dem Art. 80 Abs. 1; wenn der Grundgesetzgeber schon Änderungs- und Ergänzungsermächtigungen aus der Vergangenheit habe beseitigt wissen wollen, so erst recht auch für die Zukunft[5]. Eine solche Betrachtung berücksichtigt jedoch nicht genug das Wesen der Verordnungsermächtigung, die eine Übertragung der gesetzgebenden Gewalt von der Legislative auf die Exekutive darstellt. Erst von dieser Funktion her ergeben sich die speziellen Probleme und Gefahren solcher Ermächtigungen. Sie bestehen darin, den Machtzuwachs der Exekutive in Grenzen zu halten, was aber nicht durch den Ausschluß bestimmter Rechtsverordnungsformen, sondern nur nach materiellen Gesichtspunkten — wie in Art. 80 Abs. 1, S. 2 GG geschehen — erreicht werden kann. Daher sind nachkonstitutionelle Rechtsverordnungen ausschließlich an Art. 80 Abs. 1 S. 2 GG zu messen[6]. Den Anforderungen dieses Artikels können aber auch (nachkonstitutionelle) Ermächtigungen zu gesetzändernden und -ergänzenden Verordnungen genügen, die daher mit dieser Maßgabe als zulässig anzusehen sind.

Die sich daraus ergebende Differenz in der Zulässigkeit der hier untersuchten Rechtsverordnungen je nachdem, ob sie auf vor- oder nachkonstitutioneller Ermächtigung beruhen, hat ihren Sinn darin, daß vorkonstitutionelle Ermächtigungen die Bestimmung von Inhalt, Zweck und Ausmaß nach Art. 80 Abs. 1 S. 2 GG nicht kannten, von daher und wegen ihrer extensiven Handhabung in der Vergangenheit dem Grund-

---

[4] So *Friesenhahn*, 246.

[5] *Maunz:* Maunz / Dürig / Herzog, Art. 80 Rdnr. 10; *Holtkotten*, Art. 129 Anm. II D 1 u. 2 d; *Hild. Krüger*, DVBl. 1967, 929; *Hamann / Lenz*, Art. 129 Anm. 10; *Wilke*, AöR 98, 196 ff. (245 f.).

[6] So im Ergebnis auch *B. Wolff*, 194 ff. (210); *Peter*, AöR 92, 357 ff. (374); *Schack*, DöV 1962, 652; ders., JZ 1964, 252; *Schmidt-Bleibtreu / Klein*, Art. 80 Rdnr. 10; *Sinn*, 27 f.; BVerfGE 7, 291; 8, 306, 15, 160; 22, 214. Etwas anderes läßt sich auch nicht der Entscheidung BVerfGE 22, 1 ff. (12) entnehmen, denn hier kam es nach dem Sachverhalt nur auf Rechtsverordnungen des vereinfachten Gesetzgebungsverfahrens an und die Formulierung ist wohl zu weit geraten (so auch *Lange*, JZ 1968, 420 ff. [422]). Das hier gefundene Ergebnis teilt zwar auch *Ossenbühl:* Erichsen / Martens (Hrsg.), 71, er sieht jedoch in Art. 129 Abs. 3 GG ein starkes Gegenargument, so daß er aus praktischen Gründen gesetzändernde Rechtsverordnungen nur ausnahmsweise zulassen will.

gesetzgeber suspekt sein mußten und deshalb in Form der als besonders kritisch angesehenen Änderungs- und Ergänzungsermächtigungen[7] durch Art. 129 Abs. 3 GG zum Erlöschen gebracht wurden[8]. Soweit für die Zulässigkeit der behandelten Rechtsverordnungsformen zwischen den gesetzändernden und gesetzergänzenden differenziert wird[9], ist zwar zuzugeben, daß zwischen beiden ein rechtstheoretischer Unterschied besteht. Der Unterschied ist jedoch für die Frage ihrer Zulässigkeit ohne Bedeutung, da sich diese einheitlich nach der Bestimmtheit von Inhalt, Zweck und Ausmaß der gesetzlichen Ermächtigung richtet[10].

b) Durchführungs- und Organisationsverordnungen

Diese beiden Verordnungsarten waren von jeher unumstritten als zulässig angesehen worden. Man hat sie unter der leicht irreführenden Bezeichnung „gesetzabhängige Rechtsverordnungen" zusammengefaßt[11], was besagen sollte, daß sie nicht am sog. Vorrang des Gesetzes teilnehmen. Irreführend ist diese Bezeichnung insoweit, als der Eindruck entstehen könnte, es gäbe Rechtsverordnungen, die nicht an das ermächtigende Gesetz gebunden seien, solchen steht heute jedoch eindeutig Art. 80 Abs. 1 GG entgegen. Zu den Organisationsverordnungen ist noch zu bemerken, daß sich bei ihnen häufig die Schwierigkeit der Abgrenzung zu den Verwaltungsvorschriften ergibt, eine Problematik, die aber im Rahmen dieser Arbeit nicht weiter verfolgt werden kann[12].

c) Ergebnis

Als Ergebnis steht nunmehr fest, daß nach dem GG nur gesetzändernde, gesetzergänzende, Ausführungs-, Durchführungs- und Organisationsverordnungen zulässig sind.

Nun wäre zu erörtern, ob für die weitere Untersuchung noch bestimmte Formen auszuscheiden sind, weil ein Anspruch auf Ihren Erlaß von vornherein kaum denkbar ist.

---

[7] Mit Bedenken betrachtet auch *Schack*, Festschr. f. Haff, 346 noch solche Ermächtigungen.

[8] *v. Mangoldt*, 1. Aufl., Art. 129 Anm. 3.

[9] So *Klein*, 40 ff., der mit Einschränkungen nur gesetzergänzende Rechtsverordnungen für zulässig hält und *Peter*, 366 ohne abschließende Stellungnahme zu gesetzergänzenden Rechtsverordnungen.

[10] So nimmt denn auch das BVerfG in den in FN 6 genannten Entscheidungen mit Recht eine solche Differenzierung nicht vor, ebenso nicht *B. Wolff*, 203.

[11] z. B. *Klein*, 40 ff.; *B. Wolff*, 207 ff.

[12] Vgl. dazu *Ossenbühl*, Verwaltungsvorschriften und GG, 250 ff.; *Köttgen* und *Ermacora*, VVDStRL 16, 154 ff. bzw. 191 ff.; Bay. VGH, DVBl. 1953, 246 ff.

2. Ausschluß von Organisationsverordnungen vom weiteren Gang der Untersuchung

Auf den Erlaß von gesetzändernden, -ergänzenden und Durchführungsverordnungen kann unter den noch näher zu besprechenden Voraussetzungen durchaus ein Anspruch bestehen. So bei einem belastenden Gesetz, das von vornherein eine gesetzändernde Verordnung zur Aufhebung der Belastung vorsieht[13]. Oder bei einer Gesetzergänzungsermächtigung wie in § 2 Abs. 1 Gesetz zu Art. 131 GG, wonach die Vergünstigungen dieses Gesetzes Angehörigen von ehemaligen Nichtgebietskörperschaften nur gewährt wurden, wenn die jeweilige Körperschaft in der Anlage A zu § 2 Gesetz zu Art. 131 GG aufgeführt war; gemäß § 2 Abs. 1 S. 2 war dieser Katalog durch Rechtsverordnung ergänzungsfähig[14]. Daß durchaus auch ein Anspruch auf eine Durchführungsverordnung gegeben sein kann, beweist die Entscheidung BVerfGE 13, 248 ff.

Anders dürfte es jedoch um die Organisationsverordnungen bestellt sein. Für sie gilt grundsätzlich[15], daß die Rechtssphäre des Bürgers i. d. R. nicht dadurch berührt wird, daß sich der Staat in bestimmter Weise organisiert[16]. Ein naheliegendes Beispiel wäre die Änderung von Gemeindegrenzen, wobei hier nicht die Frage interessiert, wie es in diesem Falle um die Rechte der betroffenen Gemeinde steht. Dem Gemeindebewohner steht jedenfalls, soweit man Grenzänderungen ihm gegenüber als Normen ansieht[17], schon ein Abwehrrecht kaum jemals zu, wohl niemals aber ein positiver Anspruch, denn solche Maßnahmen dienen in Bezug auf den Bürger ausschließlich innerstaatlichen Verwaltungsinteressen, seine etwaige Begünstigung (z. B. durch geringere Belastung mit Gewerbesteuer) wäre nur ein Rechtsreflex[18]. Soweit ersichtlich hatte sich mit einem solchen Anspruch die Judikatur auch noch nicht zu befassen. Soweit theoretische Beispiele gebildet wurden, wie Anspruch auf Eingemeindung in die Nachbargemeinde, um dort das passive Kommunalwahlrecht zu erlangen[19], sind subjektive öffent-

---

[13] So der Fall BGHZ 56, 40 ff. betreffend WohnraumbewirtschaftungsG.

[14] Ein solcher Anspruch auf Aufnahme einer Nichtgebietskörperschaft (von Rohdich'scher Legatenfonds) lag der Entscheidung BVerfGE 15, 46 ff. zugrunde.

[15] Hinsichtlich des Spezialfalles des Art. 80 Abs. 1 S. 4 GG vgl. weiter unten.

[16] BVerwG, JZ 1962, 62; DVBl. 1966, 498. Daß dieser Grundsatz allerdings im Einzelfall Ausnahmen dulden muß, zeigt die Entscheidung des BVerwG 18, 40 ff. m. Anm. *Bachof*, Verf. R. II, 315.

[17] So Hess. VGH, VerwRspr. 10, Nr. 25; VG Ansbach, Bay. VBl. 1972, 304; *Meyer*, DöV 1971, 806; OVG Lüneburg, DöV 1963, 150; *Stern*, JuS 1965, 186; *Rasch*, DVBl. 1970, 767.

[18] Vgl. *Bachof*: Wolff / Bachof, § 46 V c 4 (S. 384).

[19] *v. Barby*, 39.

liche Rechte des Einzelnen so evident unmöglich, daß sie für die weitere Erörterung ausgeschieden werden können und somit nur noch die zuvor genannten Rechtsverordnungsformen verbleiben.

II. Das zum Rechtsverordnungserlaß ermächtigende Gesetz als Anspruchsgrundlage

1. Ermächtigung und Verpflichtung der Exekutive zum Erlaß von Rechtsverordnungen

Mit der kategorialen Erfassung der in Betracht kommenden Rechtsverordnungen ist noch nichts darüber ausgesagt, ob die Exekutive auch verpflichtet ist, die Verordnungen, zu denen sie im formellen Gesetz ermächtigt ist, zu erlassen, zumal die Ermächtigungsnorm kaum je expressis verbis von einer Verpflichtung spricht. Warum eine solche Verpflichtung aber dennoch regelmäßig besteht, soll zunächst erörtert werden.

a) Das bewußt unvollständige Gesetz

Bei der Differenzierung nach den Rechtsverordnungsarten wird zum Teil behauptet, die sog. gesetzabhängigen Rechtsverordnungen zeichneten sich dadurch aus, daß das zugrunde liegende Gesetz eine vollständige materielle Regelung schon enthalte, die Verordnung spezialisiere nur die durch das ermächtigende Gesetz bereits begründeten Verpflichtungen oder Berechtigungen[20]. Darin liegt aber ein Widerspruch. Wäre das Gesetz nämlich schon vollständig, so bedürfte es einer Rechtsverordnungsermächtigung überhaupt nicht mehr; auch die Ermächtigung zu einer nur spezialisierenden Verordnung zeigt aber gerade, daß das Gesetz allein nicht unmittelbar auf den Einzelfall angewandt werden kann, also noch nicht vollständig ist[21].

Eine solche Unvollständigkeit ist auch i. d. R. vom Gesetzgeber nicht nur in Kauf genommen worden, etwa im Sinne eines Resignierens vor dem Umfang der zu regelnden Materie, sondern gewollt, um eine schnelle Anpassung an die sich oft noch schneller ändernden tatsächlichen Verhältnisse erreichen zu können oder um den besseren Sachverstand der Verwaltung für Spezialmaterien nutzen zu können. Damit erfüllt die Legislative ihre Aufgabe, „ein Recht zu schaffen, das den Idealen der sozialen Gerechtigkeit, der Freiheit, Gleichheit und Billigkeit entspricht“[22] u. U. besser als durch eine perfektionistische Gesetzes-

---

[20] *Klein*, 66 f.

[21] So auch *B. Wolff*, 207.

[22] BVerfGE 1, 97 ff. (100).

regelung[23]. Denn zum einen sind diese Ideale nicht zu verwirklichen ohne die Erfahrung der Verwaltung, die die Gesetze auf die realen Verhältnisse anwenden muß[24]. Zum anderen wohnt der Schaffung solchen Rechts auch ein zeitliches Moment inne, denn es nützt z. B. auch die einstmals beste soziale Gesetzgebung in dem Moment nichts mehr, in dem sie den sich häufig schnell ändernden sozialen Tatsachen nicht mehr entspricht, aber nur in einem schwerfälligen Gesetzgebungsverfahren geändert werden kann.

b) *Die Verpflichtung der Exekutive zur Vervollständigung*

Die h. M. gesteht dem Verordnungsgeber hinsichtlich der Frage des „Ob" eines Verordnungserlasses regelmäßig ein Ermessen zu. In besonderen Fällen allerdings soll der Verordnungsgeber auch zum Tätigwerden verpflichtet sein[25]. Diese Ansicht begegnet ebenso wie die Gegenmeinung von der durchgängigen Verpflichtung der Exekutive zum Verordnungserlaß[26] Bedenken. Letztere Ansicht läßt außer Betracht, daß es eine Vielzahl von Ermächtigungen gibt, die „auf Vorrat" erteilt werden, etwa um denkbaren Krisensituationen vorzubeugen[27]. Das heißt nun zwar nicht, daß ein Anspruch auf solche Verordnungen in jedem Falle ausgeschlossen ist. So wird man etwa sagen können — was noch näher auszuführen sein wird —, daß bei Eintritt einer polizeirechtlich relevanten Situation u. U. ein Anspruch auf eine Polizeiverordnung besteht. Andererseits wird man die Bundesregierung wohl nicht für verpflichtet halten müssen, im Falle einer Energieversorgungskrise Rechtsverordnungen nach § 1 Abs. 1 Energiesicherungsgesetz unbedingt zu erlassen, wenn sie der Ansicht ist, die Probleme auch anders, etwa durch direkte Verhandlungen mit den Erdölerzeugerländern, lösen zu können.

---

[23] Es ist daher — will man die Realität nicht völlig aus dem Auge verlieren — in der Verordnungsgebung nicht ein notwendiges Übel zu sehen, wie *Maunz:* Maunz / Dürig / Herzog, Art. 80 Rdnr. 31 meint, sondern sie hat durchaus positive Aspekte. Dies betont auch *Ossenbühl:* Erichsen / Martens (Hrsg.), 68.

[24] Daran ändert auch die Durchführung von „hearings" im Gesetzgebungsverfahren nichts, denn die dort gehörten Interessengruppen können nur die „h. M." in ihrem Bereich wiedergeben, was aber „abweichende Meinungen" auch innerhalb eines Verbandes nicht ausschließt.

[25] *Wilke,* 234; ders.: v. Mangoldt / Klein, Art. 80 Anm. XII 1; *Kalkbrenner,* Rechtsverordnungen, S. 365; *Jacobi,* HdbDStR II, 244 f. Fälle einer Verpflichtung zum Tätigwerden: BVerfGE 13, 248 ff. (254); 16, 332 ff. (338).

[26] *B. Wolff,* 217.

[27] So etwa § 1 Energiesicherungsgesetz v. 28. 12. 1974 (BGBl. I, S. 3681); § 2 Abs. 1 Außenwirtschaftsgesetz v. 28. 4. 1961 (BGBl. I, S. 481) oder auch die Ermächtigungen zum Erlaß von Polizeiverordnungen in den einzelnen Polizeigesetzen der Länder.

Der h. M. muß andererseits entgegengehalten werden, daß es zu einer bedenklichen Aufweichung des Bestimmtheitsgrundsatzes führt, wenn man neben dem „Wie" auch noch das „Ob" der Verordnungsgebung in das Ermessen der Exekutive stellt[28]. Man wird von daher wohl sagen können, daß im Regelfall eine Vermutung für die Pflicht zum Gebrauchmachen von der Verordnungsermächtigung besteht, soweit es sich nicht um „auf Vorrat" erteilte Ermächtigungen handelt, für die bei Eintritt des vorgesehenen Ereignisses im Einzelfall zu untersuchen ist, ob eine Verpflichtung zum Verordnungserlaß besteht.

Für den weiteren Gang der Untersuchung bedeutet das, daß hier alle Verordnungen auszuscheiden sind, für deren Erlaß die Exekutive auch ein Ermessen hinsichtlich des „Ob" hat[29].

c) Die Schutzrichtung der Verpflichtung

Soweit sich aus den vorangegangenen Erwägungen eine Verpflichtung der Exekutive zum Erlaß von Rechtsverordnungen ergibt, ist nun weiter die Frage zu stellen, wem gegenüber diese Verpflichtung besteht. Um zu einem positiven Ergebnis für den Einzelnen zu kommen, müßte eine solche nämlich zumindest auch ihm gegenüber bestehen. In der Terminologie der herrschenden Ansicht zum subjektiven öffentlichen Recht und zum Anspruch heißt das, die Ermächtigungsnorm müßte auch dem Schutze von Individualinteressen dienen. Wann das im Einzelfall möglich ist, wird sogleich untersucht werden; hier soll zunächst dargelegt werden, daß und warum ein solcher Individualanspruch die Ausnahme ist und bleiben muß.

Wie zuvor ausgeführt wurde, ist die Setzung von Rechtsverordnungen nur ein Zuendedenken und -führen des ermächtigenden formellen Gesetzes, d. h. für die Frage, in wessen Interesse die Verordnungsgebung erfolgt, haben die gleichen Grundsätze zu gelten wie für die Gesetzgebung[30]. Wenn auch für die Problematik des Anspruchs auf Gesetzeserlaß und auf Rechtsverordnungen (und Satzungen), wie schon eingangs erwähnt, keine strenge Parallelität besteht, da ein Anspruch auf Gesetzeserlaß sich nur aus dem GG ergeben kann, ein solcher auf Rechtsverordnungen aber auch seine Grundlage im Gesetz haben kann, so wird man für die Frage der Schutzrichtung der Gesetzgebungsver-

---

[28] So *Bachof*, Verf. R. II, 46 als Anmerkung zu der Entscheidung des BVerwG 18, 6 ff. (8 f.).

[29] Das soll zwar nicht heißen, daß nicht auch dieses Ermessen Grenzen hat, deren Überschreiten einen Anspruch auf fehlerfreie Ermessensausübung auslösen würde, jedoch würde ein solcher Anspruch wohl recht geringes Gewicht haben, zumal ja dann auch noch regelmäßig ein Ermessen hinsichtlich des „Wie" der Verordnung hinzukäme.

[30] *Schmidt-Bleibtreu:* Maunz / Sigloch / Schmidt-Bleibtreu, § 90 Rdnr. 118.

pflichtung und der Verordnungsgebungsverpflichtung doch wohl Gemeinsamkeiten feststellen können. Für die Gesetzgebung sind aber sowohl Rechtsprechung[31] wie auch Rechtslehre[32] der Ansicht, daß sie *i. d. R.* nur im Interesse der Allgemeinheit erfolge. Das ergibt sich weniger daraus, daß Gesetze und Verordnungen generelle und abstrakte Regeln enthalten[33], sondern vielmehr aus der Stellung des Parlaments: es ist Repräsentant des gesamten Volkes, d. h. dessen Willensträger[34]. Daher kann es aber grundsätzlich auch nur im Interesse des Repräsentierten, nämlich des Gesamtvolkes oder der Allgemeinheit handeln. Dem steht nicht entgegen, daß nicht zuweilen ein Handeln im Einzel- oder Gruppeninteresse geboten sein kann, denn durch diese Repräsentation verliert der Einzelne nicht seine individuellen Rechte und wäre nur noch als Glied des Ganzen zu sehen[35], weil das nur einem dem GG widerstrebenden totalitären Denken entsprechen würde. Hinzu käme auch noch, daß der Einzelne insoweit als Funktionär der Rechtsordnung angesehen werden könnte, dem Privatansprüche um der besseren Verwirklichung der Verfassungsordnung willen eingeräumt werden.

Angewandt auf die Rechtsetzung durch die Verwaltung heißt das also: auch sie vollzieht sich als Fortsetzung der formellen Gesetzgebung grundsätzlich im Interesse der Allgemeinheit, individuelle Ansprüche in besonderen Fällen sind deswegen aber nicht ausgeschlossen.

2. Hauptsächliche Erscheinungsformen des Anspruchs auf Rechtsverordnungserlaß

Gegenstand der folgenden Erörterung wird es nun sein, eben die Fälle näher zu untersuchen, bei denen solche individuellen Ansprüche auf Verordnungserlaß am ehesten möglich sind.

Soweit solche Ansprüche überhaupt für denkbar gehalten werden, nennt man zwei Kategorien, die sich mit den formalen, unter I. genannten überschneiden, nämlich Rechtsverordnungen, deren Erlaß Voraussetzung für einen begünstigenden Verwaltungsakt[36] ist und Rechtsverordnungen, die im Übergangsfeld zum Einzelakt stehen[37], wobei beide Gruppen ineinander übergreifen können.

---

[31] Hess. VGH, ESVGH 22, 224 ff. (225); BGHZ 56, 40 ff. (4).

[32] *Schmidt-Bleibtreu:* Maunz / Sigloch / Schmidt-Bleibtreu, § 90 Rdnr. 107; *Bachof,* Verf. R. I, 245.

[33] So BGHZ 56, 40 ff. (46).

[34] *Maunz:* Maunz / Dürig / Herzog, Art. 38 Rdnr. 1.

[35] Vgl. *Henke,* Festschr. f. W. Weber, 496.

[36] *Obermayer,* DVBl. 1965, 625 ff. (633).

[37] *Bachof,* Verf. R. I, 245; II, 144 f.

a) Rechtsverordnungen als Voraussetzung für einen begünstigenden Verwaltungsakt

In den hier zu behandelnden Fällen kommt dem Bürger es letztlich darauf an, einen in einem Gesetz vorgesehenen begünstigenden Verwaltungsakt von der Behörde zu erlangen; die dazu erforderliche Rechtsverordnung ist für ihn nur ein Zwischenstadium. In diesem Fall kann aber ein Anspruch auf eine solche Rechtsverordnung nur dann bestehen, wenn die Rechtsverordnung, zu der das begünstigende Gesetz ermächtigt, tatsächlich notwendig ist, um den letztlich erstrebten begünstigenden Einzelakt realisierbar zu machen. Das muß nicht immer der Fall sein, nämlich dann nicht, wenn die Ermächtigung nur Raum für eine Behördenorganisationsverordnung gibt, da von der Organisation der staatlichen Verwaltung weder der Anspruchsgrund noch der Anspruchsumfang des Bürgers berührt wird. Vorausgesetzt, das Gesetz hat grundsätzlich die leistende staatliche Stelle bestimmt, so kann der Bürger unmittelbar von ihr den begünstigenden Verwaltungsakt verlangen, ohne daß vorher die innerbehördlichen, organisatorischen Maßnahmen getroffen sein müßten, zu denen das Gesetz ermächtigt[38]. Dieses Ergebnis läßt sich auch noch mit einer anderen Überlegung begründen: da es auf Organisationsmaßnahmen — egal ob durch Rechtsverordnung oder Verwaltungsvorschrift — i. d. R. keinen Anspruch gibt[39], könnte die Exekutive anderenfalls den vom Gesetz gewollten Einzelaktsanspruch durch Untätigbleiben blockieren, ohne daß dem Bürger eine Rechtsschutzmöglichkeit zustünde. Hinzuweisen ist an dieser Stelle noch darauf, daß auch für diese „zwischengeschalteten" Rechtsverordnungen zu unterscheiden ist hinsichtlich absolutem und relativem Unterlassen: entweder die Exekutive hat überhaupt keine den Verwaltungsakt erst ermöglichende Verordnung erlassen oder die Verordnung umfaßt nicht den gesamten Personenkreis, auf den sich nach der Gesetzesintention die Begünstigung erstrecken sollte. In beiden Fällen wäre wohl ein Anspruch möglich.

b) Rechtsverordnungen im Übergangsfeld zum Einzelakt

Die Abgrenzung von Rechtsverordnungen und Einzelakten gehörte schon immer zu den Fragen des öffentlichen Rechts, bei denen die Anwendung von rechtswissenschaftlichen Definitionen in der Rechtspraxis

[38] Außerdem gibt es auch noch organisationsrechtliche Auffangnormen, wie etwa § 5 Abs. 2 Bad.-Württ. LVerwG vom 7. 11. 1955 (GBl., S. 225) i. V. m. § 1 Abs. 3. Bekanntm. der (bad.-württ.) Landesreg. über die Abgrenzung der Geschäftsbereiche der Ministerien v. 25. 7. 1972 (GBl., S. 404); § 3 bay. Verordnung über die Geschäftsverteilung der Bay. Staatsreg. i. d. F. v. 11. 4. 1972 (GVBl., S. 157).

[39] Vgl. oben 2. Kap. I. 2.

zu großen Schwierigkeiten geführt hat[40], so daß heute die Unterscheidung weitgehend kasuistisch erfolgt[41]. Da es nicht Aufgabe dieser Untersuchung ist, in solche Abgrenzungsfragen näher einzudringen, sollen hier zunächst nur Beispiele für derartige strittige Rechtsverordnungen aufgezeigt werden und auf ihre Relevanz für einen Individualanspruch überprüft werden.

Als vornehmliches Beispiel galten bis vor einigen Jahren noch die Verkehrszeichen[42], die ehemals ganz überwiegend als Rechtsverordnungen angesehen wurden[43], bis das BVerwG diesen Streit für die Praxis zugunsten von Verwaltungsakten beendete[44], dem sich heute auch die Lehre mehr und mehr angeschlossen hat[45]. Es erscheint deshalb wenig sinnvoll, dieses Problem hier weiter zu verfolgen.

Weiterhin hatte sich die Rechtsprechung mit einem Rechtsverordnungsanspruch aus § 20 Abs. 1 S. 3 der Kraftverkehrsordnung (KVO) i. d. F. von 1944 (RVkBl. B Nr. 6 vom 8. 3. 1944) zu beschäftigen[46]. Diese Problematik ist jedoch durch die Änderung des § 20 KVO vom 1. 1. 1971 (BAnz. Nr. 92 vom 15. 10. 1970) entfallen.

Als immer noch streitig ist die Zuordnung der Allgemeinverbindlicherklärung (AVE) von Tarifverträgen anzusehen. Wurde sie früher teilweise sowohl im Hinblick auf die Tarifvertragsparteien als auch die Außenseiter einheitlich als Verwaltungsakt angesehen[47], so hat sich das BVerwG gerade gegenteilig, nämlich zugunsten der Rechtsverordnung entschieden[48]. Auch das BAG hat sich jedenfalls im Verhältnis zu den Außenseitern dieser Ansicht angeschlossen[49]. Die unterschiedliche Qualifizierung der AVE im Verhältnis zu den Tarifvertragsparteien und den Außenseitern geht auf *Nipperdey*[50] zurück. Ausgehend von der sog. Doppelaktstheorie[51] vertritt er die Ansicht, die AVE sei im Verhältnis

---

[40] Vgl. *Volkmar*, 15 f.; *Forsthoff*, Lehrbuch, 201.

[41] *Bachof*, Festschr. f. W. Weber, 516.

[42] Sie sieht auch *Bachof*, Verf. R. I, 245, ausgehend von ihrer Verordnungsnatur, als Beispielsfall in diesem Zusammenhang an. Vgl. auch BVerwGE 37, 112 ff.

[43] Umfangreiche Nachweise bei *Forsthoff*, Lehrbuch, 217 f. (FN 4).

[44] BVerwGE 27, 181 ff. Zuvor schon BGHSt. 20, 125 ff.; BVerfG, NJW 1965, 2395.

[45] Nachweise bei *Forsthoff*, Lehrbuch, 217 f. (FN 4). Für die Rechtsverordnungsnatur von Verkehrszeichen neuerdings wieder *Vogel*, Gefahrenabwehr, 133.

[46] BVerwGE 13, 328 ff. m. Anm. *Bachof*, Verf. R. II, 142 ff.

[47] *Huber*, Wirtschaftsverwaltungsrecht II, 450 f.; *Nikisch*, Arbeitsrecht II, § 87 II 3; *Gumpert*, BB 1954, 261; ders., BB 1959, 273.

[48] BVerwGE 7, 82 ff. (84 ff.); 7, 188 f.; OVG Münster, DVBl. 1974, 813 ff.

[49] BAGE 17, 59 ff. (66 f.); 19, 342 ff. (347).

[50] *Nipperdey / Heussner*, 211 ff. (236).

[51] Grundlegend dafür BVerwGE 16, 83 ff. (84).

zu den Tarifvertragsparteien Verwaltungsakt, gegenüber den Außenseitern unselbständiger Rechtsetzungsakt. Abgesehen von verschiedenen Problemen wie unterschiedlicher Fehlerfolge[52], Anfechtungsfrist[53] und Widerruflichkeit[54] begegnet diese Konstruktion dem Einwand der Widersprüchlichkeit, denn ein und derselbe Akt kann nicht zugleich inhaltlich konkret-individuell und abstrakt-generell sein[55]. Tatsächlich aber handelt es sich bei der AVE nicht um einen einzigen Akt, der verschiedene Beurteilungen erfährt, sondern um zwei verschiedene Akte[56].

Schon *Bettermann* hatte in diesem Zusammenhang auf die notwendige Unterscheidung zwischen Rechtssatz und Rechtssetzungsakt hingewiesen[57]. Daraus folgerte er, die AVE stelle keinesfalls einen Verwaltungsakt dar, vielmehr sei sie Rechtssatz und die Ablehnung eines Antrags einer Tarifvertragspartei Rechtsetzungsakt; die antragstellende Tarifvertragspartei könne allerdings gegen die Ablehnung oder Nichtbescheidung ihres Antrages verwaltungsgerichtlich vorgehen[58]. *Bachof* hat diese Differenzierung Bettermanns konsequent weitergeführt und sie ebenso auf den Verwaltungsakt ausgedehnt[59], auch hier ist nämlich zu unterscheiden zwischen „Vorgang" und „Produkt". Sieht man die AVE einmal als Erklärung über die Stattgabe oder Ablehnung des Antrages einer Tarifvertragspartei, so stellt diese Erklärung sowohl als „Vorgang" — verfahrensmäßig —, als auch als „Produkt" — inhaltlich — einen Verwaltungsakt dar, weil sie im Verhältnis Staat — Tarifvertragspartei einen Einzelfall regelt. Sieht man die „Erklärung" zum anderen als den Erlaß der AVE an, so handelt es sich verfahrensrechtlich um einen Rechtsetzungsakt, inhaltlich um einen Rechtssatz, der aber auf eine völlig anderen Ebene liegt, als die Entscheidung über Stattgabe oder Ablehnung des Antrages der Tarifvertragsparteien, vielmehr sind hier zwei verschiedene Akte nur äußerlich verbunden[60]. Daraus, daß es sich gegenüber dem Antrag der Tarifvertragsparteien um einen Verwaltungsakt handelt, ergibt sich dann auch die notwendige Konsequenz des entsprechenden verwaltungsgerichtlichen Rechtsschutzes für die Tarifvertragsparteien.

---

[52] *v. Barby*, 60.

[53] *Gross*, NJW 1965, 284.

[54] *Küchenhoff*, JuS 1965, 57.

[55] *Bachof*, Festschr. f. W. Weber, 522.

[56] Ebd., 526.

[57] Festschr. f. Nipperdey II, 726 f.

[58] Ebd., 742.

[59] Festschr. f. W. Weber, 520 ff.; ders., *Wolff / Bachof*, § 46 V a; auch BVerwG, DöV 1975, 92 ff. (94) m. Anm. *v. Heyl*, DöV 1975, 99 ff.

[60] *Bachof*, Festschr. f. W. Weber, 526.

Über die Möglichkeit des Rechtsschutzes für die Tarifvertragsparteien sind sich also *Nipperdey*, *Bettermann* und *Bachof* einig. Angesichts dessen fragt es sich dann, ob für den einzelnen Außenseiter überhaupt noch ein tatsächliches Bedürfnis besteht, einen eventuellen Anspruch auf AVE geltend zu machen. Ein solcher Fall ist wohl nicht denkbar: In Zeiten wirtschaftlicher Prosperität wird, wenn überhaupt, nur auf Seiten der Gewerkschaften ein Interesse an einem Antrag — und eventuell dessen gerichtlicher Durchsetzung — auf AVE gem § 5 Abs. 1 TVG bestehen, um Vorteile nichtorganisierter Arbeitnehmer auszuschließen; in Zeiten starker wirtschaftlicher Rezession werden ebenfalls schon die Gewerkschaften diesen Antrag stellen, u. U. sogar ein starkes Interesse daran haben, um ihre Mitglieder vor den zu geringeren Bedingungen arbeitsbereiten Nichtorganisierten zu schützen. Der nichtorganisierte Arbeitnehmer aber wird ein solches Interesse schon deshalb nicht haben, um die Arbeitsbedingungen der Gewerkschaftsmitglieder unterbieten zu können, wenn es um die Frage der Gewinnung oder Erhaltung eines Arbeitsplatzes geht. So hatte sich denn, soweit ersichtlich, auch die Rechtsprechung bisher nur mit den Ansprüchen von Tarifvertragsparteien auf AVE zu beschäftigen.

Ähnlich verhält es sich auch mit einem eventuellen Anspruch des Einzelnen auf Erlaß der bindenden Festsetzungen nach dem Heimarbeitsgesetz (HAG), §§ 19 Abs. 1 und 2 HAG i. d. F. vom 29. 10. 1974 (BGBl. I, S. 2881), da die in Heimarbeit Beschäftigten durch die Arbeitnehmerbeisitzer im Heimarbeitsausschuß gem § 4 Abs. 2 HAG repräsentiert werden und so ihre Interessen wahrgenommen werden. Da der Heimarbeitsausschuß als Interessenvertretung der Arbeitsbehörde gegenüber selbständig ist[61], steht ihm auch, wie den Tarifvertragsparteien im Falle der AVE[62], bei Verweigerung der Zustimmung der Arbeitsbehörde zu den bindenden Festsetzungen ein verwaltungsgerichtliches Klagerecht zu[63], so daß ein Anspruch auf solche bindenden Festsetzungen durch den einzelnen Beschäftigten regelmäßig bedeutungslos sein wird[64].

Aus den gleichen Gründen kommt schließlich auch ein Anspruch des Einzelnen auf Festsetzung von Mindestarbeitsbedingungen gem. § 1 Abs. 2 Ges. über die Festsetzung von Mindestarbeitsbedingungen tatsächlich nicht vor.

---

[61] *Bachof*, AöR 83, 208 ff. (246 FN 49); *Maus*, HAG vor § 17 Rdnr. 7, 8.

[62] Auf die Parallelität zur AVE weist auch BVerfGE 34, 307 ff. (319) hin.

[63] *Maus*, vor § 17 Rdnr. 14.

[64] Zu erwägen wäre ein Anspruch des einzelnen Heimarbeiters eventuell dann, wenn der Heimarbeitsausschuß entgegen seiner Funktion als Interessenvertreter der Heimarbeiter aus unsachgemäßer Rücksichtnahme die Interessen der von ihm repräsentierten Personen nicht wahrnehmen würde.

Aus dem Bereich der Rechtsverordnungen im Übergangsfeld zum Einzelakt, auf die möglicherweise ein Anspruch des Bürgers bestehen könnte, ist schließlich noch die Polizeiverordnung genannt worden[65]. Bejaht man grundsätzlich die Möglichkeit eines Anspruches auf polizeiliches Einschreiten[66], so ist jedenfalls nicht einzusehen, warum die Verordnungsform ohne weiteres ausscheiden sollte[67].

Bevor jedoch dieser Einzelfall erörtert werden soll[68], ist zunächst noch näher auf die Bedeutung der gesetzlichen Ermächtigungen im vorliegenden Zusammenhang einzugehen.

3. Die Bedeutung von „Inhalt, Zweck und Ausmaß“ im ermächtigenden Gesetz

Bei der besonderen Bedeutung, die Art. 80 Abs. 1 S. 2 GG allgemein für die Frage der Rechtsverordnungsermächtigung gewonnen hat[69], steht zu vermuten, daß diese Vorschrift auch für einen Anspruch auf Verordnungen zentral ist.

a) Die Inhalt-, Zweck- und Ausmaßbestimmung im ermächtigenden Gesetz als Ausgangspunkt

Da das Grundgesetz ein selbständiges Verordnungsrecht der Exekutive — abgesehen von den inzwischen weitgehend bedeutungslos gewordenen Art. 119 S. 1 und 132 Abs. 4[70] — nicht kennt, ist davon auszugehen, daß Ansprüche auf eine Rechtsverordnung, soweit sie nicht „verfassungskräftig“ (etwa durch Art. 3 Abs. 1 GG) sind, nur der Gesetzgeber auslösen kann. So muß als Anspruchsgrundlage für eine Verordnung zunächst das ermächtigende Gesetz i. S. d. Art. 80 Abs. 1 GG angesehen werden[71], konkreter heißt das, daß die Inhalt-, Zweck- und Ausmaßbestimmung in diesem Gesetz daraufhin zu untersuchen ist, ob sie auch Angelegenheiten des Einzelnen betrifft oder seine Interessen schützen will[72]. Dabei sei nur noch bemerkt, daß sich diese Stoß-

[65] *Bachof*, Verf. R. I, 245.

[66] Grundlegend BVerwGE 11, 95 ff. m. Anm. *Bachof*, DVBl. 1961, 128 ff.

[67] So auch *Bachof*, Verf. R. I, 245.

[68] Vgl. unten 2. Kap. II. 5.

[69] Vgl. *Hasskarl*, AöR 94, 85 ff.; *Wilke*, 229 f.

[70] *Maunz:* Maunz / Dürig / Herzog, Art. 119 Rdnr. 1, 2.

[71] Soweit *Schmidt-Bleibtreu*, DöV 1962, 105 ff. (106), auch für den Anspruch auf Rechtsverordnungen einen konkreten Verfassungsauftrag fordert, verkennt er die Bedeutung der Normenhierarchie; soweit er jedoch nur rügen will, daß ein Verordnungsanspruch, der sich nicht aus einem konkreten Verfassungsauftrag ergibt, nicht im Wege der Verfassungsbeschwerde zu verfolgen ist, ist ihm zuzustimmen. (vgl. prozessualer Teil dieser Arbeit).

[72] Vgl. oben 1. Kap. 1. und *Bachof*, Verf. R. I, 245.

richtung und damit ein Anspruch des Einzelnen nicht ausschließlich aus der ermächtigenden Vorschrift allein ergeben muß, sondern dafür der Kontext des gesamten Gesetzes herangezogen werden kann[73]. Dadurch nimmt die Inhalt-, Zweck- und Ausmaßbestimmung zwar eine zentrale Stellung bei der Anspruchsprüfung ein, jedoch ist bei relativem verordnungsgeberischem Unterlassen — ähnlich wie bei relativem gesetzgeberischen Unterlassen[74] — auch der Gleichheitssatz als Prüfungsmaßstab heranzuziehen. Wird schon durch die formellen Kategorien, relatives und absolutes Unterlassen, die Bedeutung des Art. 80 Abs. 1 S. 2 GG stark vermindert, so kommt noch hinzu, daß auch bei den inhaltlichen Unterscheidungen nach Verordnungen als Voraussetzung für einen Verwaltungsakt und Verordnungen im Übergangsfeld zum Einzelakt Unterschiede in der Relevanz dieser Vorschrift bestehen.

Bevor jedoch ein genaueres Schema der Anspruchsprüfung aufgestellt werden kann, ist noch das Verhältnis der Begriffe „Inhalt, Zweck und Ausmaß" zueinander im Rahmen einer solchen Anspruchsprüfung zu klären.

b) Das Verhältnis der Begriffe zueinander im Rahmen der Anspruchsprüfung

Man könnte nun versuchen, die Kriterien des Art. 80 Abs. 1 S. 2 GG dahin zu isolieren, daß für die Frage des Schutzes des Einzelinteresses durch die Ermächtigungsnorm nur eine der drei Anforderungen in Betracht zu ziehen wäre.

Ein solches Vorgehen erscheint aber nicht möglich. Selbst wenn man nicht eine Tendenz der Verfassungsgerichtsbarkeit gutheißt, schon grundsätzlich nicht mehr zwischen Inhalt, Zweck und Ausmaß zu unterscheiden[75], sondern sie als Ausdruck des vom Gesetzgeber vorzuzeichnenden Programmes zu verstehen[76], so sind doch für einen möglichen Anspruch des Einzelnen auf Normerlaß alle drei Begriffe relevant.

Man könnte zwar geneigt sein, den „Zweck" der Ermächtigung unter dem hier zu betrachtenden Aspekt zu isolieren, da sich daraus ergibt, wozu die Ermächtigung dienen soll[77], jedoch stellt schon die Reihenfolge in Art. 80 Abs. 1 S. 2 GG den „Inhalt" nicht grundlos an die Spitze,

---

[73] BVerfGE 1, 312; 8, 307; 19, 362; 24, 1 ff. (15); 28, 82 ff. (85); einschränkend *Maunz:* Maunz / Dürig / Herzog, Art. 80 Rdnr. 13.

[74] Vgl. oben 1. Kap. 2.

[75] Nachweise bei *Wilke:* v. Mangoldt / Klein, Art. 80 FN 169. Neuestens BVerfG, NJW 1975, 727.

[76] Zustimmend *Maunz:* Maunz / Dürig / Herzog, Art. 80 Rdnr. 13; ablehnend *Wilke:* v. Mangoldt / Klein, Art. 80 Anm. VI 1.

[77] *B. Wolff*, 198; *Wilke:* v. Mangoldt / Klein, Art. 80 Anm. VI 1 c; BVerfGE 2, 334; 5, 76 f.; BVerwGE 1, 118.

denn er bezeichnet das Verordnungsthema[78], so daß die erste Frage bei der Prüfung einer Verordnungsermächtigung auf Individualbegünstigung dahin zu gehen hat, ob die Ermächtigung von ihrem Gegenstand her überhaupt geeignet ist, einen Anspruch des Einzelnen zu gewähren. Bei dieser Prüfung muß gleichzeitig die Ausmaßregelung mit ins Auge gefaßt werden, da sie den möglichen „Inhalt" der Verordnung begrenzt. Inhalt, Zweck und Ausmaß einer Verordnungsermächtigung greifen bei der Prüfung der Individualbegünstigung einer Verordnungsermächtigung also folgendermaßen ineinander: zunächst ist zu fragen, ob der Inhalt der Ermächtigung dem Einzelnen *überhaupt* einen Anspruch auf Erlaß der Rechtsverordnung gewähren *kann* und, falls die Antwort positiv ausfällt, ob die Ausmaßregelung nicht die vom Inhalt her gegebene Möglichkeit derart einschränkt, daß der Anspruch dennoch wieder entfällt, wobei zu beachten ist, daß diese beiden Aspekte weitgehend eine Einheit bilden. Erst nach erfolgreicher Prüfung dieser Fragen ist dann zu untersuchen, ob die Ermächtigung bei objektiver Interpretation von ihrem Zweck her den Einzelnen begünstigen *will.*

c) Die Bedeutung im Rahmen eines Anspruches auf eine Rechtsverordnung, die Voraussetzung für einen begünstigenden Verwaltungsakt ist

Wie schon oben[79] dargelegt, ist bei dieser Erscheinungsform der Rechtsverordnung, auf die grundsätzlich ein Anspruch in Betracht kommen kann, zu differenzieren zwischen absolutem und relativem Unterlassen.

aa) Absolutes Unterlassen

Ein solcher Fall liegt dann vor, wenn ein Gesetz dem Bürger einen Anspruch auf einen begünstigenden Verwaltungsakt gewährt, der Verordnungsgeber aber von der Ermächtigung zur notwendig zwischengeschalteten Rechtsverordnung keinerlei Gebrauch gemacht hat[80]. In diesem Falle vollzieht sich die Prüfung auf einen Rechtsverordnungsanspruch dergestalt, daß zunächst nach den allgemeinen Regeln zu untersuchen ist, ob das Gesetz dem Bürger tatsächlich einen Anspruch auf den begünstigenden Einzelakt gewährt. Ist das zu bejahen, so ergibt sich daraus auch ohne weiteres ein Anspruch auf die Rechtsverordnung. Dafür ist zwar auch in diesem Falle die Inhalt-, Zweck- und

---

[78] *Wilke:* v. Mangoldt / Klein, Art. 80 Anm. VI 1 a.

[79] Vgl. oben 2. Kap. II. 2. a).

[80] Sieht das Gesetz begünstigende Verwaltungsakte vor, ohne dem Einzelnen darauf aber einen Anspruch zu gewähren, so dürfte auch wohl für den Einzelnen kein Anspruch auf eine zwischengeschaltete Rechtsverordnung bestehen.

Ausmaßbestimmung Anspruchsgrundlage, aber eine nähere Prüfung dessen erübrigt sich, denn sie kann nur im Sinne eines subjektiven öffentlichen Rechtes auszulegen sein, da sonst das Gesetz insgesamt in sich widersprüchlich wäre, weil die Zweckerreichung des Gesetzes, die Gewährung des begünstigenden Verwaltungsaktes, durch einen Teil desselben Gesetzes, die Ermächtigung zu der zur Zweckerreichung notwendigen Rechtsverordnung, unmöglich gemacht würde. Ein solcher Widerspruch müßte aber interpretatorisch dahin gelöst werden, daß die Verordnungsermächtigung nicht Selbstzweck ist, sondern im Dienste des gesamten Gesetzeszweckes steht, d. h. ist der Zweck des Gesetzes insgesamt, den Einzelnen per Verwaltungsakt zu begünstigen, so folgt auch die Verordnungsermächtigung diesem Gesamtzweck. Das Schwergewicht der Anspruchsprüfung auf eine Rechtsverordnung liegt also in diesen Fällen nicht bei „Inhalt, Zweck und Ausmaß“ der Ermächtigung, sondern bei der Frage, ob das Gesetz dem Einzelnen einen Anspruch auf einen begünstigenden Verwaltungsakt gewähren will.

bb) Relatives Unterlassen

Hinter relativem verordnungsgeberischem Unterlassen in den hier in Rede stehenden Fällen können sich zwei Sachverhalte verbergen. Zum einen kann die Verordnung deshalb nicht auf den ausgeschlossenen Personenkreis erstreckt worden sein, weil dieser schon im ermächtigenden Gesetz gleichheitswidrig nicht begünstigt worden ist; dann handelt es sich um ein hier nicht weiter zu verfolgendes gesetzgeberisches Unterlassen, ein Anspruch gegen den Verordnungsgeber kann in diesen Fällen nicht in Betracht kommen, da dieser auf Grund der Ermächtigung gar nicht anders handeln konnte. Man könnte insoweit höchstens von einem „scheinbaren verordnungsgeberischen Unterlassen“ reden.

Der andere Fall aber wäre das „echte relative verordnungsgeberische Unterlassen“, das dadurch gekennzeichnet ist, daß der Gesetzgeber im ermächtigenden Gesetz dem vom Verordnungsgeber gleichheitswidrig ausgeschlossenen Personenkreis ebenfalls einen Anspruch auf einen begünstigenden Einzelakt gewähren wollte.

Die Anspruchsprüfung bei relativem verordnungsgeberischem Unterlassen im Hinblick auf Rechtsverordnungen, die Voraussetzung für einen begünstigenden Verwaltungsakt sind, vollzieht sich demnach in folgenden Schritten: Zunächst ist wie beim absoluten Unterlassen zu untersuchen, ob das Gesetz dem Bürger überhaupt einen Anspruch auf den begehrten Einzelakt gewährt. Bejahendenfalls ist weiter zu fragen, ob der vom Verordnungsgeber ausgeschlossene Personenkreis vom ermächtigenden Gesetz mit erfaßt ist, ist auch das zu bejahen, dann ist endlich zu analysieren, ob der Verordnungsgeber durch den Ausschluß gleichheitswidrig gehandelt hat. Bei Bejahung dieser Frage besteht dann ein Anspruch auf Ergänzung der Verordnung.

Art. 80 Abs. 1 S. 2 GG hat hier ebenso wie bei absolutem Unterlassen kaum praktische Bedeutung, da mit Bejahung der Fragen, ob das Gesetz dem Bürger überhaupt einen Anspruch auf den begehrten Einzelakt gewährt und ob der ausgeschlossene Personenkreis vom Gesetz miterfaßt ist, feststeht, daß „Inhalt, Zweck und Ausmaß" des ermächtigenden Gesetzes im Sinne eines Anspruches auf die Ergänzung dieser zur Erlangung eines begünstigenden Verwaltungsaktes notwendigen Rechtsverordnungen auszulegen ist[81].

d) Die Bedeutung im Rahmen eines Anspruches auf eine Rechtsverordnung, die im Übergangsfeld zum Einzelakt steht

Auch bei der zweiten Kategorie von Rechtsverordnungen, auf die ein Anspruch denkbar ist, muß differenziert werden nach absolutem und relativem Unterlassen.

aa) Absolutes Unterlassen

Waren die unter c) behandelten Rechtsverordnungen dadurch gekennzeichnet, das sie nicht das erstrebte Endziel für den durch das ermächtigende Gesetz Begünstigten darstellen, was zu einer geringen praktischen Relevanz von Art. 80 Abs. 1 S. 2 GG führte, so handelt es sich hier regelmäßig um Rechtsverordnungen, die gerade dieses Ziel schon darstellen, sie sind also Endstufe der Rechtsverwirklichung[82] oder self-executing Normen[83].

Das bedingt aber, daß hier die Inhalts-, Zweck- und Ausmaßbestimmung des ermächtigenden Gesetzes von entscheidender Bedeutung ist, denn während sich bei den zwischengeschalteten Rechtsverordnungen die Ermächtigung zwangsläufig nach der gewollten Begünstigung durch den Einzelakt zu richten hat, fehlt eine solche Zwangsläufigkeit in diesem Falle, was dazu führt, daß im Zusammenhang mit der Problematik absoluten Unterlassens ausschließlich „Inhalt, Zweck und Ausmaß" der Rechtsverordnungsermächtigung nach dem oben genannten Schema[84] daraufhin zu überprüfen sind, ob sie dem Einzelnen einen Anspruch auf die begehrte Rechtsverordnung gewähren.

---

[81] Zur näheren Begründung vgl. oben 2. Kap. II. 3. c) bb).

[82] *Obermeyer*, Grundzüge des Verwaltungsrechts, 52 f.; ders., DVBl. 1965, 625 ff. (627).

[83] Darunter fallen alle oben 2. Kap. II. 2. b) als Beispielsfälle für Rechtsverordnungen im Übergangsfeld zum Einzelakt genannten. Das schließt nicht aus, daß im Vollzug dieser Verordnungen Verwaltungsakte ergehen können.

[84] Vgl. oben 2. Kap. II. 3. b).

bb) Relatives Unterlassen

Beim relativen Unterlassen verhält es sich hier zunächst ähnlich wie bei den unter c) bb) behandelten Fällen: Auch hier ist danach zu differenzieren, ob das ermächtigende Gesetz den vom Verordnungsgeber ausgeschlossenen Personenkreis begünstigen wollte oder ihn gleichheitswidrig davon ausgeschlossen hat, im letzteren Fall kommen wieder nur Ansprüche gegen den Gesetzgeber in Betracht. Ist jedoch dieser Personenkreis vom Gesetzgeber ebenfalls erfaßt worden, so sind für die Bejahung eines Anspruches auf Verordnungsergänzung, soweit nur diese Form der Korrektur der Gleichheitsverletzung in Betracht kommt[85], zwei Fragen zu beantworten: einmal ob diese Erfassung dem Einzelnen überhaupt einen Anspruch auf die Rechtsverordnung gewährt, was sich nach den unter aa) aufgeführten Gesichtspunkten vollzieht, und sodann die Frage, ob der Ausschluß gleichheitswidrig, d. h. willkürlich war. Erst die Bejahung beider Fragen führt dann zu dem Anspruch auf Rechtsverordnungsergänzung.

4. Die Ausgestaltungsmöglichkeiten des Verordnungsgebers im Vergleich zum Gestaltungsspielraum des Gesetzgebers und zum Ermessen beim Erlaß von Verwaltungsakten

Es unterliegt keinem Zweifel, daß der Verordnungsgeber in aller Regel einen Freiraum für die Ausgestaltung seiner Rechtsverordnung hat[86], ob dieser allerdings als „Ermessen" bezeichnet werden darf, insbesondere ob er qualitativ vom Einzelaktsermessen zu unterscheiden ist[87], ist nicht unbestritten[88].

Richter[89] hat darzulegen versucht, daß die Lehre vom Verwaltungsaktsermessen nicht auf das verordnungsgeberische Ermessen übertragbar sei. Zwar muß auch er zugeben, daß dieses Ermessen bestimmten Schranken unterliegt[90], um nicht zu einer völligen Bindungslosigkeit des Verordnungsgebers zu gelangen. Jedoch lehnt er die herkömm-

[85] Vgl. oben 1. Kap. II. 2.

[86] Das bejahen auch grundsätzlich BVerfGE 13, 248 ff. (255); 16, 332 ff. (339). Dabei geht es hier nur um die Frage des „Ausgestaltungsermessens", nicht um die Frage des „Erlaßermessens".

[87] Wie es sich insoweit mit dem gesetzgeberischen Ermessen verhält, kann hier dahingestellt bleiben, vgl. dazu *Hesse*, 227 (FN 81).

[88] Das BVerfG, (FN 86) hat sich insoweit terminologisch nicht festgelegt, das BVerwG (E 27, 189 ff. [193], 303 ff. [306]) spricht — allerdings in Bezug auf Satzungen — von „Ermessen".

[89] Sind die Grundsätze über die Ermessensausübung beim Erlaß von Verwaltungsakten übertragbar auf den Erlaß von Rechtsverordnungen und Satzungen? 76.

[90] Ebd., 59 f.

lichen Schranken, insbesondere die des Ermessensmißbrauches und des Ermessensnichtgebrauches mit der Begründung ab, es müsse dann auf die Motivation des untergesetzlichen Normgebers abgestellt werden. Das sei aber deshalb nicht möglich, weil eine generelle und abstrakte Regelung nicht danach beurteilt werden könne, welcher Fall Anstoß zu ihrem Erlaß gegeben habe[91].

Diese Begründung erscheint jedoch unzutreffend, denn die Beurteilung der Motivation des untergesetzlichen Normgebers ist nicht abhängig von den zum Verordnungserlaß Anstoß gebenden Tatsachen, sondern die hier angesprochenen subjektiven Ermessensschranken beinhalten nach *Wolff*[92], auf den sich *Richter* beruft[93], die Verfolgung des sachlich richtigen Zweckes oder die Rechtfertigung des Ermessensgebrauches durch die ihm zugrunde liegenden Erwägungen. Der sachlich richtige Zweck und die zulässigen Erwägungen des Verordnungsgebers werden aber im Falle von Verordnungen durch die Ermächtigungsvorschrift gem. Art. 80 Abs. 1 S. 2 GG fixiert, wie *Anschütz* es in dem häufig zitierten Satz zusammengefaßt hat: „Die Ausführungsverordnung darf immer nur wollen, was das sie veranlassende Gesetz will, alles das, aber nichts anderes und nicht mehr[94]." Dabei aber handelt es sich in erster Linie um eine Frage der objektiven Gesetzesinterpretation. Darüber hinaus belegt dieser *Anschütz*sche Satz auch, daß für die Frage des Ermessensmißbrauchs beim Verordnungsgeber nicht wie beim Gesetzgeber auf allgemeine Erwägungen zurückzugehen ist. Vielmehr legt die Ermächtigungsnorm in diesen Fällen durch die Inhalt-, Zweck- und Ausmaßbestimmung spezielle Grenzen fest, die aber nicht qualitativ von den allgemeinen Ermessensmißbrauchsschranken unterschieden sind, sondern zu ihnen im Verhältnis von allgemein zu speziell stehen. Ebenso ist auch ein Ermessensnichtgebrauch beim Verordnungsgeber denkbar, nämlich dann, wenn er nicht erkannt hat, daß er *alles* darf, was das veranlassende Gesetz will, d. h. die ihm überlassenen Ausgestaltungsmöglichkeiten nicht gesehen hat. Dieser Fall dürfte hinsichtlich des Verordnungsermessens allerdings kaum Bedeutung gewinnen, da dem Verordnungsgeber fast immer ein Ermessensspielraum zur Ausgestaltung gewährt ist und er sich dessen auch bewußt ist.

Im Ergebnis werden daher von der wohl h. M. auch weitgehend keine qualitativen Unterschiede zwischen verordnungsgeberischem und Einzelaktsermessen gemacht[95]. Das BVerfG hatte sogar einen Fall zu ent-

---

[91] Ebd., 61 und 63.

[92] *Wolff / Bachof*, § 31 II d 2 β) (S. 201).

[93] Ebd., 24 (FN 127).

[94] *Meyer / Anschütz*, Lehrbuch des deutschen Staatsrechts, 672 f. (FN 8).

[95] *Maunz:* Maunz / Dürig / Herzog, Art. 20 Rdnr. 122, sieht sogar im gesetzgeberischen Ermessen nur einen quantitativen Unterschied, aber auch *Fuss*,

scheiden, in dem es das Ermessen des Verordnungsgebers praktisch auf null reduziert sah[96], und zwar auf Grund einer doppelten Bindung, nämlich einmal durch die Grenzen des Art. 80 Abs. 1 GG und zum anderen durch den Gleichheitssatz. Es ging dabei von einer sich verengenden Bindung im Verhältnis von Gesetzgeber und Verordnungsgeber aus: Während der Gesetzgeber nur an das Kriterium der Sachgerechtigkeit bei der Anordnung von Ungleichbehandlungen gebunden ist, ist der Verordnungsgeber zunächst an die durch Art. 80 Abs. 1 GG gezogenen Grenzen gebunden und darüber hinaus durch den Gleichheitssatz an den „wohlverstandenen Sinn der ihm erteilten Ermächtigung"[97]. Das Gericht hat das später dahingehend erläutert, daß der Verordnungsgeber keine Differenzierung vornehmen dürfe, „wenn sie über die Grenzen einer formell und materiell verfassungsmäßigen Ermächtigung hinaus eine Korrektur der Entscheidungen des Gesetzgebers bedeuten würden"[98].

An Hand dieser beiden Entscheidungen läßt sich auch aufzeigen, welchen Standort das Ermessen des Verordnungsgebers im Rahmen der Prüfung eines Anspruches auf sein Tun einnimmt.

Hatte noch *Bühler* ein subjektives öffentliches Recht dann ausgeschlossen, wenn der Verwaltung Ermessen eingeräumt ist[99], so stellte *Bachof* fest, daß jedenfalls die Einhaltung der Ermessensschranken zwingend sei und insoweit auch ein Anspruch bestehen könne[100]. Neuerdings hat er den so Berechtigten als Destinatär bezeichnet, der keinen Anspruch auf die Begünstigung an sich hat, sondern nur auf ermessensfehlerfreie Entscheidung, die sich allerdings bei Ermessensschrumpfung auf einen vollen Anspruch verdichten kann[101]. Daraus ergibt sich, daß für den Regelfall, bei dem dem Verordnungsgeber ein Ermessen eingeräumt ist, bei der Anspruchsprüfung zusätzlich zu den erwähnten Fragen noch zu untersuchen ist, ob der Anspruchsteller Destinatär ist und ob etwa eine Ermessensschrumpfung eingetreten ist.

JZ 1959, 329 ff. (331), der einen qualitativen Unterschied hinsichtlich des gesetzgeberischen Ermessens behauptet, ordnet das verordnungsgeberische Ermessen wohl dem allgemeinen Verwaltungsermessen zu. Ebenso auch *Klein*, 107; *Stern*, Ermessen und unzulässige Ermessensausübung, 11; *Obermayer*, DöV 1955, 364 ff. (365); *Schick*, Ev. Staatslexikon, Gesetz, Gesetzgebung III, Sp. 646; *Zuleeg*, DVBl. 1970, 157 ff. (159 f.); in Bezug auf Polizeiverordnungen auch *W. Jellinek*, Gesetz und Verordnung, 88 f.

[96] BVerfGE 13, 248 ff. m. Anm. *Fuss*, JZ 1962, 737 ff. (738 ff.); *Schmidt-Bleibtreu*, DöV 1962, 105 ff.

[97] BVerfGE 13, 248 ff. (255).

[98] BVerfGE 16, 332 ff. (339).

[99] Die subjektiven öffentliche Rechte, 21; ders., Gedächtnisschr. f. W. Jellinek, 276.

[100] Gedächtsnisschr. f. W. Jellinek, 295. Dabei denken allerdings sowohl *Bühler* als auch *Bachof* wohl mehr an das Einzelaktsermessen.

[101] *Wolff / Bachof*, § 43 II b) (S. 327).

Untersucht am Beispiel der genannten Entscheidungen des BVerfG kommt man zu dem Ergebnis, daß in beiden Fällen die Antragsteller Destinatäre waren, denn es handelte sich um Rechtsverordnungen, deren Erlaß notwendig war, um den letztlich erstrebten begünstigenden Rentenbescheid nach dem BEG zu erlangen. Mit Hilfe des Art. 3 Abs. 1 GG versuchten nun in beiden Fällen die Antragsteller darzutun, daß das Ermessen des Verordnungsgebers sich derart reduziert habe, daß die Verordnung nur noch einen Inhalt haben könne, nämlich die Angleichung an die übrigen Wiedergutmachungsrenten. Im ersteren Falle war diese Reduzierung eingetreten, da sonst die Relationen der Entschädigungsrenten zueinander verzerrt worden wären[102]. Im zweiten Falle konnte eine solche Verletzung des Gleichheitssatzes nicht festgestellt werden, da für die im privaten Dienst Geschädigten gem. § 93 S. 2 BEG nicht allein die Beamtenbezüge maßgebend sind, sondern ihr Lebensalter und die zustehende Kapitalentschädigung berücksichtigt werden müssen[103].

Als Ergebnis läßt sich feststellen, daß es zumindest ungenau ist, vom Umfang des verordnungsgeberischen Ermessens auf das Bestehen oder Nichtbestehen eines Anspruches auf eine Rechtsverordnung schließen zu wollen[104], vielmehr kann insoweit durchaus eine Destination bestehen, die eine Anspruchsform, wenn auch eine sehr schwache darstellt. Zuzugeben ist allerdings, daß der Anspruch auf Rechtsverordnungserlaß erst dann besondere Bedeutung gewinnt, wenn diese Destination durch Ermessensschrumpfung zur vollen Einräumungsberechtigung geworden ist. Letzlich ergibt sich daraus auch, daß ein Anspruch auf eine bestimmte Rechtsverordnung nicht gerade häufig sein wird.

5. Beispiel: Der Anspruch auf Erlaß einer Polizeiverordnung

Konnten die soeben erwähnten, vom BVerfG entschiedenen Fälle als Beispiele für Ansprüche auf zwischengeschaltete Rechtsverordnungen angesehen werden, so ist jetzt als Beispiel für den Anspruch auf eine Rechtsverordnung im Übergangsfeld zum Verwaltungsakt die Polizeiverordnung zu untersuchen[105]. Zur Verdeutlichung, wie nahe gerade diese beiden Formen polizeilichen Handelns beieinander liegen, sei nur noch einmal an den Streit um die Rechtsnatur der Verkehrszeichen erinnert[106].

[102] BVerfGE 13, 248 ff. (255).

[103] BVerfGE 16, 332 ff. (339).

[104] So aber *v. Barby*, 81.

[105] Vgl. oben 2. Kap. II. 2. b).

[106] Vgl. oben 2. Kap. II. 2. b). Die innere Verwandtschaft betont auch W. *Jellinek*, Gesetz und Verordnung, 201 f. *Vogel*, Gefahrenabwehr, 166, der

Zu diesem Zwecke ist zunächst der grundsätzliche Anspruch auf polizeiliches Einschreiten, wie er an Hand des Anspruches auf eine Polizeiverfügung entwickelt wurde, darzustellen. Im Anschluß daran ist zu zeigen, daß in der Mehrzahl der Bundesländer Polizeiverfügungen und Polizeiverordnungen auf die gleiche Rechtsgrundlage, nämlich die polizeiliche Generalklausel, zurückgehen, wobei allerdings die Rechtslage in Bayern Besonderheiten aufweist[107]. Schließlich ist der Einwand zu widerlegen, die Polizeiverordnung sei weniger zur unmittelbaren Gefahrenabwehr geeignet als die Polizeiverfügung und deshalb sei ein Anspruch auf erstere ausgeschlossen.

a) Der Anspruch auf eine Polizeiverfügung

Seit der Entscheidung des BVerwG, Bd. 11, 95 ff.[108], wird kaum noch daran gezweifelt, daß dem Einzelnen unter bestimmten Voraussetzungen ein Anspruch auf eine Polizeiverfügung gegen Dritte zusteht. Ähnlich wie im Sozialhilferecht[109] hat sich auch im Polizeirecht unter der Herrschaft des GG die Auffassung durchgesetzt, der Einzelne sei nicht nur Objekt staatlichen Handelns, sondern er stehe dem Staat selbständig mit Rechten gegenüber[110] und habe deshalb u. U. einen Anspruch auf polizeiliches Einschreiten. Damit ist aber nur ein Grundsatz gewonnen, der, will man das Polizeirecht nicht völlig seines Eingriffscharakters entkleiden und zur Leistungsverwaltung umwandeln[111], näherer Bestimmungen und Eingrenzungen bedarf. Für die Frage der Eingrenzung des sog. Opportunitätsprinzips, d. h. des Ermessens, ob die Polizei eingreifen muß[112], sind inzwischen als hauptsächliche Kriterien die Größe der dem Einzelnen drohenden Gefahr und die Unerreichbarkeit anderweitiger Hilfe, insbesondere durch Zivilgerichte,

---

Verkehrszeichen allerdings als Rechtssätze ansieht (vgl. oben FN 45), legt gerade an Hand von Verkehrszeichen dar, daß die Grundsätze für den Anspruch auf Polizeiverfügungen auch für den Anspruch auf Polizeiverordnungen gelten; vgl. auch BVerwGE 37, 112 ff.

[107] In Baden-Württemberg ist durch das Gesetz zur Ablösung des Polizeistrafrechts vom 2. 7. 1974 (Ges. Bl., S. 210) die Rechtslage der der übrigen Bundesländer angepaßt worden (Änderung des § 10 Bad.-Württ. PolG), vgl. *Belz*, DöV 1974, 766 ff. (767).

[108] Mit Anm. *Bachof*, DVBl. 1961, 128 ff.

[109] BVerwGE 1, 159 ff. Zum Anspruch auf Impfung vgl. auch BVerwGE 9, 78 ff. (80).

[110] *Bachof*, DVBl. 1961, 128 ff. (130); ders. Verf. R. I, 283 f. Der Schutzzweck des Polizeirechts auch für das Individuum wird ebenfalls bejaht durch § 1 Abs. 1 S. 1 Bad.-Württ. PolG i. d. F. der Bekanntm. v. 16. 1. 1968 (GBl., S. 61).

[111] *Henke*, DVBl. 1964, 649 ff. (655). Trotz der Problematik der Scheidung von Eingriffs- und Leistungsverwaltung stellen diese doch immer noch bedeutsame Kategorien des Verwaltungsrechts dar, z. B. hinsichtlich der Gesetzesbindung.

[112] *Vogel*, Gefahrenabwehr, 162 ff.

herausgearbeitet worden[113]. Dabei ist insbesondere darauf abgehoben worden, ob die Gefahr derart ist, daß durch sie Grundrechte eines Bürgers bedroht werden, was in der Regel eine besonders intensive Gefährdung der öffentlichen Sicherheit und Ordnung darstellt[114]. In der *Jellinek*schen Terminologie wäre dann die „Schädlichkeitsgrenze" erreicht, die die Polizei zum Einschreiten verpflichtet[115]. Zwar kann auch in diesem Falle der Polizei noch ein Ermessensbereich hinsichtlich der Ausgestaltung ihres Tätigwerdens verbleiben, jedoch kann es auch insoweit zu Ermessensreduzierungen kommen, so daß auch in der Ausgestaltung des polizeilichen Handelns nur noch eine Möglichkeit verbleibt[116].

b) Die polizeiliche Generalklausel als gemeinsamer Maßstab für Ansprüche auf Polizeiverfügungen und Polizeiverordnungen

Abgesehen von Bayern stützen sich in den übrigen Bundesländern sowohl Polizeiverfügungen als auch Polizeiverordnungen auf die dem § 14 PVG entsprechenden Generalklauseln[117], die den Anforderungen des Art. 80 Abs. 1 S. 2 GG durch ihre jahrzehntelange Ausformung in Wissenschaft und Rechtsprechung gerecht werden[118]. Damit ist aber gleichzeitig dargetan, daß die „öffentliche Sicherheit und Ordnung" i. S. d. § 14 Abs. 1 PVG als Umschreibung von Inhalt, Zweck und Ausmaß der Ermächtigung zum Erlaß einer Polizeiverordnung auch eine Begünstigung von Einzelpersonen oder Gruppen fordern kann.

Will man dennoch den Anspruch auf eine Polizeiverordnung ausschließen, so müßte sich das aus Gründen außerhalb dieses Wortlautes ergeben.

Nicht eingewendet werden kann allerdings nach dem grundsätzlichen Ergebnis dieser Untersuchung, ein Anspruch auf eine Rechtsverordnung als untergesetzliche Norm bestehe per se nicht.

Ebensowenig steht grundsätzlich entgegen, daß die Polizeibehörden nach § 14 Abs. 1 PVG nach „pflichtgemäßem Ermessen" zu handeln

---

[113] Vgl. § 2 Abs. 2 Bad.-Württ. PolG vom 16. 1. 1968 (GBl., S. 61); § 3 Hess. SOG i. d. F. vom 26. 1. 1972 (GVBl. 1972 I, S. 29); *Martens*, JuS 1962, 245 ff. (251); *Ule / Rasch*, § 14 PVG Rdnr. 66; *Vogel*, 162 ff.; *Baur*, JZ 1962, 73 ff.

[114] *Henke*, DVBl. 1964, 649 ff. (654); *Schmatz*, 214.

[115] *W. Jellinek*, Verwaltungsrecht, 432 f.

[116] So war wohl im Falle BVerwGE 11, 95 ff. die Benutzung der Bandsäge schlechthin zu untersagen (S. 99). Ferner gab es auch wohl nur eine einzige Möglichkeit polizeilichen Einschreitens in den Fällen RGZ 147, 144 ff.; 162, 273 ff.; BGH, VerwRspr. Bd. 5, Nr. 62; zu letzterem auch *Martens*, JuS 1962, 245 ff.

[117] Bad.-Württ.: § 10 PolG (Vgl. oben FN 107). Im übrigen vgl. die Zusammenstellung bei *Ule / Rasch*, § 24 PVG Anm. B.

[118] *Vogel*, 271 m. w. N.

haben[119]. Was bleibt, um die Polizeiverordnung von den beanspruchbaren Einschreitensformen auszunehmen, wäre die sogleich zu behandelnde Frage nach ihrer Geeignetheit zur Abwehr unmittelbar bevorstehender Gefahren.

Zuvor ist aber noch einzugehen auf die besonderen bayerischen Rechtsverhältnisse: Diese sind gekennzeichnet durch einen anderen historischen Ausgangspunkt als in den norddeutschen Ländern. Auf Grund der Polizeistrafgesetzbücher konnten nämlich in den süddeutschen Ländern Polizeiverordnungen nur bei Vorliegen von Spezialdelegationen erlassen werden[120]. Für Bayern kommt noch hinzu, daß seit Inkrafttreten des bay. PAG überhaupt keine *Polizei*verordnungen mehr erlassen werden können, da die Polizei nur Vollzugsorgan ist[121]. Gibt es formell keine Polizeiverordnungen mehr, so verbleibt doch die Notwendigkeit, das dahinterstehende Instrumentarium zu erhalten; deshalb wurde die Rechtsgrundlage für solche Verordnungen, die nun Gemeinde-, Kreis-, Bezirks- oder Landesverordnungen heißen, in die Art. 42 ff. LStVG i. d. F. vom 7. 11. 1974 (GVBl., S. 753) aufgenommen. Verblieben ist es aber auch insoweit bei dem Grundsatz, daß diese Verordnungen einer spezialisierten Ermächtigung bedürfen[122]. Für den individuellen Anspruch auf eine solche Verordnung ergeben sich aber keine besonderen Probleme, vielmehr ist die speziell ermächtigende Vorschrift nach den zuvor aufgezeigten Kriterien darauf zu überprüfen, ob sie auch das Individualinteresse schützt.

c) *Die gleiche Eignung zur Gefahrenabwehr*

Unabhängig von der unterschiedlichen Rechtslage in Bayern und den übrigen Bundesländern verbleibt es bei der schon genannten Frage, ob die Polizeiverordnung in gleicher Weise zur Gefahrenabwehr geeignet ist wie die Polizeiverfügung; ist sie es nicht, so kann schon aus diesem Grunde kein Anspruch auf ihren Erlaß bestehen. In diesem negativen Sinne haben sich *Ule / Rasch* geäußert: „Der Anspruch auf polizeiliches Einschreiten ist auf Verurteilung der Polizeibehörde zu einer bestimmten polizeilichen Maßnahme gerichtet ... der Erlaß einer Polizeiverordnung kommt nicht in Betracht, weil sie keine geeignete Maßnahme zur Abwehr einer unmittelbar bevorstehenden, schweren Gefahr für Freiheit, Leben, Gesundheit und Eigentum sein kann[123]."

---

[119] Vgl. oben 2. Kap. II. 4.

[120] Das galt bis 1974 auch für Baden-Württemberg (vgl. oben FN 107); vgl. § 10 Bad.-Württ. PolG a. F.

[121] *Schiedermair*, 58; *König*, Allgem. Sicherheits- und Polizeirecht in Bayern, Art. 4 PAG Anm. III 2. a).

[122] *Schiedermair*, 58.

[123] § 14 PVG Rdnr. 72.

Man wird nicht fehlgehen, wenn man den Akzent dieser Aussage auf „unmittelbar bevorstehende“ Gefahr legt[124], denn würde man die Polizeiverordnung grundsätzlich als ungeeignet zur Gefahrenabwehr ansehen, so wäre sie wohl überhaupt kein zulässiges Mittel polizeilicher Maßnahmen, was bisher nicht nur niemand behauptet hat[125], sondern auch allen Polizeigesetzen widersprechen würde.

Die Ungeeignetheit zur Abwehr unmittelbar bevorstehender Gefahren könnte sich aus mehreren Gesichtspunkten ergeben: Einmal, wenn die Polizeiverordnung regelmäßig noch zum Wirksamwerden eines Vollziehungsaktes bedürfte. — Das ist aber durchaus nicht nötig, ja wohl nicht einmal die Regel, sondern es wird sich meistens um eine „self-executing“ Norm handeln. Weiterhin, wenn die Polizeiverordnung nur bei einer abstrakten, nicht aber auch bei einer konkreten Gefahr erlassen werden könnte. — Auch das trifft aber nicht zu, denn die Herausstellung der abstrakten Gefahr will nur besagen, daß sie, im Gegensatz zur Voraussetzung für eine Polizeiverfügung, für eine Polizeiverordnung *ausreicht*, nicht aber, daß eine Polizeiverordnung nicht auch bei einer konkreten Gefahr möglich wäre[126]. Abgesehen davon dürfte u. U. auch beim Vorliegen einer abstrakten Gefahr schon ein Anspruch auf eine Polizeiverordnung denkbar sein[127].

Ferner wäre es möglich, daß der abstrakt-generelle Charakter einer Verordnung an sich schon untauglich wäre zur Abwehr unmittelbar bevorstehender, also konkreter Gefahren. — Auch das trifft aber nicht zu, denn es sind durchaus Situationen denkbar, in denen die polizeilichen Zwecke, aus denen der individuelle Anspruch auf eine Polizeiverordnung entnommen werden muß, nicht durch Einzelanordnungen erreichbar sind und zur Erreichung dieser Zwecke und damit zur Befriedigung des Individualanspruches nur die Polizeiverordnung verbleibt[128], so denkbar bei Katastrophen oder hinsichtlich des Anspruches auf Verkehrszeichen, soweit man sie entgegen BVerwGE 27, 181 ff. als Rechtsnormen ansieht[129].

Endlich könnte noch geltend gemacht werden, das Verfahren der Polizeiverordnungsgebung sei lanwieriger und deshalb für akute Fälle nicht geeignet. — Aber auch das trifft nicht zu, denn in allen Bundesländern sind Eilzuständigkeitsregelungen vorhanden, so daß in diesen

---

124 Eine weitere Begründung geben die Verfasser selbst nicht.

125 Auch *Ule / Rasch*, § 24 PVG Rdnr. 5, selbst nicht.

126 *Vogel*, 272 f.; *Reiff / Wöhrle*, § 10 Rdnr. 6; *Ule / Rasch*, § 24 PVG Rdnr. 7 m. N. aus der Rechtsprechung.

127 Vgl. dazu das noch folgende Beispiel zum Abbrennen von Feuerwerkskörpern, in dem man durchaus eine abstrakte Gefahr sehen kann.

128 Vgl. *Reiff / Wöhrle*, § 10 Rdnr. 1.

129 *Vogel*, 166; *Schmatz*, 196 (FN 168), der ebenfalls die Ansicht von *Ule / Rasch* ablehnt; *Bachof*, Verf. R. I, 245.

Fällen eine demokratisch legitimierte Institution wie Gemeinderat oder Kreistag, wenn überhaupt, so erst nachträglich zustimmen muß, oder ein Selbsteintrittsrecht der übergeordneten Behörde besteht[130]. Deshalb ist die Ansicht von *Ule / Rasch* jedenfalls in der formulierten Pauschalität abzulehnen.

Ein weiteres Indiz für die Richtigkeit der hier vertretenen Ansicht ist auch Art. 46 Abs. 1 bay. LStVG, wo eine Pflicht zum Erlaß einer Verordnung für die zuständigen Behörden statuiert wird, gerade wenn besonders nahe und dringliche Gefahren vorhanden sind, die nur durch eine Verordnung beseitigt werden können; die Vorschrift geht also wohl davon aus, daß es polizeirechtlich relevante Situationen gibt, denen nur mit einer Verordnung begegnet werden kann[131]. Soweit dieser Vorschrift allerdings der Individualansprüche begründende Charakter abgesprochen wird[132], kann dem nicht in allen Fällen zugestimmt werden. Die h. M. macht einmal geltend, daß eine Klage auf Erlaß eines Rechtssatzes weder durch Art. 19 Abs. 4 GG noch durch § 40 VwGO vorgesehen sei[133], zum anderen wird auf Art. 52 Abs. 2 LStVG (jetzt Art. 46 Abs. 1 LStVG) Bezug genommen, der im Falle des Nichterlasses der Verordnung nur eine Ersatzvornahme vorsehe[134].

Zum ersteren ist zu sagen, daß man damit die prozessuale Durchsetzbarkeit zur Anspruchsvoraussetzung machen würde, wogegen Art. 19 Abs. 4 GG von dem umgekehrten Verhältnis ausgeht, daß nämlich zunächst ein Anspruch gegeben sein muß, dem dann in jedem Falle ein Rechtsweg zugeordnet ist[135]. Auch lassen sich Klagen auf Erlaß von

---

130 Bad.-Württ.: Zustimmung nur bei länger als einem Monat geltenden Polizeiverordnungen, § 15 PolG i. d. F. der Bekanntm. v. 16. 1. 1968 (GBl., S. 61), hinsichtlich der Möglichkeit für Eilfälle vgl. *Reiff / Wöhrle,* § 15 Rdnr. 7; Bayern: Art. 42 Abs. 2 LStVG i. d. F. der Bekanntm. v. 7. 11. 1974 (GVBl., S. 753); Berlin: § 24 PVG i. d. F. v. 2. 10. 1958 (GVBl., S. 961); Bremen: § 27 PG v. 5. 7. 1960 (GBl., S. 73); Hamburg: § 20 a Abs. 1 u. 5 G. betr. das Verhältnis der Verwaltung zur Rechtspflege i. d. F. v. 20. 12. 1954 (GVBl., S. 155); Hessen: §§ 36, 37 i. V. m. § 62 Abs. 1 SOG vom 17. 12. 1964 (GVBl., S. 209) (Selbsteintritt bei Eilfällen); Niedersachsen: § 16 i. V. m. 4 a SOG v. 21. 3. 1951 (GVBl., S. 79) begründet in Eilfällen Ersatzzuständigkeit im übrigen § 17 Abs. 2 und § 18 Abs. 2 SOG; Nordrhein-Westfalen: § 29 Abs. 4 OBG i. d. F. der Bekanntm. v. 28. 10. 1969 (GVBl., S. 732) i. V. m. § 43 Abs. 1 GO i. d. F. der Bekanntm. v. 11. 8. 1969 (GVBl., S. 656) oder § 43 Abs. 3 KrO i. d. F. der Bekanntm. v. 11. 8. 1969 (GVBl., S. 670); Rheinland-Pfalz: § 31 Abs. 4 i. d. F. vom 29. 6. 1973 (GVBl., S. 180); Saarland und Schleswig-Holstein: Weitergeltung des pr. PVG v. 1. 6. 1931 (GS, S. 77), dort § 27 Abs. 3.

131 In der alten Fassung des LStVG v. 17. 11. 1956 (Bay. BS I, S. 327) war diese Vorschrift in Art. 52 Abs. 1 noch deutlicher gefaßt. Vgl. *König*, Art. 52 LStVG Anm. I; *Kääb / Rösch*, Art. 52 Rdnr. 6.

132 Zur alten Fassung vgl. *König*, Art. 52 LStVG Anm. II 1; *Kääb / Rösch*, Art. 52 Rdnr. 19.

133 *König*, Art. 52 LStVG Anm. II 1.

134 *Kääb / Rösch*, Art. 52 Rdnr. 19, wo allerdings die Bezugnahme auf Art. 51 Abs. 2 LStVG wohl nur als Druckfehler anzusehen ist.

135 Vgl. *Bachof*, Verf. R. I, 245 f.; Verf. R. II, 143 f.

Rechtsverordnungen durchaus in das bestehende Rechtsschutzsystem einfügen[136]. Der zweite Einwand hat schon die Schwäche, daß er auf die sog. Landesverordnungen des Staatsministeriums des Innern (Art. 6 i. V. m. Art. 7 Abs. 1 LStVG) nicht zutrifft. Im übrigen kann die Einräumung der Ersatzvornahmebefugnis an eine andere Behörde nicht allein schon ein Indiz für den Anspruchsausschluß sein. Vielmehr ist auch in diesen Fällen allein die ermächtigende Norm zu untersuchen. Soweit sie ein subjektives öffentliches Recht auf die Rechtsverordnung gewährt, kann der Bürger diese auch gerichtlich durchsetzen und braucht sich nicht auf den Appell an die zur Ersatzvornahme berechtigte Behörde verweisen zu lassen.

Zu welchen Ergebnissen es im Extremfalle führen kann, Art. 46 Abs. 1 LStVG (bzw. Art. 52 Abs. 1 LStVG a. F.) so auszulegen, wie die genannten Meinungen es tun, läßt sich an Hand eines Beispiels aus dem LStVG a. F. aufzeigen: Art. 27 Abs. 1 ermächtigte das Staatsministerium des Innern, per Verordnung das Abbrennen von Feuerwerkskörpern und das Schießen mit Schußwaffen im bayerischen Grenzgebiet zu Österreich, zur Tschechoslowakei und zur DDR (Art. 27 Abs. 2) zur Verhütung von Grenzzwischenfällen zu untersagen. Nehmen wir an — ein Fall der heute leider gar nicht so weit hergeholt zu sein scheint — im bayerischen Grenzgebiet zur DDR wäre es an einigen Stellen immer wieder zum Abbrennen von Feuerwerkskörpern und Schießübungen nich näher identifizierbarer Täter gekommen, denen als Reaktion jeweils die Feuereröffnung auf der DDR-Seite folgte, so daß von dort Geschosse nicht nur auf bayerisches Gebiet gelangten, sondern dort in der Nähe von Wohnsiedlungen oder auch nur einzeln stehenden Gebäuden einschlugen, wodurch Leib und Leben der Bewohner auf das Höchste gefährdet wurden. Hätte das Staatsministerium des Innern grundlos oder mit unzureichender Begründung die nach Art. 27 Abs. 1 LStVG vorgesehene Verordnung nicht erlassen und würde man den betroffenen Bewohnern auch einen Anspruch darauf absprechen, so wäre der Bürger in diesem konkreten Falle weitgehend wehrlos erheblichen Gefahren ausgesetzt gewesen. Das aber kann einfach nicht rechtens sein. An diesem Beispiel kann also gezeigt werden, daß die Interpretation des Art. 46 Abs. 1 LStVG (bzw. Art. 52 Abs. 1 LStVG a. F.) der h. M. falsch sein muß und darüber hinaus allgemein, daß der Anspruch auf polizeiliches Einschreiten auch den Erlaß einer Polizeiverordnung erfordern kann, wie *Bachof* schon angedeutet hat[137]. Auch das Ausgestaltungsermessen für diese Verordnung dürfte im Beispielsfalle nur sehr gering, wenn nicht schon gar auf Null reduziert sein.

---

[136] Vgl. prozessualer Teil dieser Arbeit.

[137] Verf. R. I, 245; ebenso *Vogel*, 166.

III. Die Frist für das Tätigwerden des Verordnungsgebers

So wie dem Gesetzgeber Fristen für sein Tätigwerden eingeräumt sind, wird man solche auch dem Verordnungsgeber zubilligen müssen, so daß bis zu deren Ablauf etwaige Ansprüche auf Verordnungserlaß gehemmt sind.

Ähnlich wie es beim Gesetzgeber große Schwierigkeiten bereitet, auch nur annähernde Zeiträume festzulegen, so ist das auch beim Verordnungsgeber der Fall. Soweit es sich um „Ermächtigungen auf Vorrat" handelt, könnte ein möglicher Anspruch auf jeden Fall frühestens erst mit dem Eintritt der Voraussetzungen entstehen. Darüber hinaus lassen sich Annäherungswerte in etwa dadurch finden, daß man den frühest möglichen Zeitpunkt bestimmt und Vergleiche mit den gesetzgeberischen Fristen zieht, die für den Verordnungsgeber entsprechend zu verkürzen sein dürften, und darüber hinaus nach der Dringlichkeit der Verordnung unterscheidet.

Ein Anspruch auf Erlaß einer Rechtsverordnung kann sich erst von dem Zeitpunkt an ergeben, der auch der frühest mögliche für ihre Verkündung ist, da frühestens mit der Verkündung in dem vorgesehenen Publikationsorgan — vgl. Art. 82 Abs. 1 S. 2 GG — die Rechtsverordnung Wirkungen entfalten kann[138]. Das führt zu der umstrittenen Frage, von wann ab eine Rechtsverordnung verkündet werden kann.

Die wohl h. M. nimmt an, daß Voraussetzung für die *Verkündung* einer Rechtsverordnung eine in Kraft befindliche Delegationsnorm ist[139]. Die Mindermeinung geht davon aus, daß sich die Ermächtigungsnorm in Kraft befinden müsse, bevor die Rechtsverordnung *ausgefertigt* werden dürfe[140]. Der h. M. ist zuzustimmen, denn solange die Rechtsverordnung nicht verkündet ist, kann sie keine Wirkungen entfalten, ist also rechtlich noch nicht existent[141] und braucht deshalb auch keine rechtliche Grundlage. Würde man der Mindermeinung folgen, so brächte das auch die Schwierigkeit mit sich, daß entweder die Ermächtigungsnorm immer vorab in Kraft gesetzt werden müßte[142], was

---

[138] BVerfGE 7, 330 ff. (337); 16, 6 ff. (17) jeweils in Bezug auf Gesetze.

[139] BVerfGE 3, 255 ff. (260); BGHZ 43, 273; OLG Saarbrücken, DöV 1967, 498 ff.; *B. Wolff*, 221; *Wilke:* v. Mangoldt / Klein, Art. 80 Anm. IX 1 a; *Spiegel*, NJW 1962, 1187 ff. (1189); *Fleck*, DöV 1966, 633. Für das Verhältnis des verfassungsändernden Gesetzes zum darauf gestützten Gesetz, vgl. BVerfGE 34, 9 ff. (21 ff).

[140] *Jacobi*. HdbDStR II, 236 ff. (245); *Müller*, DVBl. 1962, 589 ff. (590); *Krüger*, DöV 1966, 133.

[141] So insbesondere *Fleck*, DöV 1966, 633 und OLG Saarbrücken, DöV 1967, 498 ff.

[142] Eine Forderung, die *Krüger*, DöV 1966, 133 ausdrücklich erhebt.

zur Folge hätte, daß u. U. zur Auslegung der Ermächtigungsnorm das ganze Gesetz herangezogen werden müßte, obwohl es noch nicht in Kraft ist, oder die Verordnung erst mit zeitlicher Verzögerung gegenüber dem Gesetz wirksam werden könnte, was dazu führen kann, daß das Gesetz trotz Inkrafttretens eine Zeit lang nicht durchführbar wäre[143], eine mißliche Situation, insbesondere bei Gesetzen, die aus aktuellem Anlaß geschaffen wurden.

Da also — wie dargelegt — der Anspruch auf Erlaß einer Rechtsverordnung erst dann durchsetzbar ist, wenn diese auch verkündet werden kann, ist frühestmöglicher Zeitpunkt für die Anspruchstellung der Zeitpunkt des Inkrafttretens der Ermächtigungsnorm.

Wesentlich schwieriger ist dagegen die Frage zu beantworten, ob dem Verordnungsgeber Fristen einzuräumen sind für sein Tätigwerden, bis zu deren Ablauf ein Anspruch gehemmt wäre. Zieht man zum Vergleich einmal die Zeiträume heran, die dem Gesetzgeber für ein Tätigwerden offengelassen sind, so ist darin kaum ein System zu erblicken: Art. 117 Abs. 1 GG hatte für die Anpassung des dem Art. 3 Abs. 2 GG widersprechenden Rechtes längstens knapp vier Jahre vorgesehen, für ein so umfangreiches Werk, wie die Neugliederung des Bundesgebietes sieht Art. 29 Abs. 6 GG nur zwei Jahre vor. Das BVerfG hatte dem Gesetzgeber immerhin ca. zwanzig Jahre für die Erfüllung des Verfassungsauftrages aus Art. 6 Abs. 5 zugebilligt[144], während H. *Krüger* nur einen Zeitraum von fünf Jahren für angemessen hielt[145]. Läßt man Art. 29 Abs. 6, S. 2 GG einmal außer Betracht, so lassen sich für solche ungleichen Beurteilungen nur schwerlich Gründe finden, da man wohl nicht ohne weiteres sagen kann, daß die rechtliche Gleichstellung von Mann und Frau tatsächlich vordringlicher war als die Angleichung des Nichtehelichenrechtes. Muß man daraus für das Tätigwerden des Gesetzgebers den Schluß ziehen, daß sich Zeiträume nur schwer bestimmen lassen, so sind solche Angaben hinsichtlich des Verordnungsgebers doch etwas eher möglich.

Das beruht zum einen darauf, daß der Verordnungsgeber nur einen begrenzten Ausschnitt, meist untergeordneter Art, aus der gesamten Gesetzesmaterie zu regeln hat, so daß schon von daher seine „Überlegungsfrist" wesentlich schrumpft. Hinzukommt, daß das Gesetz ohne das Tätigwerden des Verordnungsgebers meist nicht wirken kann, was dann zu besonderen Härten führen würde, wenn das Gesetz akute

---

[143] *Fleck*, DöV 1966, 633 weist darauf hin, daß bei Rechtsverordnungen oftmals noch Beschlußfassung und Ausfertigung in einem Vorgang zusammenfallen, was den Zeitraum noch verlängern könnte.

[144] BVerfGE 25, 167 ff. (185). Für die Fristsetzung zum Erlaß eines Strafvollzugsgesetzes vgl. BVerfGE 33, 1 ff. (13).

[145] DöV 1957, 356 ff. (358).

Notstände lindern will. Schließlich ist noch von Bedeutung, daß Ermächtigungsadressat oftmals gerade die Stelle (z. B. Bundesregierung oder Bundesminister) ist, von der auch das Gesetz ausging, etwa in Form von Ministerialentwürfen oder gar durch förmliche Gesetzesinitiative der Bundesregierung; das bedeutet dann aber, daß dieser Ermächtigungsadressat keine „Überlegungsfrist", sondern höchstens eine „Formulierungsfrist" braucht[146]. Endlich kann dem Verordnungsgeber auch deshalb keine allzu lange Frist zugestanden werden, weil er nicht die Möglichkeit haben darf, eine auf individuelle Begünstigung gerichtete gesetzgeberische Intention zu unterlaufen, was auch durch zeitliche Verzögerung geschehen kann.

Zusammenfassend wird man soviel sagen können, daß die Aktualisierung eines Anspruches auf Rechtsverordnungserlaß, falls sie nicht schon durch das ermächtigende Gesetz geregelt ist, weitgehend eine Frage des Einzelfalles bleibt. Dabei können aber bestimmte Umstände wie Notlage, Mitwirkung des Ermächtigungsadressaten schon an dem ermächtigenden Gesetz und geringer Umfang der per Verordnung zu regelnden Materie für eine kurze Frist sprechen.

IV. Das Tätigwerden des Gesetzgebers an Stelle des Verordnungsgebers

Durch die Feststellung des BVerfG, der Verordnungsgeber unterliege engeren Bindungen als der Gesetzgeber[147], wird die Frage aufgeworfen, welchen Einfluß dann ein Tätigwerden des Gesetzgebers an Stelle des Verordnungsgebers auf den dem Verordnungsgeber gegenüber bestehenden Anspruch des Einzelnen hat, insbesondere ob dadurch ein Anspruch wieder zunichte gemacht werden kann.

1. Zulässigkeit

Die Zulässigkeit des Tätigwerdens des Gesetzgebers an Stelle des Verordnungsgebers dürfte weitgehend als unstreitig anzusehen sein[148]. Soweit das BVerfG[149] und das BVerwG[150] anderer Meinung waren,

---

[146] Sollte allerdings das Gesetz wesentlich vom Entwurf abweichen, wird man wohl dem Ermächtigungsadressaten wieder eine „Überlegungsfrist" zubilligen müssen.

[147] BVerfGE 13, 248 ff. (253, 255).

[148] BVerfGE 22, 330 ff. (346); Literaturnachweise bei *Wilke:* v. Mangoldt / Klein, Art. 80 S. 1908 FN 20.

[149] E 18, 407 ff. (417), allerdings nur bezogen auf Verordnungsermächtigungen an die Landesregierungen.

[150] E 4, 24 ff. (46).

widersprach das zum einen dem Grundsatz der Allzuständigkeit des Gesetzgebers, d. h. der Gesetzgeber ist theoretisch in der Lage auch alle Detailfragen einer Rechtsmaterie auf legislatorischem Wege zu ordnen; Art. 80 GG will ihn nur entlasten, ihn aber nicht entmachten[151]. Zum anderen kann der Legislative dadurch, daß sie einmal eine Verordnungsermächtigung erteilt hat, nicht die Herrschaft über dieses Gesetz dahingehend genommen werden, daß sie es in der Folgezeit nicht mehr ändern könnte[152]. Der Gesetzgeber verliert also durch eine Ermächtigungsnorm zum Erlaß von Rechtsverordnungen nur sein Gesetzgebungsmonopol[153] und der Verordnungsgeber tritt neben ihn[154], so daß es sich hier um eine konservierende und keine devolvierende Delegation im Sinne der *Triepel*schen Terminologie[155] handelt.

2. Die Bindung des Gesetzgebers

Wird der Gesetzgeber tätig, so kann er das nur durch Erlaß eines Gesetzes, das Mittel der Verordnungsgebung steht ihm nicht zu, es gehört zum ausschließlichen Instrumentarium der Exekutive[156].

Dann unterliegt die Legislative auch nicht den Bindungen, die für die Exekutive beim Normerlaß insbesondere aus Art. 80 Abs. 1 GG entstehen, denn sie hat insofern die Herrschaft über einfache Gesetze, als sie sie jederzeit ändern kann. Überschreitet sie daher den Rahmen, der dem Verordnungsgeber durch die Inhalt-, Zweck- und Ausmaßbestimmung gesetzt ist, so hat sie das Gesetz bei Beachtung der Förmlichkeiten und bei Übereinstimmung mit der Verfassung zulässig geändert.

Hatte sich ein Anspruch auf Verordnungserlaß für den Bürger nur aus dem einfachen ermächtigenden Gesetz ergeben, war er also nicht „verfassungskräftig", so stand er von vornherein unter dem Vorbehalt der Gesetzesänderung, und der Gesetzgeber hat es grundsätzlich in der Hand, diesen Anspruch wieder zu vernichten. Dabei muß jedoch auch der Gesetzgeber gewisse Grenzen beachten, so z. B. Art. 3 Abs. 1 GG, sonstige Ansprüche, die unmittelbar auf dem GG beruhen und das Rückwirkungsverbot. Letzteres hindert den Gesetzgeber grundsätzlich daran, durch sein Tätigwerden an Stelle des Verordnungsgebers eine Begünstigung rückwirkend dadurch zunichte zu machen, daß er den durch die Ermächtigungsnorm geregelten Sachverhalt nachträglich

[151] *Wilke:* v. Mangoldt / Klein, Art. 80 Anm. II 3 b.

[152] *Wilke:* v. Mangoldt / Klein, Art. 80 Anm. II 3 b.

[153] *Triepel*, Delegation und Mandat, 60.

[154] Nach *v. Barby*, 86 sind sowohl devolvierende als auch konservierende Delegation möglich.

[155] *Triepel*, 60.

[156] BVerfGE 22, 330 ff. (346).

dergestalt anders regelt, daß ein subjektives öffentliches Recht entfällt. Dabei sind allerdings die folgenden Ausnahmen vom grundsätzlichen Rückwirkungsverbot auch hier zu beachten: der Bürger mußte mit der Vernichtung seines Anspruches rechnen[157], die Rechtslage, auf die der Anspruch gründete, war unklar und verworren[158], die anspruchsbegründende Bestimmung war nichtig[159], oder zwingende Gründe des Allgemeinwohl rechtfertigen die Rückwirkungsanordnung[160].

3. Die Auswirkungen auf die Bestimmung des Anspruchsgegners

Kann der Gesetzgeber in jedem Falle die durch Verordnung zu treffende Regelung selbst erlassen, sind also beide nebeneinander zur Regelung befugt, so stellt sich die Frage, ob damit dem Anspruchsteller auch zwei Anspruchsgegner gegenüberstehen.

Das ist jedoch zu verneinen. Dadurch, daß der Gesetzgeber der Exekutive eine Verordnungsermächtigung eingeräumt hat, gibt er zu erkennen, daß er für den Ermächtigungsbereich die Verwaltung für besser geeignet hält, die von ihm aus welchen Gründen auch immer offengelassene Frage zu regeln, die Exekutive also primär zur Regelung berufen sein soll[161]. Diese Entscheidung des Gesetzgebers ist zu respektieren. Daher ist in diesen Fällen davon auszugehen, daß dem Anspruchsteller nur ein Anspruchsgegner, nämlich die Exekutive gegenübersteht. Der Einzelne kann seinen Anspruch auf Rechtsverordnungserlaß also nicht gegenüber der Legislative — als Anspruch auf Gesetzeserlaß — geltend machen, andererseits kann er von der Exekutive nicht mit der Begründung abgewiesen werden, die Legislative sei ebenfalls für die Regelung zuständig.

V. Der Rechtsverordnungsanspruch bei Subdelegationsermächtigung

Ähnlich wie im vorausgegangenen Abschnitt IV. ergibt sich auch im Falle einer Subdelegationsermächtigung nach Art. 80 Abs. 1 S. 4 GG die Frage, ob der Anspruchsteller etwa zwei Anspruchsgegnern gegenübersteht. Zusätzlich stellt sich das Problem, ob eine doppelte Prüfung der Anspruchsgrundlagen, nämlich im förmlichen Gesetz und in der übertragenden Rechtsverordnung, vorzunehmen ist.

---

[157] BVerfGE 1, 280; 8, 304.

[158] BVerfGE 11, 72 f.; 13, 272; 18, 439.

[159] BVerfGE 7, 92 ff.; 11, 72; 13, 272; 18, 439.

[160] BVerfGE 2, 405; 13, 272; 18, 439.

[161] *Triepel*, 54.

1. Der Anspruchsgegner

Der mit einem Anspruch auf Rechtsverordnung ausgestattete Bürger kann, wenn die Ermächtigungsnorm auch eine Subdelegationsermächtigung enthält, zwei Situationen gegenüberstehen: entweder der Subdelegant ist untätig geblieben oder fehlerhaft, z. B. durch Verletzung des Gleichheitssatzes, tätig geworden, oder das Gleiche liegt beim Subdelegatar, für den die Ermächtigung vom Erstermächtigten schon ausgesprochen ist, vor.

a) Untätigbleiben oder fehlerhaftes Tätigwerden des Subdeleganten

In diesem Falle stellt sich die Frage, ob ein Anspruch des Bürgers dahin geht, daß der Subdelegant überhaupt eine — oder im Falle einer rechtswidrigen eine rechtmäßige — Subdelegationsverordnung erläßt, oder dahin, daß er den Anspruch unmittelbar befriedigt, indem er selbst die dem Verordnungsgeber zugewiesene Materie regelt.

Eine Argumentation ähnlich wie im Verhältnis Gesetzgeber — Verordnungsgeber[162] erscheint hier aber nicht möglich. Man kann hier nicht ohne weiteres den — potentiellen — Subdelegatar für die letztliche materielle Regelung für zuständig erklären und gegen den Subdelegationsermächtigten nur einen Anspruch auf die Subdelegationsverordnung gewähren, mit der Begründung, der Subdelegatar stehe jedenfalls nach Ansicht des Gesetzgebers der Verordnungsmaterie näher und könne sie besser regeln, so daß ihm diese Regelung überlassen bleiben müßte. Dabei würde nämlich zum einen übersehen, daß der Erstermächtigte sich diese Kenntnis sehr leicht beschaffen kann, da in der Regel der Zweitermächtigte eine ihm untergeordnete Stelle ist, zum anderen aber, was noch wichtiger ist, fände der besondere Charakter der Subdelegationsverordnung nicht genügend Berücksichtigung.

Nach *Maunz* soll dieser Verordnung „an sich" der Rechtscharakter fehlen[163], dagegen spricht sich *Klein*[164] unter Berufung auf *Triepel*[165] insofern für einen Akt der Rechtsetzung aus. Letzterem dürfte insoweit zuzustimmen sein, als es sich auch in diesem Falle um eine Änderung der objektiven Rechtsordnung handelt, wie Klein[166] sie näher dargelegt hat; dennoch läßt sich andererseits auch nicht leugnen, daß nur eine andere Stelle innerhalb des einheitlichen Bereichs der Exekutive tätig

---

[162] Vgl. oben 2. Kap. IV. 3.

[163] *Maunz / Dürig / Herzog,* Art. 80 Rdnr. 15; ebenso *Krüger,* DöV 1950, 16; *v. Mangoldt,* 1. Aufl., Art. 80 Anm. 2.

[164] Verordnungsermächtigungen, 72.

[165] Delegation und Mandat, 88.

[166] Verordnungsermächtigungen, 72.

werden soll, was bedeuten würde — gleichgültig, ob man der *Laband / Jellinek*schen Schrankenziehungsformel[167] oder der „Eingriff in Freiheit und Eigentum"-Formel nach *Anschütz*[168] zur Bestimmung des materiellen Gesetzescharakter folgt — daß die subdelegierende Verordnung nur eine Norm im formellen Sinne wäre. Am besten wird man sie mit *Wilke*[169] als organisationsrechtliche Rechtsverordnung bezeichnen können, womit eine gewisse Nähe zu Verwaltungsvorschriften zum Ausdruck kommt[170], auf die aber in der Regel kein Anspruch des Bürgers besteht, denn selbst wenn man sie mit der neueren Lehre als Rechtsnormen besonderer Art ansieht[171], berühren sie regelmäßig nicht das Verhältnis des Staates zum Bürger[172]. Ebensowenig kann es daher in der Regel einen Anspruch des Einzelnen auf den Erlaß einer Rechtsverordnung nach Art. 80 Abs. 1 S. 4 GG geben. Anders könnte es nur für den Fall sein, daß der Gesetzgeber den Ermächtigten verpflichten könnte, die Ermächtigung weiterzugeben, so daß dieser selbst nur die delegierende Verordnung erlassen könnte, ohne die der Letztdelegatar nicht tätig werden kann. Das geht aber nicht nur am Wortlaut des Art. 80 Abs. 1 S. 4 GG vorbei, bei der es sich ausdrücklich um eine Kann-Bestimmung handelt[173], sondern würde auch der bindenden Festlegung der Ermächtigungsadressaten in Art. 80 Abs. 1 S. 1 GG widersprechen[174]. Da also der Erstermächtigte, jedenfalls solange er die Ermächtigung nicht weiter übertragen hat, immer auch selbst die endgültige materielle Regelung vornehmen kann, besteht bei seinem Untätigbleiben nur ein Anspruch ihm gegenüber auf Erlaß der materiellen Rechtsverordnung.

b) Untätigbleiben oder fehlerhaftes Tätigwerden des Subdelegatars

Ein Anspruch gegen den Subdelegatar kann sich überhaupt nur ergeben, wenn der Subdelegant von seinem Recht zur Weitergabe der Verordnungsermächtigung schon Gebrauch gemacht hat. Inwieweit dann Letzterer überhaupt noch als Anspruchsgegner in Betracht kommt, hängt davon ab, ob die Weitergabe der Ermächtigung vom Gesetzgeber als konservierende oder devolvierende gewollt war.

---

[167] *Laband*, 181; *G. Jellinek*, Gesetz und Verordnung, 240.

[168] Grundzüge des deutschen Staatsrechtes, 595.

[169] AöR 98, 196 ff. (224).

[170] *Klein*, 44 f.

[171] *Brohm*, DöV, 1964, 238 ff.; *Jesch*, Gesetz und Verwaltung, 232 f.; *Rupp*, Grundfragen, 21; *Böckenförde*, 73 f.; *Ossenbühl*, Verwaltungsvorschriften, 161.

[172] Vgl. oben 2. Kap. I. 2.

[173] VGH München, NJW 1966, 1531 ff. (1532).

[174] *Wilke*: v. Mangoldt / Klein, Art. 80 Anm. VIII 2 und Art. 80 Anm. V 1. a) m. w. N.

In diesem Falle kann man sich nicht ohne weiteres für eine konservierende Delegation entscheiden[175], denn die Gründe, die dafür im Verhältnis Gesetzgeber — Verordnungsgeber sprachen, treffen hier nicht zu. Dort ging es nämlich darum, dem Gesetzgeber seine prinzipielle Zuständigkeit für die Normsetzung zu erhalten, also um eine Frage der Gewaltenteilung, hier aber geht es nur um die Frage der Organisation der Exekutive, speziell zur Erledigung der delegierten Rechtsetzungsaufgaben, die nur aus rechtsstaatlichen Gründen in Form einer Rechtsverordnung erfolgen muß[176]. Es besteht hier also durchaus die Möglichkeit, daß im Einzelfall eine devolvierende Delegation vom Gesetzgeber gewollt ist[177]. Daß es sich aber im Zweifel auch bei der Subdelegation um eine konservierende handeln wird[178], ergibt sich daraus, daß auch bei einer devolvierenden Delegation dem Deleganten nicht jede Einwirkungsmöglichkeit auf den Delegatar genommen ist, sondern er kann durch eine neue Rechtsverordnung die Übertragung rückgängig machen[179] und dann selbst eine den Gegenstand unmittelbar regelnde Rechtsverordnung erlassen. Da nun aber nicht anzunehmen ist, daß der Gesetzgeber im ermächtigenden Gesetz diesen umständlicheren Weg wählen wird, wenn er durch eine bloß konservierende Delegation der Exekutive wesentlichen Aufwand ersparen kann, spricht im Zweifel alles für diese Delegationsart. Außerdem wird meist der Gesetzgeber auch selbst nur an einer konservierenden Delegation interessiert sein, da er dann politisch wesentlich besser auf die Erstdelegatare einwirken kann, als wenn diese ihre Rechtsetzungskompetenz nach Erlaß der übertragenden Rechtsverordnung eingebüßt haben oder erst über den Weg der Rückgängigmachung der Übertragung zurückgewinnen müssen. Dagegen steht dem Gesetzgeber oftmals eine unmittelbare Einwirkungsmöglichkeit auf die Zweitdelegatare nicht zu.

Sollte man im Einzelfall dennoch zu einer devolvierenden Subdelegationsermächtigung gelangen, so kann sich, wenn die Delegation vom Erstermächtigten ausgesprochen worden ist, der Anspruch auf die erstrebte materielle Rechtsverordnung nur noch gegen den Subdelegatar richten, falls er von seinem Recht keinen oder fehlerhaften Gebrauch gemacht hat, denn der Delegant ist zum Erlaß nicht mehr ohne weiteres in der Lage, der Gesetzgeber nicht primär berufen[180]. Bei einer konservierenden Subdelegationsermächtigung wäre der Delegant zwar noch in der Lage, die vom Bürger erstrebte Rechtsverordnung zu erlassen, jedoch hat er mit Erlaß der delegierenden Verordnung zu er-

---

175 So aber *Maunz:* Maunz / Dürig / Herzog, Art. 80 Rdnr. 15.

176 *Müller*, Handbuch, 299 f.

177 *Triepel*, 121 f.; *Wilke:* v. Mangoldt / Klein, Art. 80 Anm. VIII 5 a.

178 *Wilke:* v. Mangoldt / Klein, Art. 80 Anm. VIII 5 a.

179 Ebd.

180 Vgl. oben 2. Kap. IV. 3.

kennen gegeben, daß er „vorerst im Hintergrund“[181] bleiben will. Würde der in Anspruch genommene Subdelegatar den Anspruchsteller an den Subdeleganten verweisen, so würde er damit dessen Intentionen widersprechen, was ihm, insbesondere wenn es sich, wie meistens, um eine nachgeordnete Behörde handelt, nicht möglich ist. Auch in diesem Falle richtet sich der Anspruch ausschließlich gegen den Subdelegatar.

2. Die doppelte Bestimmtheitsprüfung bei Ansprüchen gegen den Subdelegatar

Während bei behaupteten Ansprüchen gegen den Erstermächtigten die Prüfung von Inhalt, Zweck und Ausmaß auf die Gewährung subjektiver öffentlicher Rechte hin nicht vom Regelfall abweicht und nur an Hand des ermächtigenden Gesetzes vorzunehmen ist, ist die Situation hinsichtlich des Subdelegatars deshalb anders, weil er erst nach doppelter Ermächtigung, nämlich durch das förmliche Gesetz und durch die übertragende Rechtsverordnung tätig werden kann, so daß Inhalt, Zweck und Ausmaß der Ermächtigung zweimal zu untersuchen sind.

a) Im ermächtigenden Gesetz

Auch bei der Analyse der Ermächtigungsnorm im Gesetz muß ein Zweifaches beachtet werden; zunächst die Frage, ob überhaupt ein subjektives öffentliches Recht auf Erlaß der materiellen Rechtsverordnung gewollt ist, insofern gilt das bisher schon Erörterte. Darüber hinaus ist es aber dem Gesetzgeber gestattet, die Weitergabe der Verordnungsermächtigung dahin einzuschränken, daß der Erstdelegatar nur einen Teil der Ermächtigung weitergeben darf, was man ohne weiteres daraus schließen kann, daß der Gesetzgeber auch nicht gehindert wäre, von einer Subdelegationsverordnung gänzlich abzusehen, so daß er erst recht nicht gehindert ist, die Weitergabe einzuschränken.

Fällt die Antwort auf diese Frage negativ aus, durfte also der Delegant die Verordnungsermächtigung, soweit sie den hier in Rede stehenden Anspruch betrifft, nicht weitergeben, so richtet sich das subjektive öffentliche Recht auf Verordnungerlaß wiederum nur gegen ihn, erst wenn die Auslegung der Ermächtigungsnorm im Gesetz auch ergibt, daß der Delegant den anspruchsbegründenden Teil der Ermächtigungsnorm — sofern er überhaupt isolierbar ist — weitergeben durfte und weitergegeben hat, könnte der ausschließliche Anspruch gegen den Letztdelegatar entstehen.

---

181 *Triepel*, 54.

b) *In der übertragenden Rechtsverordnung*

Aber selbst wenn feststeht, daß der Delegant die Ermächtigung in vollem Umfang weitergeben darf, heißt das noch nicht, daß er sie auch so weitergeben muß. Denn auch der Subdelegant kann von sich aus sich mit einer teilweisen Subdelegation begnügen[182], soweit die Ermächtigung überhaupt teilbar ist. Auch hier gilt wieder das Argument, wenn der Delegant schon alles selber regeln könnte, so kann er sich erst recht darauf beschränken, dem Subdelegatar nur einen bestimmten Bereich zu überlassen.

Daher muß also auch die übertragende Rechtsverordnung noch daraufhin überprüft werden, ob der Delegant den dem ermächtigenden Gesetz zu entnehmenden Verordnungsanspruch auch auf den Subdelegatar übertragen hat, soweit der Gesetzgeber ihm das gestattet hat.

Zusammenfassend läßt sich sagen, daß ein Anspruch gegen den Subdelegatar erst dann gegeben ist, wenn das ermächtigende Gesetz diesen Anspruch grundsätzlich gewährt, die Weitergabe dieser Gewährung nicht schon vom Gesetzgeber ausgeschlossen war und der Delegant sie auch tatsächlich im Rahmen einer zulässigen Subdelegationsverordnung weitergegeben hat. In allen anderen Fällen richtet sich der Anspruch auf die materielle Rechtsverordnung, so er im ermächtigenden Gesetz gewollt ist, unmittelbar gegen den Erstdelegierten.

VI. Zusammenfassung zum 2. Kapitel

Ein Anspruch auf eine Rechtsverordnung ist grundsätzlich dann gegeben, wenn Inhalt, Zweck und Ausmaß der Ermächtigungsnorm zumindest auch Angelegenheiten des Einzelnen betreffen. Der Anspruch kann mit Ausnahme von Organisationsverordnungen auf alle zulässigen Arten von Rechtsverordnungen gehen, insbesondere dann, wenn es sich inhaltlich um Verordnungen handelt, die Voraussetzung für einen begünstigenden Einzelakt sind oder im Übergangsfeld zum Einzelakt stehen; nur bei letzteren erlangt jedoch die erwähnte Prüfung von Inhalt, Zweck und Ausmaß besondere Bedeutung.

Das verordnungsgeberische Ermessen, das eine spezielle Ausprägung des allgemeinen Verwaltungsermessens darstellt, kann auftreten als Entschließungsermessen hinsichtlich der Frage, ob der Ermächtigte überhaupt die Verordnung erlassen muß und als Ausgestaltungsermes-

---

182 *B. Wolff*, AöR 78, 222 f.; *Wilke:* v. Mangoldt / Klein, Art. 80 Anm. VIII 5 b; *Maunz:* Maunz / Dürig / Herzog, Art. 80 Rdnr. 15; VGH München, NJW 1966, 1531 ff. (1533).

sen bei der Frage, welcher Inhalt der Verordnung im einzelnen zu geben ist. Hat der Verordnende ein Entschließungsermessen, so ist die Stellung des Einzelnen ihm gegenüber von sehr geringem Gewicht. Besteht jedoch nur ein Ausgestaltungsermessen, so kommt dem Einzelnen zwar zunächst wohl auch nur eine Destination zu, hier sind aber Fälle leichter denkbar, in denen das Ermessen soweit schrumpfen kann, daß daraus eine echte Berechtigung wird.

Letzteres ist z. B. möglich im Bereich der Polizeiverordnung, auf die im Rahmen der Grundsätze des Anspruches auf polizeiliches Einschreiten ein Anspruch bestehen kann, da sie zur unmittelbaren Gefahrenabwehr ebenso geeignet und u. U. sogar nötig ist, wie andere polizeiliche Maßnahmen auch.

Der Zeitraum für das Tätigwerden des Verordnungsgebers beginnt frühestens mit dem Inkrafttreten der Ermächtigungsnorm und kann von unterschiedlicher Dauer sein, je nach Problematik der zu regelnden Materie oder nach der Mitwirkung des Verordnungsgebers am Zustandekommen des ermächtigenden Gesetzes. Feste Zeiträume dürften sich insoweit nur schwerlich benennen lassen, erst wenn sie jedoch abgelaufen sind, wird ein Anspruch des Bürgers auf die Rechtsverordnung aktualisiert.

Der Gesetzgeber kann per Gesetz an Stelle des Verordnungsgebers handeln, er unterliegt dann nicht dessen Bindungen, so daß ein Anspruch gegen den Verordnungsgeber nicht auch gegenüber dem Gesetzgeber, der für den Verordnungsgeber handelt, Bestand haben muß. Trotzdem bleibt ein Anspruch des Bürgers auf eine Rechtsverordnung gegen die Exekutive bestehen, solange der Gesetzgeber nicht statt ihrer gehandelt hat, er kann von dieser nicht mit der Begründung zurückgewiesen werden, der Gesetzgeber könne tätig werden.

Im Falle einer Subdelegationsermächtigung gilt folgendes: Ist der Subdelegant untätig geblieben oder fehlerhaft tätig geworden, so richtet sich ein möglicher Anspruch auf die materielle Rechtsverordnung unmittelbar gegen ihn, liegt Gleiches beim Subdelegatar vor und hat der Subdelegant seine Befugnisse schon in einer formellen Rechtsverordnung übertragen, so richtet sich der Anspruch nur gegen den Subdelegatar. In diesen Fällen muß jedoch im Hinblick auf das Bestehen eines Anspruches eine doppelte Inhalt-, Zweck- und Ausmaßprüfung vorgenommen werden: einmal im ermächtigenden Gesetz, zum anderen in der übertragenden Rechtsverordnung, da der Erstermächtigte nicht verpflichtet ist, die Ermächtigung in vollem Umfang weiter zu übertragen.

Drittes Kapitel

Besonderheiten des Anspruches auf Erlaß von Satzungen

I. Unterschiede und Gemeinsamkeiten von Rechtsverordnungen und Satzungen[1]

Die Aufdeckung von Unterschieden und Gemeinsamkeiten zwischen Rechtsverordnungen und Satzungen erfolgt im Zusammenhang dieses Themas mit dem Ziele festzustellen, inwieweit für beide untergesetzlichen Normarten die gleichen Anspruchsvoraussetzungen gelten oder ob der Anspruch auf Satzungserlaß anderen Regeln, etwa denen auf Erlaß formeller Gesetze, folgt.

Für diese Prüfung sind zwei Punkte wesentlich: Zunächst ist zu fragen, ob die Verleihung von Satzungsautonomie und der sich daraus ergebende Satzungserlaß unter der Herrschaft des GG überhaupt noch möglich ist, was insbesondere *Hamann* nachdrücklich bestritten hat[2]; entscheidend für eine Gleichheit oder Ungleichheit der Anspruchsvoraussetzungen bei Rechtsverordnung und Satzung dürfte dann aber die zweite Frage sein, ob und gegebenenfalls in welchem Umfang Satzungen an Art. 80 Abs. 1 S. 2 GG gebunden sind.

1. Die Zulässigkeit von Satzungen im allgemeinen

Mit Recht hat die Ansicht von *Hamann*, das GG lasse keine Verleihung von Satzungsgewalt, abgesehen von der Spezialvorschrift des Art. 28 Abs. 2 GG, mehr zu [3], keinerlei Gefolgschaft gefunden. Hamann stellt zur Begründung auf die Nichterwähnung der Satzung in Art. 80 GG ab, die dort, sollte sie zulässig sein, hätte geregelt werden müssen. Es handle sich nämlich bei Satzungen ebenso wie bei Rechtsverordnungen um eine Durchbrechung des Gewaltenteilungsprinzips. Weiterhin

---

[1] Als „Satzungen" sind hier nur die autonomen Satzungen des öffentlichen Rechts angesprochen, außer Betracht bleiben privat-rechtliche Vereinssatzungen etc.

[2] Autonome Satzungen, 69.

[3] Autonome Satzungen, 69; ders., NJW 1961, 2059; *Hamann / Lenz*, Art. 80 Anm. B 3 b.

zieht er aus Art. 28 Abs. 2 GG den Schluß e contrario, daß in den übrigen Fällen eine Autonomieverleihung unzulässig sei.

Soweit die h. M. nicht schon ohne Auseinandersetzung mit dieser Ansicht von der Zulässigkeit der Verleihung von Satzungsautonomie ausgeht, ist dem zu Recht entgegengehalten worden, daß es einmal unzulässig ist, aus einer Nichterwähnung im GG ohne weiteres auf die Unzulässigkeit schließen zu wollen[4]. Das stimmt auch insofern, als der Grundgesetzgeber, hätte er die Autonomieverleihung ausschließen wollen, allen Anlaß gehabt hätte, das expressis verbis zu tun, handelt es sich bei der Satzung, auch im außerkommunalen Bereich, doch um eine der traditionellen Rechtsquellen des Verwaltungsrechtes. Zum anderen geht der Schluß e contrario aus Art. 28 Abs. 1 GG fehl, denn die Vorschrift stellt nur eine institutionelle Garantie dar, dergestalt, daß den Kommunen die Regelung ihrer örtlichen Angelegenheiten nicht entzogen werden darf[5]. Ein Gegenschluß könnte folglich nur lauten, daß anderen öffentlich-rechtlichen Körperschaften die Autonomie entzogen werden darf[6], nicht aber, daß im übrigen eine Autonomieverleihung unzulässig ist[7]. Der richtige Gegenschluß würde vielmehr die Annahme begründen, daß eine solche sehr wohl vom GG als zulässig angesehen wird, da sonst die weitere Entziehungszulässigkeit für die übrigen öffentlich-rechtlichen Körperschaften sinnlos wäre. Will man nicht völlig an den Rechtstatsachen vorbeigehen, so muß man die Zulässigkeit von Satzungen anerkennen, was auch durch das BVerfG grundsätzlich ohne Bedenken geschieht[8].

So wie für den Bundesgesetzgeber die Autonomieverleihung nach dem GG zulässig ist, gilt Gleiches auch für den Landesgesetzgeber, ohne daß nach einer besonderen Ermächtigungsgrundlage in den Landesverfassungen gesucht werden müßte, da keine Landesverfassung die Autonomieverleihung ausdrücklich oder konkludent verbietet[9].

---

[4] *Schneider*, Festschr. f. Ph. Möhring, 521.

[5] Allgem. Meinung; BVerfGE 1, 174 f.; 6, 117; BVerwGE 2, 332; *Maunz:* Maunz / Dürig / Herzog, Art. 28 Rdnr. 24; *v. Mangoldt / Klein,* Art. 28 Anm. IV 1; auch *Hamann / Lenz,* Art. 28 Anm. 5 a.

[6] Womit noch nicht ausgesagt werden soll, daß dem tatsächlich und immer so ist.

[7] So auch *Maunz:* Maunz / Dürig / Herzog, Art. 80 Rdnr. 33.

[8] BVerfGE 1, 91 ff. (94 f.); 1, 144 ff. (148); 10, 20 ff. (49 f.); 11, 30 ff. (34); In der E 12, 319 ff. (325) leitet das BVerfG die Zulässigkeit von Satzungen schlicht aus dem vom GG anerkannten Selbstverwaltungsgedanken ab, der nach E 33, 125 ff. (159) seine Wurzeln im demokratischen Prinzip hat.

[9] *Hamann,* Autonome Satzungen, 69 ff.; für Hamburg und Hessen ist *Hamann,* 71 f. allerdings a. A.

2. Die Bindung von Satzungen an die Grundsätze des Art. 80 Abs. 1 GG

Wenn im folgenden die Problematik der Bindung von Satzungen an Art. 80 Abs. 1 GG, speziell an Art. 80 Abs. 1 S. 2 GG, behandelt werden soll, so ist darin nur eine verkürzte Ausdrucksweise für die Bindung von Satzungen an den Bestimmtheitsgrundsatz zu sehen. Insoweit ist Art. 80 Abs. 1 S. 2 GG, der ausdrücklich nur für Bundesrecht gilt[10], eine besondere Ausprägung des Rechtstaatsgedankens, der in gleicher Weise auch den Landesverfassungen zugrunde liegt[11], soweit sie nicht ohnehin den Art. 80 Abs. 1 S. 2 GG mehr oder weniger wörtlich übernommen haben[12]. Von daher dürften auch die Satzungen, die am Landesverfassungsrecht zu messen sind, bei der Frage der Bestimmtheit ihrer Ermächtigungsgrundlage den gleichen Grundsätzen folgen.

a) Die mangelnde Differenzierung der h. M. hinsichtlich einer Bindung des Satzungsgebers an die Grundsätze des Art. 80 Abs. 1 GG

Wenn im Bereich der Satzungen von einer „stiefmütterlichen Behandlung" durch die Rechtswissenschaft[13] oder einer „verheerenden Unsicherheit"[14] gesprochen worden ist, so hat das, neben den schon von *Schneider*[15] benannten Gründen, sicher auch eine Ursache darin, daß man, abgesehen von Spezialuntersuchungen, den Blick sehr schnell kommunalen Satzungen zugewandt hat. Diese nehmen jedoch schon auf Grund des Art. 28 Abs. 2 GG eine Sonderstellung ein, und die betref-

---

[10] BVerfGE 12, 319 ff. (325); 19, 253 ff. (266); 26, 228 ff. (237); 32, 346 ff. (360 f.); 34, 52 ff. (58 ff.).

[11] BVerfGE 26, 228 ff. (237); 34, 52 ff. (58 ff.); BVerwGE 21, 258 ff. (260); Bay. VerfGH, AS N. F. Bd. 5 II, 148 ff. (156 f.); Bay. VGH, AS N. F. Bd. 16 I, 108 ff. (113, der Verweis auf Art. 80 Abs. 2 S. 2 GG stellt wohl einen Druckfehler dar); Württ.-Bad. VGH, ESVGH 7, 43 ff. (46); OVG Bremen, DöV 1961, 264 ff. (266) m. zust. Anm. *Bergmann*, DöV 1961, 266 f.; *Wilke:* v. Mangoldt / Klein, Art. 80 Anm. XIII 1; *Badura*, DöV 1963, 561 ff. (565); *Bartlsperger*, Verw. Arch. Bd. 58 (1967), 249 ff. (253); *Bettermann:* Bettermann / Nipperdey / Scheuner, 3. Bd., 2. Hlbd., 566; *Kalkbrenner*, Bay. VBl. 1961, 364 ff. (365); *Menger / Erichsen*, VerwArch. Bd. 57 (1966), 68; *Maunz:* Maunz / Dürig / Herzog, Art. 80 Rdnr. 19 befürwortet sogar über Art. 28 Abs. 1 S. 1 GG eine unmittelbare Geltung des Art. 80 Abs. 1 S. 2 GG auch für die Länder. A. A. Hess. StGH, DöV 1960, 341 ff. (342).

[12] So die Länder Bad.-Württ. (Art. 61 Abs. 1 LVerf. v. 11. 11. 1953, GBl., S. 173); Hamburg (Art. 53 Abs. 1 Verf. v. 6. 6. 1952, GVBl., S. 117); Niedersachsen (Art. 34 Abs. 1 Verf. v. 13. 4. 1951, GVBl., S. 103); Nordrhein-Westf. (Art. 70 Verf. v. 28. 6. 1950, GVBl., S. 127); Schleswig-Holstein (Art. 33 Abs. 1 Landessatzung v. 13. 12. 1949, GVBl., S. 3).

[13] *Schneider*, Festschr. f. Ph. Möhring, 522.

[14] *Nebinger*, 181.

[15] Festschr. f. Ph. Möhring, 522.

fenden Grundsätze sind durchaus nicht ohne weiteres verallgemeinerungsfähig. Solange es noch an einer vollständigen systematischen Erfassung des Satzungsrechtes unter Berücksichtigung des GG fehlt[16], kann hier im Rahmen der Spezialfrage des Anspruches auf eine Satzung auch nur ein Aspekt des Gesamtgebietes der Klärung näher gebracht werden, nämlich der der Bindung der Autonomieverleihung und -ausübung in Form der Satzung an Art. 80 Abs. 1 GG. Diese Frage ist insofern für den Satzungsanspruch von Bedeutung, als mit ihrer Bejahung gleichzeitig feststünde, daß der Satzungsanspruch den Regeln des Anspruches auf Rechtsverordnungserlaß folgt, d. h. daß die Anspruchsgrundlage in Inhalt, Zweck und Ausmaß des die Autonomie verleihenden Gesetzes zu suchen wäre.

Erste Voraussetzung für eine Anwendung des Art. 80 Abs. 1 GG auf Satzungen wäre allerdings, daß es sich bei der Autonomie um eine abgeleitete Rechtsetzungskompetenz und nicht um eine originäre handelt. Art. 80 Abs. 1 GG geht nämlich eindeutig von ersterem aus. Er stellt eine Modifizierung des Gewaltenteilungsgrundsatzes dar, indem die Legislative der Exekutive ihr sonst nicht zukommende Rechtsetzungsmacht verleiht und die Exekutive sich auf ein Gesetz berufen können muß, um normgeberisch tätig werden zu können. Bei einer originären Normsetzungsmacht steht hingegen die Rechtsetzung der Verwaltung als „Hausgut“ zu, d. h. es gibt einen ihr ureigenen Regelungsbereich.

Letzteres wird nun von der ganz überwiegenden, insbesondere neueren Lehre und Rechtsprechung im Hinblick auf autonome Rechtsetzung abgelehnt[17]. Das wohl mit Recht, denn nur der Staat als solcher kann Träger einer einheitlichen Rechtsordnung sein[18], anderenfalls wäre die staatliche Souveränität innerstaatlich aufgespalten[19]. Daran führen auch Argumente wie die historische Priorität z. B. der Gemeinden oder das nach Ansicht mancher Autoren[20] der Verfassungsvorstellung des GG

---

[16] Wenn man einmal von dem unter 1. abgelehnten Versuch *Hamanns* absieht.

[17] *Ossenbühl:* Erichsen / Martens, 86 f.; *Wolff / Bachof,* § 25 IX a) 2. (S. 137); *Wolff,* Verw. R. II, 196; *Jesch,* Gesetz und Verwaltung, 235; *Badura,* DöV 1963, 561 ff. (565); *Hamann,* Autonome Satzungen, 20; *Kiess,* 50; *Zoller,* 92 f.; *Gönnenwein,* 148; *Wilke:* v. Mangoldt / Klein, Art. 80 Anm. XIII 2; *Köttgen,* Die Gemeinde und der Bundesgesetzgeber, 96; *Forsthoff,* Lehrbuch 141; *David,* Satzungsgewalt, 22; *Haug,* 38; *Jakob,* DöV 1970, 666 ff. (667); *Küttner,* 3 f.; *Lohr,* 52; *Mayer,* Deutsches Verw. R. I, 85 f.; *Reuss,* 47 f. *Scheuner,* DöV 1952, 609 ff. (612 f.); *Stern,* Art. 28 Rdnr. 105; *Nebinger,* 183; BVerfGE 10, 20 ff. (50); 21, 54 ff. (62 f.); 33, 125 ff. (156); BVerwGE 6, 247 ff. (249); a. A. *Fleiner,* 80; *Huber,* Selbstverwaltung der Wirtschaft, 40; *Hindenlang,* 40; *Schneider,* Festschr. f. Ph. Möhring, 524; für die Schweiz: *Liver,* Schweizer Zentralblatt für Staats- und Gemeindeverwaltung 1949, 46 ff.

[18] *Kelsen,* 100.

[19] *Kiess,* 42 f.

zugrunde liegende Subsidiaritätsprinzip nicht vorbei, denn Kommunen mögen zwar historisch älter sein als der Staatsverband, damit ist aber noch nichts darüber ausgesagt, daß sie auch rechtlich in mittelalterlicher Weise neben dem Gesamtverband des Staates stehen, vielmehr spricht auch historisch dagegen die spätmittelalterliche Entwicklung von der Territorialgewalt zur Staatsgewalt[21] und erst recht — in Bezug auf kommunale Satzungen — die grundgesetzliche Sicht von den Gemeinden als Teil der Länder[22]. Selbst wenn man davon ausgeht, daß dem GG auch der Subsidiaritätsgedanke im Sinne der christlichen Soziallehre zugrunde liegt, so kann aber doch von daher kein Schluß auf eine originäre Rechtsetzungsbefugnis gezogen werden[23].

Schließlich gerät die Ansicht von der originären Rechtsetzungsmacht autonomer Körperschaften auch mit dem Prinzip des Vorbehaltes des Gesetzes in Widerstreit. Daß bei Eingriffen in Freiheit und Eigentum durch eine Satzung diese einer gesetzlichen Ermächtigung bedarf, wird auch von den Anhängern der Mindermeinung nicht bestritten[24]. Falls man aber den Rechtsnormcharakter, der auch der Satzung zueigen ist, überhaupt nur nach dem Eingriff in Freiheit und Eigentum bestimmt, so wird die Mindermeinung unhaltbar[25], das gilt noch viel mehr, wenn man der Lehre von einem umfassenden Gesetzesvorbehalt[26] folgt, der jede originäre Rechtsetzungsgewalt außerhalb der staatlichen unmöglich macht.

Damit ist zunächst einmal im Einklang mit der h. M. daran festzuhalten, daß Satzungen wie Rechtsverordnungen abgeleitete Rechtsquellen darstellen. Handelt es sich um eine abgeleitete Rechtsquelle, so muß auch hier die nächste Frage dahin gehen, ob es sich um eine konservierende oder devolvierende Delegation handelt. Letzteres ist in Übereinstimmung mit *Triepel*[27] als richtig anzusehen, jedoch nicht deshalb, weil dem Autonomieträger ein subjektives öffentliches Recht auf die Rechtsetzung zusteht, der Verordnungsgeber hingegen nur eine

---

[20] So *Maunz:* Maunz / Dürig / Herzog, Art. 28 Rdnr. 1; *Menger,* Der Begriff des sozialen Rechtsstaates, 27 f.; *Dürig,* JZ 1953, 193 ff. (198); *Huber,* DöV 1956, 200 ff. (205); *Marcic,* 428 ff.; *Süsterhenn,* 141 ff.; *Zuck,* Subsidiaritätsprinzip und Grundgesetz, 133; *Isensee,* 318.

[21] Vgl. *David,* Die Satzungsgewalt der Gemeinden, 22.

[22] *Maunz:* Maunz / Dürig / Herzog, Art. 28 Rdnr. 23 m. w. N. Dagegen spricht wohl auch nicht Art. 11 Abs. 2 S. 1 Bay. Verf. v. 2. 12. 1946 (GVBl., S. 333), wo die Gemeinden als „ursprüngliche Gebietskörperschaften des öffentlichen Rechts“ bezeichnet werden.

[23] *Zuck,* Subsidiaritätsprinzip und Grundgesetz, 94.

[24] Vgl. *Liver,* 43. Vgl. dazu auch BVerfGE 33, 125 ff. (158).

[25] So auch *Kiess,* 47.

[26] *Jesch,* Gesetz und Verwaltung, 235, der Anstaltsordnungen als aus gewohnheitsrechtlicher Ermächtigung abgeleitet ansieht.

[27] Delegation und Mandat, 51 f.; ebenso *Haug,* 90.

staatliche Kompetenz wahrnimmt[28], sondern wenn die Autonomie eine abgeleitete Rechtsetzungsbefugnis ist, so heißt das, daß sie abhängig ist von einer Verleihung, also ursprünglich dem Staat als solchem zugestanden hat, und dieser von seiner Gesamtkompetenz etwas abgetreten hat, sei es von Verfassungswegen (Art. 28 Abs. 2 GG), sei es aus sonstigen Zweckmäßigkeitserwägungen. Die durch Satzungen zu regelnde Materie berührt aber meist nicht unmittelbar staatliche Interessen[29], vielmehr organisierte Gruppeninteressen, bei denen es nicht um das Gesamtwohl geht und der Staat deshalb auf sein Normsetzungsrecht verzichten kann[30].

Weiterhin wird behauptet, daß es keine notwendigen inhaltlichen Unterschiede zwischen Satzung und Rechtsverordnung gebe, d. h. es bestehe keine Regelungsmaterie die ausschließlich der Form der Satzung oder der Rechtsverordnung adäquat sei[31].

Schließlich soll es auch dem Gesetzgeber noch prinzipiell freistehen, ob er öffentliche Aufgaben durch unmittelbare staatliche Behörden oder durch Selbstverwaltungskörperschaften erledigen läßt[32], d. h. die Legislative ist befugt, Autonomieträger zu schaffen[33], wobei nur darauf verwiesen wird, daß diese Selbstverwaltungskörperschaften einen genügenden Grad von Selbständigkeit und Geschlossenheit besitzen müssen[34]. Darüber hinaus kommen auch nicht körperschaftliche organisierte Träger als Inhaber von Satzungsbefugnissen in Betracht, wie Anstalten und Stiftungen des öffentlichen Rechts[35]. In diesem Punkte hat *Nipperdey* die h. M. wohl treffend dahin zusammengefaßt, daß heute der Staat bestimme, wer Träger der Autonomie zu sein vermöge[36].

Betrachtet man die h. M. zur Satzungsautonomie zusammenfassend, so stellt sie sich dar als eine auf Grund devolvierender Delegation abgeleitete Rechtsquelle, deren Trägerschaft vom Staat bestimmt wird

---

[28] So *Haug*, 90 unter Berufung auf *Wolff*, Verw. R. I, 3. Aufl., 133, was m. E. nicht zutrifft, denn nach der Ermächtigung zur Verordnungssetzung hat auch die Exekutive ein „Recht" gegenüber der Legislative verordnungsgeberisch tätig zu werden.

[29] *Wolff / Bachof*, § 25 IX a) 1. (S. 136); vgl. auch BVerwGE 32, 308.

[30] Zu den Grenzen siehe BVerfGE 33, 125 ff. Allerdings kann der Staat die Autonomie den Körperschaften wohl auch wieder entziehen — soweit er daran nicht durch besondere Vorschriften wie etwa Art. 28 Abs. 2 GG gebunden ist — und dann selbst tätig werden.

[31] *Hamann*, Autonome Satzungen, 37; *Kiess*, 22; *Peters*, HdbDStR II, 266.

[32] BVerfGE 15, 242; vgl. auch *Kiess*, 32.

[33] *Wilke:* v. Mangoldt / Klein, Art. 80 Anm. XIII 2; *Zoller*, 91.

[34] *Schneider*, Festschr. f. Ph. Möhring, 525.

[35] *Lohr*, 161.

[36] Lehrbuch des Arbeitsrechts II/1, 347; *Nipperdey / Heussner*, 223.

und deren Inhalt grundsätzlich nicht auf bestimmte Materien beschränkt ist.

Diese Gründe würden es nun nahelegen, auch die Autonomieverleihung an Art. 80 Abs. 1 S. 2 GG zu messen, denn als abgeleitete Rechtsquelle mit prinzipiell beliebigem Inhalt gleicht die Satzung der Rechtsverordnung völlig. Da es sich um eine devolvierende Delegation handelt, bestünde für eine solche Bindung um so mehr Anlaß, als schon die konservierende Delegationsform der Rechtsverordnungsermächtigung an Art. 80 Abs. 1 S. 2 GG gebunden ist. Schließlich spricht auch die vom Staat auswählbare Trägerschaft für eine solche Eingrenzung, wenn schon Art. 80 Abs. 1 S. 1 GG für die Autonomieverleihung nicht eingreifen soll. Dennoch lehnt die h. M. eine Inhalt-, Zweck- und Ausmaßbestimmung für die Verleihung von Satzungsrechten ab[37]. Soweit die Argumentation nur auf eine reine Wortlautinterpretation des Art. 80 GG abhebt[38], ist dem entgegenzuhalten, daß damit noch nichts über eine analoge Anwendung dieser Vorschrift ausgesagt ist[39]. Begründungen, die sich nicht ausschließlich auf das Kommunalrecht beziehen, gehen weiter dahin, daß die Bestimmung des Aufgabenkreises der Selbstverwaltungskörperschaft eine ausreichende Eingrenzung der Satzungsermächtigung darstelle[40]. Auch das ist aber keine hinreichende Begründung für eine Freistellung der Satzungen von Art. 80 Abs. 1 S. 2 GG, wenn man andererseits annimmt, daß der Träger der Satzungsermächtigung mehr oder weniger beliebig bestimmt werden kann und ebenso sein Aufgabenkreis. Unbegründet erscheint auch die Ansicht von *Forsthoff*[41], daß hinsichtlich der Bindung an Art. 80 GG deshalb zwischen Satzungen und Rechtsverordnungen ein Unterschied zu machen sei, weil bei der Verordnungsermächtigung unter gleichblei-

---

[37] *Wolff / Bachof*, § 25 IX a) 2. (S. 137); *Wolff*, Verw. R. II, 196 (hinsichtlich der Gemeindesatzungen); *Nipperdey / Heussner*, 222; *Schmidt-Bleibtreu / Klein*, Art. 80 Rdnr. 4; *Maunz:* Maunz / Dürig / Herzog, Art. 80 Rdnr. 31; *Schneider*, Festschr. f. Ph. Möhring, 529; *Köttgen*, Die Gemeinde und der Bundesgesetzgeber, 153, 182 f.; *Forsthoff*, Lehrbuch, 143; *Bachof*, Zulässigkeit von Beschränkungen der Grabmalsgestaltung, 12; ders., Verf. R. II, 63; *Gönnenwein*, 148; *Haug*, 106; *Badura*, DöV 1963, 561 ff. (565); *König*, DVBl. 1972, 57 ff. (62); *Kunze / Schmid / Rehm*, § 4 Erl. 2; *Kottenberg / Rehn*, § 4 Erl. 3; *Lohr*, 39; *Mang / Maunz / Mayer / Obermayer*, 34; *Pagenkopf*, 81 f.; *Starck*, AöR 92, 449 ff. (459); BVerfGE 12, 319 ff. (325); 19, 253 ff. (266); 21, 54 ff. (62 f.); 32, 346 ff. (361); 33, 125 ff. (157 f.); BVerwGE 6, 247 ff.; 32, 308 ff.; VerwRspr. 17, 33 ff. (36 f.); a. A. *Zoller*, 104 f.; differenzierend: *Wilke*, AöR 98, 196 ff. (232 f.); ders.: v. Mangoldt / Klein, Art. 80 Anm. XIII 2; *Stern*, Art. 28 Rdnr. 105; *Schick*, „Autonomie", in: Evangel. Staatslexikon, 106; *Bachof*, VVDStRL 30, 234 f.; *Brohm*, VVDStRL 30, 269; ders., Strukturen der Wirtschaftsverwaltung, 248 ff. (256 f.).

[38] *Bachof*, Verf. R. II, 63.

[39] Das gesteht auch *Bachof*, ebd., selber zu.

[40] *Mang / Maunz / Mayer / Obermayer*, 34; *Haug*, 106; *Maunz:* Maunz / Dürig / Herzog, Art. 80 Rdnr. 34.

[41] Lehrbuch, 142 f.

benden Umständen ein einmaliges Gebrauchmachen genüge, während der Satzungsgeber von seinem Recht beliebig oft Gebrauch machen könne. Kann man schon Zweifel an dieser Prämisse haben, so ist erst recht nicht einzusehen, warum die Häufigkeit des Gebrauchmachens von einer Ermächtigung Einfluß auf deren Inhalt-, Zweck und Ausmaßbestimmung haben soll.

Hinsichtlich der kommunalen Autonomie wird die Bindung an Art. 80 GG mit der Begründung abgelehnt, daß eine solche Einengung des Satzungsgebers die Berücksichtigung der örtlichen Verschiedenheiten erschwere oder sogar unmöglich mache[42]. Eine solche pauschale Aussage stellt jedoch eine petitio principii dar, denn gefordert wird eine möglichst weitgehende Handlungsfreiheit des kommunalen Satzungsgebers, um dies zu erreichen, wird eine Bindung an Art. 80 GG negiert. Soweit eine Begründung nicht in dieser Pauschalität gegeben wird, differenziert man nur nach Satzungen im Bereich der Fremd-, Auftrags- oder Weisungsangelegenheiten und nach Satzungen in eigenen oder weisungsfreien Angelegenheiten der Gemeinden, mit dem schon in den einzelnen Gemeindeordnungen vorgezeichneten Unterschied, daß erstere Satzungen einer besonderen Ermächtigung bedürfen[43], für letztere hingegen die ganz allgemein gefaßten Ermächtigungen in den Gemeindeordnungen ausreichen[44]. Damit ist aber nur der positivrechtliche Befund wiedergegeben, erst die Frage aber, warum in den Gemeindeordnungen für bestimmte Satzungen eine besondere Ermächtigung gefordert wird, kann das hier zu erörternde Gesamtproblem einer teilweisen Lösung näherbringen. Einen anderen Lösungsaspekt hat die Rechtsprechung, wenn auch mit falscher Begründung, aufgezeigt. Das BVerfG verneint eine Bindung kommunaler Satzungen an Art. 80 GG mit der Begründung, hier werde nicht Rechtsetzung durch die Exekutive ausgeübt, sondern es finde nur innerhalb der Legislative eine Verlagerung der Rechtsetzung statt[45]. Dem Widerspruch, den diese Ansicht gefunden hat[46], ist insoweit zuzustimmen, als der Gemeinderat kein Legislativorgan ist[47], denn das würde nicht nur eine grundlegend andere Sicht des Staatsaufbaues bedeuten[48], sondern wäre

---

[42] BVerwGE 6, 247 ff. (251); *Schneider*, Festschr. f. Ph. Möhring, 529.

[43] Vgl. § 6 Abs. 1 S. 2 nieders. GO i. d. F. v. 7. 1. 1974 (GVBl., S. 1); Art. 23 S. 2 bay. GO, i. d. F. vom 5. 12. 1973 (GVBl., S. 599); § 24 Abs. 1 S. 2 rheinl.-pfälz. GO vom 14. 12. 1973 (GVBl., S. 419).

[44] *Wolff*, Verw. R. II, 196; *Mang / Maunz / Mayer / Obermayer*, 264 f.; *König*, DVBl. 1972, 57 ff. (62); *Gönnenwein*, 147.

[45] BVerfGE 21, 54 ff. (62 f.); 32, 346 ff. (361); *Maunz:* Maunz / Dürig / Herzog, Art. 80 Rdnr. 34, Art. 28 Rdnr. 35.

[46] *Stern / Püttner*, JZ 1967, 488 f. (489); *Menger*, HRRVwR 1972, D_4 (A_1); *Starck*, AöR 92, 449 ff. (457).

[47] § 23 Abs. 1 bad.-württ. GO.

[48] Vgl. *Stern / Püttner*, JZ 1967, 488 f.

auch unverträglich mit den staatlichen Aufsichtsrechten über die Gemeinden[49]. Das BVerfG ist hier offensichtlich einer ungerechtfertigten Gleichsetzung von demokratisch legitimiertem Organ und Legislative verfallen, wie sich deutlich in der E 32, 346 ff. (361) zeigt, wo es heißt: „... ist er (der Gemeinderat) doch als demokratisch gewähltes Beschlußorgan insoweit dem Bereich der Legislative zuzuordnen". Jedoch stimmt diese Gleichsetzung nur in einer Richtung, ein Legislativorgan ist nach unserer Verfassung stets demokratisch legitimiert, aber ein demokratisch legitimiertes Organ muß nicht ein Legislativorgan sein. Dennoch liegt der Ansicht des BVerfG ein durchaus richtiger Gedanke zugrunde, daß es nämlich für die Frage der Bindung von Satzungen an Art. 80 GG einen Unterschied bedeutet, ob der Satzungsgeber demokratisch legitimiert ist oder nicht[50].

Würde man der h. M. also folgen, so könnte die Legislative die rechtstaatlichen Sicherungen des Art. 80 Abs. 1 S. 2 GG ohne weiteres durch die Schaffung von Autonomieträgern umgehen. Andererseits verbietet es sich jedoch, daraus eine ausnahmslose Inhalt-, Zweck- und Ausmaßbindung i. S. d. Art. 80 Abs. 1 S. 2 GG herleiten zu wollen[51], denn dann wäre die Autonomieverleihung völlig ihrer Bedeutung enthoben, was insbesondere im Hinblick auf Art. 28 Abs. 2 GG, aus dem speziell das kommunale Satzungsrecht abgeleitet wird[52], nicht unproblematisch wäre.

Im folgenden Teil gilt es nun, Kriterien für und wider eine solche Bindung zu finden, wobei die schon von *Bachof*[53] angedeutete Relevanz der Zusammensetzung der Autonomieträger eine zentrale Stellung einnehmen wird.

b) Die Anwendbarkeit der Grundsätze des Art. 80 Abs. 1 S. 2 GG bei demokratischer Legitimation des Satzungsgebers

Der Art. 80 GG enthält in seinem Abs. 1 ein demokratisches und ein rechtstaatliches Element. Wenn auch beide Begriffe nach dem GG nicht ohne weiteres isolierbar sind (vgl. etwa Art. 28 Abs. 1 S. 1), so kann man doch das demokratische Element hauptsächlich im Satz 2 der Vorschrift lokalisieren, während die übrigen Sätze als spezielle Ausprägung des Rechtsstaatsgedankens angesehen werden dürfen. Das Demokratiegebot geht in diesem Falle dahin, daß das repräsentierte

[49] *Forsthoff*, Lehrbuch, 551.

[50] *Bachof*, VVDStRL 30, 234; *Brohm*, VVDStRL 30, 269.

[51] So aber *Zoller*, 105.

[52] *Maunz:* Maunz / Dürig / Herzog, Art. 28 Rdnr. 35; *Hamann / Lenz*, Art. 28 Anm. B 8 b; *v. Mangoldt / Klein*, Art. 28 Anm. IV 1 c.

[53] VVDStRL 30, 234.

Gesamtvolk von seiner Normsetzungsmacht grundsätzlich nichts aus der Hand geben soll, und, so es notwendig ist, wenigstens die Grundlinien vorzeichnen muß. Verlagert man so den Blick von der formalen Kategorie „Legislative“ auf die dahinterstehende Substanz, so verliert erstere ihre Bedeutung und für die Erfüllung der Demokratieforderung bei der Normsetzung ist in erster Linie die repräsentative, durch Wahlen legitimierte Zusammensetzung des Normgebers von Bedeutung.

Daraus folgt, daß die Anforderungen des Art. 80 Abs. 1 S. 2 GG für die untergesetzliche Normgebung nur dann gelockert werden dürfen, wenn diese durch eine entsprechend legitimierte Körperschaft erfolgt[54]. Diese Legitimation braucht aber nur durch die von der Normgebung auch Betroffenen zu erfolgen, denn es besteht insofern ein ständiges Rückkoppelungsverhältnis[55], das dann teilweise leerlaufen würde, wenn auch nicht normunterworfene Bürger den Normgeber legitimieren müßten. Für kommunale Satzungen heißt das, daß sie im Prinzip nicht an Art. 80 GG gebunden sind, denn Art. 28 Abs. 2 GG schreibt einen demokratisch legitimierten Satzungsgeber vor[56]. Problematisch ist die Entscheidung hinsichtlich der übrigen Autonomieträger, die derart unterschiedlich strukturiert sind, daß bei ihnen eine einheitliche Aussage unmöglich erscheint, und schon gar nicht die Grundsätze gemeindlicher Autonomie auf sie angewandt werden können[57]. Insbesondere ergibt sich bei den Autonomieträgern im Bereich des Wirtschafts- und Sozialrechts die Frage, ob auch Nichtverbandsmitglieder von deren Satzungen erfaßt werden dürfen[58]. Diese Frage ist zwar relativ unproblematisch zu bejahen, wenn man von der abgeleiteten Natur der Autonomie, wie sie auch hier vertreten wird, ausgeht, denn dann kann die staatliche Ermächtigung auch die Reichweite der Satzungsgewalt bestimmen[59]. Doch stellen sich die Probleme dann bei der Frage nach den Bestimmtheitsanforderungen der Satzungsermächtigung, da die Nichtverbandsmitglieder den Autonomieträger nicht legitimieren können und zwischen beiden daher das Rückkoppelungsver-

---

[54] *Bachof*, VVDStRL 30, 234; *Brohm*, VVDStRL 30, 269.

[55] *Brohm*, VVDStRL 30, 269.

[56] Wie hier — allerdings zu pauschal — *Wilke:* v. Mangoldt / Klein, Art. 80 Anm. XIII 2.

[57] Unrichtig daher *Glum*, 36 u. 121 f.; wie hier *Brohm*, Strukturen der Wirtschaftsverwaltung, 250.

[58] Beispiele: § 91 Abs. 1 Nr. 4 HO (Regelung der Berufsausbildung der nicht in der Vollversammlung der Handwerkskammer vertretenen Lehrlinge); § 57 Abs. 1 i. V. m. § 54 Abs. 3 Nr. 2 HO (Unterstützungskassen auch für Angehörige der Innungsmitglieder); § 708 RVO (die Berufsgenossenschaften erlassen Unfallverhütungsvorschriften für die Versicherten, obwohl gem. § 658 Abs. 1 RVO nur Unternehmer Mitglieder sind). *Forsthoff*, Lehrbuch, 142, sieht darin überhaupt ein Konstitutivum für Satzungen.

[59] *Kiess*, 60; *Hamann*, Autonome Satzungen, 30.

hältnis nicht zustande kommt. Soweit dies nicht einfach in Kauf genommen und als Randproblem abgetan wird[60], oder aus Zweckmäßigkeitsgründen hingenommen und nicht als besonderes Problem erörtert wird[61], versucht man damit zu helfen, daß die Außenstehenden mit den Verbandsmitgliedern „in enger Verbindung stehen" müssen, so daß das Handeln des Verbandsvolkes auch als das ihrige angesehen werden kann und von ihnen auch als solches akzeptiert wird[62]. Ob Begriffe wie „soziale Homogenität" oder „eine gemeinsame Basis in den Anschauungen über die Pflichten und sozialen Funktionen der eigenen Gruppe oder eine gleiche wirtschaftliche Interessenlage, in die sich das Einzelinteresse als Teil des Ganzen einfügen läßt"[63] zu den hier in Frage stehenden Abgrenzungen überhaupt rechtlich tauglich sind, mag dahinstehen, jedenfalls spricht vieles dafür, daß die Außenstehenden gerade mit den Verbandsangehörigen regelmäßig keine sozial homogene Gruppe bilden, da sie sonst wohl selbst Verbandsmitglieder wären. Man wird deshalb einschränkend der Meinung von *Peters*[64] zustimmen müssen, daß die Verbandszugehörigkeit die Grenze der Satzungsgewalt bildet, jedenfalls soweit diese nicht nach Inhalt, Zweck und Ausmaß entsprechend den Rechtsverordnungsermächtigungen bestimmt ist.

Man hat nun geglaubt, ein gleiches Problem auch im kommunalen Bereich vorzufinden, z. B. bei Grundstückseigentümern und Gewerbetreibenden, die selbst nicht Gemeindeangehörige der Gemeinde sind, in denen ihr Eigentum gelegen ist, das aber dennoch von entsprechenden Gemeindesatzungen dieser Gemeinde erfaßt wird[65]. Doch werden hierdurch die den Gebiets- und Personalkörperschaften nach dem GG zugrunde liegenden Unterschiede verwischt. Art. 28 Abs. 2 S. 1 GG gewährt den Gemeinden das Regelungsrecht für alle Angelegenheiten der örtlichen Gemeinschaft, darunter fallen alle Personen und Sachen, die sich auf dem Gebiet der Gemeinde befinden, so daß dazu auch das Eigentum Nichtortsansässiger gehört. Die Verfassung selbst hat hier also eine Unterwerfung unter diesen Autonomiebereich vorgenommen. Art. 28 Abs. 2 GG ist aber eine singuläre Vorschrift des Kommunalrechts, die für Personalkörperschaften, insbesondere im Wirtschaftsverwaltungsrecht, nichts aussagt[66], so daß es hier bei der zuvor gefundenen Lösung verbleibt.

---

[60] *Haug*, 91 f.

[61] *Kiess*, 62.

[62] *Brohm*, Strukturen der Wirtschaftsverwaltung, 262.

[63] *Brohm*, ebd.

[64] HdbDStR II, 266.

[65] *Hamann*, 29 f.

[66] *Brohm*, 250; *Hindenlang*, 92 (FN 21).

c) Die Anwendbarkeit der Grundsätze des Art. 80 Abs. 1 S. 2 GG bei Weisungsgebundenheit oder Fehlen demokratischer Legitimation des Satzungsgebers

Wird man auch wegen der unter b) dargelegten Gründe sagen müssen, daß der demokratisch legitimierte Satzungsgeber im Prinzip nicht den Inhalt-, Zweck- und Ausmaßbindungen unterliegt, so muß dieses Prinzip doch dann Ausnahmen dulden, wenn der Wille dieses demokratischen Organs nicht zum Tragen kommen kann, weil er um der Harmonisierung des staatlichen Gesamtverbandes willen von dem Willen einer bürokratisch organisierten Behörde überlagert wird.

Das trifft zwar noch nicht zu auf die bloße Satzungsgenehmigung durch die Aufsichtsbehörde nach Abschluß des Willensbildungsprozesses der Selbstverwaltungskörperschaft, denn in diesem Falle steht der Aufsichtsbehörde nur die Genehmigung oder Ablehnung der Satzungen zu, auf ihre inhaltliche Ausgestaltung hat sie hingegen keinen direkten Einfluß[67]. Damit aber wird kein Einfluß auf die Willensbildung des Satzungsgebers genommen, denn soweit im Genehmigungsverfahren neben Rechts- auch Zweckmäßigkeitserwägungen zulässig sind, verbleibt der autonomen Körperschaft dennoch die Entschlußfreiheit, ob eine Satzung erlassen werden soll oder deren inhaltliche Ausgestaltung, was zur Wahrung ihrer eigenständigen Willensbildung als ausreichend anzusehen ist[68].

Anders verhält es sich dagegen, wenn es der staatlichen Exekutive von vornherein erlaubt ist, in den Willensbildungsprozeß der Selbstverwaltungskörperschaft bei der Schaffung einer Satzung per Weisung einzugreifen, und zwar sowohl hinsichtlich des „Ob“ als auch des „Wie“ einer Regelung, was man im Kommunalrecht als Pflichtaufgaben nach Weisung bezeichnet, worauf noch näher einzugehen sein wird. Wollte man auch für diesen Fall eine Bindung der Satzungsermächtigung an Art. 80 Abs. 1 S. 2 GG verneinen, so wäre damit eine Umgehungsmöglichkeit der rechtsstaatlich-gewaltenteilenden Funktion der Vorschrift eröffnet, indem autonome Körperschaften geschaffen werden könnten, denen für ihre Satzungsgebung aber eine eigenständige Willensbildung abgesprochen würde[69]. Die Exekutivbehörde könnte — vermittelt durch die „autonome“ Körperschaft — Rechtsetzung ohne Bindung an ein gesetzgeberisches Programm i. S. d. Art. 80 Abs. 1 S. 2 GG betreiben. Aus Rechtssicherheitsgründen kommt es dabei auch nicht darauf an, ob die staatliche Behörde im Einzelfall von ihrem Weisungsrecht

---

[67] Vgl. *Bachof*, Festschr. f. W. Weber, 519.

[68] *Brohm*, 253 f.

[69] Oder eine solche nur für nebensächliche Regelungsmaterien eingeräumt würde. *Brohm*, 254.

Gebrauch macht oder nicht, sondern ausschließlich auf die rechtliche Möglichkeit dieses Weisungsrechts[70].

Neben diese unmittelbare Einwirkung auf die Willensbildung der autonomen Körperschaft kann aber auch noch eine mittelbare treten, nämlich über die Entsendung weisungsgebundener Beamter in die Führungsgremien solcher Körperschaften[71]. Würde man in diesem Falle eine Inhalt-, Zweck- und Ausmaßbindung ablehnen, so könnte die Exekutive auch unabhängig von Weisungsaufgaben in die Satzungsgebung jederzeit über ihre Beamten eingreifen und die Autonomieverleihung wäre auch in diesem Falle nur eine Umgehung des Schutzzweckes des Art. 80 Abs. 1 S. 2 GG, da es neben der demokratischen Legitimation an einer eigenständigen Willensbildung des Satzungsgebers fehlt. Einschränkend zur Ansicht von *Brohm* wird man allerdings sagen müssen, daß entscheidend für die eigenständige Willensbildung der autonomen Körperschaft nicht die Entsendung von weisungsgebundenen Beamten an sich ist, sondern ihr Einfluß dort auf die Satzungsgebung.

Man wird also sagen können, daß Autonomieverleihung und Satzungserlaß dann der Inhalt-, Zweck- und Ausmaßbindung des Art. 80 Abs. 1 S. 2 GG unterliegen, wenn die autonome Körperschaft grundsätzlich oder hinsichtlich bestimmter Satzungen unmittelbar weisungsgebunden ist oder weisungsgebundene Personen den entscheidenden Einfluß auf die Satzungsgebung ausüben.

d) Die Bedeutung der Beschränkung des Adressatenkreises in Art. 80 Abs. 1 S. 1 GG

Häufig wird aus der erschöpfenden Aufzählung der Ermächtigungsadressaten für Rechtsverordnungen in Art. 80 Abs. 1 S. 1 GG[72] hergeleitet, schon daraus ergebe sich die Unanwendbarkeit der gesamten Vorschrift auf Satzungen[73].

Diese Meinung übersieht aber die Funktion der Beschränkung des Adressatenkreises bei Verordnungen. Soweit eine solche Funktions-

---

[70] *Brohm*, 255.

[71] *Brohm*, 255 f. Beispiele aus der Landesplanung bei *W. Weber*, Die Selbstverwaltung in der Landesplanung, 17 f. *Brohm* stellt dem gleich die Entsendung von nicht vom Verbandsvolk legitimierten sonstigen Personen, was aber ausschließlich ein Problem der demokratischen Legitimation des Satzungsgebers ist, während bei der Entsendung weisungsgebundener Beamter beide Probleme (demokratische Legitimation und Weisungsgebundenheit) berührt sind.

[72] BVerfGE 8, 155 ff. (163); Bay. VGH, BayVBl. 1956, 285; *Maunz:* Maunz / Dürig / Herzog, Art. 80 Rdnr. 6; *Klein*, Verordnungsermächtigungen, 89; *Wilke:* v. Mangoldt / Klein, Art. 80 Anm. V 1 a).

[73] *Maunz:* Maunz / Dürig / Herzog, Art. 80 Rdnr. 31; *Hamann*, Autonome Satzungen, 67.

analyse überhaupt erfolgt[74], wird behauptet, Art. 80 Abs. 1 S. 1 GG diene der bequemeren richterlichen Kontrolle über die erteilten Ermächtigungen, indem eine Rechtszersplitterung verhindert werde[75], oder wolle für den Fall der Subdelegation bewirken, daß die Subdelegatare nur dem Einfluß weniger Deleganten ausgesetzt seien[76]. Wäre das der einzige Sinn der Vorschrift, so müßte man wohl in der Tat der Meinung zustimmen, die darin einen reinen Formalismus sieht[77], da ihr Wert dann als gering anzusehen wäre, wenn er nur in einer Arbeitserleichterung für den Rechtsanwender bestünde, von dem man zu Recht verlangt, daß er sich über die Rechtsentwicklung orientiert[78]. Vielmehr muß auch der Satz 1 des Art. 80 Abs. 1 im Gesamtzusammenhang dieser Vorschrift gesehen werden, die ja den Zweck hat, die Notwendigkeit einer Verordnungsgebung mit dem rechtstaatlichen Gewaltenteilungsgrundsatz in Einklang zu bringen. So gesehen liegt die Funktion des Satzes 1 darin, Verordnungsmacht nur an unmittelbar parlamentarisch — sei es vor dem Bundes- oder Landesparlament — verantwortliche Exekutivorgane zu erteilen[79]. Ob daraus hinsichtlich der Rechtsverordnungen der Schluß gezogen werden kann, eine direkte Ermächtigung an nicht in Art. 80 Abs. 1 S. 1 genannte Bundesinstanzen sei dann zulässig, wenn einem Minister für solche Instanzen ein unbeschränktes Weisungsrecht gewährleistet sei[80], kann hier dahingestellt bleiben[81]. Für Satzungen jedenfalls gilt folgendes: Da es sich bei der Autonomieverleihung um eine devolvierende Delegation handelt, kann in den Autonomiebereich eine parlamentarisch verantwortliche Stelle i. d. R. nur im Wege der Rechtsaufsicht eingreifen, das Parlament hat allein die Möglichkeit der Entziehung oder Beschneidung der Autonomie und eventuell dann der Rechtsetzung an Stelle des Autonomieträgers, so daß wegen der verschiedenartigen Delegationsformen hier schon keine vergleichbaren Tatbestände vorliegen und von daher eine Anwendung des Art. 80 Abs. 1 S. 1 GG ausscheidet. Für den Fall demokratischer Legitimation des Satzungsgebers entfällt von vornherein die Notwendigkeit parlamentarischer Verantwortlichkeit, denn für diesen Fall ist das Rückkoppelungsverhältnis an das Verbandsvolk — ein Gedanke,

---

74 Sie fehlt z. B. in der Rechtsprechung des BVerfG, vgl. E 8, 155 ff.; 11, 84 ff.; 15, 271; ferner bei *Hamann / Lenz*, Art. 80 Anm. B 2; *Leibholz / Rinck*, Art. 80 Rdnr. 6; *Herrfahrt*, Art. 80 Anm. II 1.

75 *Zoller*, 97 f.; *Wilke:* v. Mangoldt / Klein, Art. 80 Anm. V 1 a).

76 *Wilke:* v. Mangoldt / Klein, Art. 80 Anm. V 1 a). *Maunz:* Maunz / Dürig / Herzog, Art. 80 Rdnr. 15.

77 *Scheuner*, Ausländische Erfahrungen, 144; *Obermayer*, DVBl. 1959, 354 ff. (357).

78 *Peter*, AöR 92, 357 ff. (377).

79 *Brohm*, 267; *Huwar*, 101.

80 *Brohm*, 267.

81 Vgl. dazu *Maunz:* Maunz / Dürig / Herzog, Art. 80 Rdnr. 15.

der ja auch der parlamentarischen Ministerverantwortlichkeit zugrunde liegt — gewahrt.

Zusammenfassend läßt sich daher sagen, daß die Adressaten der Autonomieverleihung nicht dem numerus clausus des Art. 80 Abs. 1 S. 1 GG unterliegen. Das gilt wohl auch, soweit ein ähnlicher numerus clausus in die Landesverfassungen aufgenommen[82] ist.

e) Ergebnis für Satzungen, die an den Grundsätzen des Art. 80 Abs. 1 S. 2 GG zu messen sind

Den Bestimmtheitsanforderungen des Art. 80 Abs. 1 S. 2 GG unterliegen Satzungen, die entweder nicht von einem demokratisch legitimierten Satzungsgeber ausgehen, oder zu deren Erlaß der Autonomieträger verpflichtet und inhaltlich — sei es unmittelbar oder über weisungsabhängige Beamte — weisungsgebunden ist; nur so läßt sich eine Umgehung der demokratischen und rechtstaatlichen Intentionen dieser Vorschrift verhindern.

Für einen Anspruch auf Erlaß solcher Satzungen ergeben sich daraus die gleichen Konsequenzen wie für den Anspruch auf Verordnungserlaß: Aus Inhalt, Zweck und Ausmaß der Autonomieverleihung muß sich ein subjektives öffentliches Recht auf die Satzung ergeben. Daß ein solches Recht auch hier wiederum nicht ohne weiteres gewollt sein wird, ergibt sich aus dem auch in diesem Falle geltenden Grundsatz, daß der Normerlaß prinzipiell nur im Allgemeininteresse erfolgt, speziell für Satzungen im Interesse aller Verbandsmitglieder.

3. Grundsätze für den Anspruch auf Satzungen, die nicht an das Bestimmtheitsgebot i. S. d. Art. 80 Abs. 1 S. 2 GG gebunden sind

Allerdings stellen Satzungen, deren Erlaß nach Inhalt, Zweck und Ausmaß bestimmt sein muß, nur einen Teil, vermutlich sogar nur einen kleinen Teil, des gesamten Satzungsrechtes dar.

Ob im übrigen ein Anspruch auf eine Satzung besteht, hängt ganz davon ab, in welcher Weise die Körperschaft mit Autonomie ausgestattet ist. Da die Satzung eine abgeleitete Rechtsnorm darstellt, kann auch insofern ein Anspruch nur bei entsprechender Ausgestaltung des autonomieverleihenden Gesetzes in Betracht kommen. Dieses kann dem Autonomieträger den Inhalt seiner Satzungen sehr dezidiert vorschreiben, z. B. nicht nur, *daß* eine Satzung erlassen werden muß, sondern

[82] Vgl. Art. 53 Abs. 1 hamb. Verf. v. 6. 6. 1952 (GVBl., S. 117), dazu *Ipsen*, Hamburgs Verfassung und Verwaltung, 327.

auch *was* darin zu regeln ist[83]. Das Gesetz kann sich aber auch damit begnügen, den Satzungsinhalt global, etwa mit Hilfe des Aufgabenkreises des Autonomieträgers zu bestimmen[84], wie es etwa in Art. 28 Abs. 2 GG für die Gemeinden geschehen ist.

Grundsätzlich wird man sagen können, daß wohl nur im ersteren Falle dem Gesetz ein Anspruch auf die Satzung entnommen werden kann, wenn auch die Kriterien zur Erfüllung der Voraussetzungen für einen Anspruch hier schon wesentlich schwerer nachzuweisen sind als in den Fällen einer strikten Bindung nach Inhalt, Zweck und Ausmaß. Im zweiten Falle wird man aus diesem Grunde einen Anspruch auf die Satzung insgesamt regelmäßig ausschließen können, in Betracht kann nur ein Anspruch auf Satzungsergänzung in Fällen relativen Unterlassens kommen. Man wird den Fall eines Anspruches auf Satzungen, die nicht an Art. 80 Abs. 1 S. 2 GG gebunden sind, in etwa mit dem Anspruch auf Gesetzeserlaß vergleichen können: So wie für diesen i. d. R. ein Gesetzgebungsauftrag im GG gefordert wird, wird man für jenen einen näher umschriebenen Satzungsgebungsauftrag im autonomieverleihenden Gesetz verlangen müssen. Auch beim sog. relativen Unterlassen erscheinen beide Sachverhalte als durchaus vergleichbar.

II. Der Anspruch auf kommunale Satzungen

In den Abschnitten II. und III. soll nun insbesondere der Anspruch des Bürgers auf kommunale Satzungen untersucht werden, und zwar nicht nur deshalb, weil dieser Bereich als am weitgehendsten erörtert angesehen werden darf, sondern weil er auch der praktisch wichtigste ist, da im Gegensatz zu anderen autonomen Körperschaften, jeder einer Gemeinde angehört.

Dabei werden zunächst im Abschnitt II. allgemein die kommunalen Satzungen untersucht werden, im Abschnitt III. wird dann speziell die Problematik einer bestimmten Satzung, nämlich des Bebauungsplanes, behandelt werden.

1. Die Wirkungskreise der Gemeinden

Wenn im Abschnitt I. festgestellt wurde, daß das Bestehen eines Anspruchs besonders davon abhängig ist, ob Inhalt, Zweck und Ausmaß für die Satzungen vorgezeichnet sein müssen oder nicht, so heißt das für die kommunale Normgebung, daß sie daraufhin zu untersuchen

[83] *Kiess*, 52.

[84] *Schneider*, Festschr. f. Ph. Möhring, 529; *Zoller*, 88; *David*, Die Satzungsgewalt der Gemeinden, 9.

ist, inwieweit Weisungsmöglichkeiten der staatlichen Exekutive bestehen, da das bei der stets demokratisch legitimierten Kommunalkörperschaft[85] allein eine Inhalt-, Zweck- und Ausmaßbestimmung als Grundlage für einen Anspruch auf Satzungserlaß notwendig machen kann. Betrachtet man zu diesem Zweck die Gemeindeordnungen der einzelnen Bundesländer, so lassen sich zwei unterschiedliche Systeme der gemeindlichen Aufgabenzuweisung und damit der Satzungsgebung feststellen: zum einen das ältere, der deutschen Gemeindeordnung von 1935 zugrunde liegende dualistische Prinzip, das zwei Wirkungskreise der Gemeinden kennt, nämlich den eigenen und den übertragenen[86], zum anderen das monistische Prinzip des Einheitswirkungskreises, das sein Vorbild im sog. Weinheimer Entwurf einer Gemeindeordnung hat[87].

a) Das System des doppelten Wirkungskreises

aa) Der eigene Wirkungskreis

Der eigene oder Selbstverwaltungskreis der Gemeinden[88] stellt den Teil kommunaler Aufgaben dar, der allein durch die gebietsmäßige Ausdehnung einer Gemeinde begrenzt wird[89]. Darüber hinaus läßt sich eine positiv-rechtliche Abgrenzung dieser Aufgaben nicht finden und dürfte auch wohl nicht zu treffen sein, da die Allseitigkeit des gemeindlichen Wirkungskreises eine lückenlose Erfassung im einzelnen ausschließt[90]. Im Zusammenhang dieser Arbeit kommt es auch weniger auf die Einordnung der einzelnen kommunalen Aufgaben an, als vielmehr auf die Frage der eigenständigen Willensbildung der Gemeinde bei der Erledigung dieser Aufgaben. Von daher sind die Selbstverwaltungsangelegenheiten weiter zu differenzieren nach den sog. freiwilligen Aufgaben und den Pflichtaufgaben.

---

[85] Vgl. Art. 28 Abs. 1 S. 2 GG und die entsprechenden Vorschriften der Landesverfassungen.

[86] Bayern: Art. 7, 8 GO vom 5. 12. 1973 (GVBl., S. 599); Rheinland-Pfalz: § 2 GO vom 14. 12. 1973 (GVBl., S. 419); Niedersachsen: §§ 4, 5 GO i. d. F. vom 7. 1. 1974 (GVBl., S. 1); vgl. *Loschelder*, Gemeindeordnungen, 16; *Kottenberg / Rehn*, § 3 Anm. III 1.

[87] Ihm folgen Baden-Württemberg: § 2 GO i. d. F. vom 16. 9. 1974 (GBl., S. 373); Hessen: § 4 GO i. d. F. v. 1. 7. 1960 (GVBl. 1960, S. 103); Nordrhein-Westfalen: § 3 GO i. d. F. vom 11. 8. 1969 (GVBl., S. 656); Schleswig-Holstein: §§ 3, 130 Abs. 1 GO i. d. F. vom 21. 4. 1964 (GVBl., S. 39); vgl. *Loschelder*, 16; *Kottenberg / Rehn*, § 3 Anm. III 1.

[88] Beide Ausdrücke sind als synonym anzusehen: vgl. *Gönnenwein*, 86; *Pagenkopf*, 151; *Klüber*, 37; *Maunz:* Maunz / Dürig / Herzog, Art. 28 Rdnr. 33.

[89] *Gönnenwein*, 86; *Klüber*, 37; *Pagenkopf*, 153.

[90] *Gönnenwein*, 87. Auch die Bestimmung des Art. 83 Abs. 1 bay. Verf. ist nicht umfassend („insbesondere"), und vom Verfassungsgeber im einzelnen in den Verfassungsberatungen nicht durchbesprochen, vgl. *Schweiger:* Nawiasky / Leusser / Schweiger / Zacher, Art. 83 Rdnr. 3.

α) Freiwillige Aufgaben

Diese sind dadurch gekennzeichnet, daß die Gemeinde frei darin ist, solche Aufgaben in Angriff zu nehmen und die Art der Durchführung zu bestimmen[91]. Für Satzungen in diesem Bereich heißt das entsprechend, daß Erlaß und inhaltliche Ausgestaltung in ihrem Ermessen stehen. Als Aufsichtsmittel verbleibt in diesem Bereich dem Staat nur eine Rechtsaufsicht[92], die jedoch die eigenständige Willensbildung der Gemeinde nicht tangiert, da die Übereinstimmung ihrer Rechtsetzung mit übergeordneten Normen für sie nicht zur Disposition steht, sie also von vornherein ihre Willenbildung nur im Rahmen der Gesetze betätigen kann[93].

β) Pflichtaufgaben

Von der Kategorie freiwilliger Aufgaben unterscheiden sich die Pflichtaufgaben dadurch, daß der Gemeinde lediglich eine Regelungsmöglichkeit hinsichtlich des „Wie" der Erledigung verbleibt, während sie keine Wahlfreiheit hinsichtlich des „Ob" hat, sondern die als Pflichtaufgaben bezeichneten Angelegenheiten erledigen muß[94]. Im Anschluß an die DGO[95] bestimmen dazu auch heute noch die Gemeindeordnungen der in Betracht kommenden Bundesländer, daß solche Pflichtaufgaben den Gemeinden nur per Gesetz auferlegt werden dürfen[96].

Hinsichtlich der selbständigen Willensbildung der kommunalen Vertretungskörperschaft beim Satzungserlaß folgt daraus, daß eine solche nur für die inhaltliche Ausgestaltung der Satzung gegeben ist, was aber immerhin als ausreichend angesehen wird, um solche Satzungsermächtigungen nicht den Vorschriften des Art. 80 Abs. 1 S. 2 GG zu unterwerfen[97]. Von dieser Konzeption der Pflichtaufgaben hat sich die Praxis jedoch zum Teil wegbewegt, so im BBauG, das in § 2 Abs. 1 die Aufstellung von Bauleitplänen zu Pflichtaufgaben macht, aber in den §§ 1 Abs. 3 bis 5 und 2 Abs. 10 den inhaltlichen Ausgestaltungsspielraum weitgehend reduziert[98]. Durch eine solche inhaltliche Fixierung

---

91 *Klüber*, 39 f.; *Gönnenwein*, 87; *Pagenkopf*, 19 f.; *Helmreich / Widtmann*, Art. 7 Anm. 3.

92 *Klüber*, 40; Art. 83 Abs. 4 S. 2 bay. Verf.; Art. 109 Abs. 1 bay. GO; Art. 49 Abs. 3 S. 2 Verf. f. Rheinl.-Pf.; § 117 GO f. Rheinl.-Pfalz, § 4 Abs. 3 nieders. GO.

93 Art. 28 Abs. 2 S. 1 GG.

94 *Pagenkopf*, 155.

95 § 2 Abs. 4; vgl. *Surén / Loschelder*, DGO, § 2 Erl. 6.

96 Art. 8 Abs. 3 bay. GO; § 4 Abs. 1 S. 2 nieders. GO; § 2 Abs. 3 S. 1 rheinl.-pf. GO; *Gönnenwein*, 89 f.

97 Vgl. oben 3. Kap. I. 2. c).

98 Zur Kritik auch *Gönnenwein*, 89 (FN 13). Vgl. ferner Art. 6 Abs. 2 S. 1 und Abs. 3 bay. G. über das Erziehungs- und Unterrichtswesen vom 9. 3. 1960 (GVBl., S. 19); § 4 Abs. 2 S. 2 rheinl.-pf. LandesG. über die öffentl. Grund-,

der Satzungen wird formal nichts am Prinzip der weisungsfreien Pflichtaufgaben geändert, dennoch unterliegt der Satzungsgeber in diesen Fällen regelmäßig ähnlichen Bindungen wie denen des Art. 80 Abs. 1 S. 2 GG.

bb) Der übertragene Wirkungskreis

Mit der Tendenz der Aufgabendezentralisierung hat schon die DGO eine Übertragung staatlicher Aufgaben auf die Gemeinden zugelassen[99], dem heute noch die Länder Bayern, Rheinland-Pfalz und Niedersachsen folgen[100] und solche Aufgaben nicht als gemeindeeigene ansehen.

Zwar wird in allen drei Bundesländern die Möglichkeit der Satzungsgebung auch in diesem Bereich anerkannt, sie ist aber stets nur auf Grund besonderer gesetzlicher Ermächtigung zulässig[101]. Hinsichtlich der staatlichen Aufsicht sind die Gemeinden in diesem Falle zu Recht als „verlängerter Arm des Staates" bezeichnet worden[102], unterstehen sie doch einer sehr weitgehenden Fachaufsicht[103] des Staates. Wenn sich dabei die Gemeindeordnungen von Niedersachsen und Rheinland-Pfalz bemüht haben, die Entschlußfreudigkeit der Kommunen nicht allzu sehr einzuengen[104], so handelt es sich dabei entweder nur um eine Sollvorschrift (Niedersachsen) oder doch um schwer konkretisierbare allgemeine Aussagen.

Jedenfalls ist zu beachten, daß es bei Satzungen im übertragenen Aufgabenbereich der Gemeinden nicht zu einer eigenständigen Willensbildung ihres demokratisch legitimierten Organs kommt, denn mögen auch Eingriffe der Aufsichtsbehörde selten stattfinden, so kommt es doch — wie oben schon dargelegt[105] — nicht auf das tatsächliche Eingreifen an, sondern nur auf die rechtliche Möglichkeit. Abschließend ist jedoch noch anzumerken, daß Satzungen in diesem Bereich gemeindlicher Tätigkeit äußerst selten[106] und regelmäßig nur als „statutarische

Haupt- und Sonderschulen i. d. F. vom 3. 8. 1970 (GVBl., S. 344); § 2 nieders. G über den Feuerschutz i. d. F. v. 21. 6. 1972 (GVBl., S. 309); weitere Nachweise bei *Gönnenwein*, 91 (FN 21 - 33).

[99] § 2 Abs. 3 DGO vom 30. 1. 1935 (RGBl. I, S. 49); Zur bundesstaatlichen Problematik vgl. BVerfGE 22, 180 ff. (210).

[100] Nachweise oben FN 86.

[101] Art. 23 S. 2 bay. GO; § 6 Abs. 1 S. 2 nieders. GO; § 24 Abs. 1 S. 2 rheinl.-pf. GO.

[102] *Bachof*, VVDStRL 22, 336.

[103] Sehr deutlich Art. 83 Abs. 4 S. 3 bay. Verf. Zwar enthält Art. 109 Abs. 2 bay. GO dazu Einschränkungen, über deren Bedeutung vgl. jedoch *Helmreich / Widtmann*, Art. 109 Anm. 8.

[104] § 127 Abs. 1 S. 3 nieders. GO; § 117 S. 2 rheinl.-pf. GO.

[105] 3. Kap. I. 2. c).

[106] *Helmreich / Widtmann*, Art. 23 Anm. 6.

Bestimmungen" in älteren Rechtsvorschriften in Bezug genommen sind[107].

b) *Das System des Einheitswirkungskreises*

aa) Freiwillige Aufgaben

Hinsichtlich der Regelung über die freiwilligen kommunalen Aufgaben stimmen die Bundesländer, die dem monistischen Prinzip der gemeindlichen Aufgaben nach dem Weinheimer Entwurf gefolgt sind, mit den Regelungen der Gemeindeordnungen der übrigen Bundesländer überein[108], so daß die dort gefundenen Ergebnisse insoweit übernommen werden können.

bb) Pflichtaufgaben

Auch hinsichtlich der weisungsfreien Pflichtaufgaben bestehen keine Unterschiede, sondern dem Satzungsgeber verbleibt auch hier eine eigenständige Willensbildung im Hinblick auf die inhaltliche Ausgestaltung dieser Satzungen[109].

cc) Pflichtaufgaben nach Weisung

Der Weinheimer Entwurf einer Gemeindeordnung vom Juli 1948 sollte eine Abkehr von den traditionell zwei getrennten Wirkungskreisen der Gemeinde bringen, was in den ihm folgenden Gemeindeordnungen auch gelungen ist[110], nicht nur als rechtskonstruktiver Unterschied, sondern vornehmlich in den Auswirkungen auf das Weisungsrecht der staatlichen Aufsichtsbehörde, das nach der älteren Konzeption mehr oder weniger umfassend war, in den Gemeindeordnungen der genannten Länder aber nur noch punktuell gegeben ist[111] und durch das auferlegende Gesetz bestimmt wird[112].

---

[107] Beispiel: § 119 a Abs. 2 GewO.

[108] §§ 2 Abs. 1; 118 Abs. 1 bad.-württ. GO; §§ 2 S. 1, 135 hess. GO; §§ 2, 106 Abs. 1 nordrh.-westf. GO; §§ 2Abs. 1, 120 schlesw.-holst. GO.

[109] § 2 Abs. 2 S. 1 bad.-württ. GO; § 3 hess. GO; § 3 Abs. 1 nordrh.-westf. GO; §§ 2 Abs. 1, 3 Abs. 1 schlesw.-holst. GO.

[110] So *Loschelder,* Die Gemeindeordnungen in der BRD, 17; *Jesch,* DöV 1960, 739 ff. (741); *Bachof,* VVDStRL 22, 336; *Scheerbarth,* DöV 1957, 470; *Kottenberg / Rehn,* § 3 Anm. III 1; *Rauball,* § 3 Erl. 3; *Rietdorf,* DVBl. 1958, 344; *Peters,* in: Staatsbürger und Staatsgewalt II, 209; *Kunze / Schmid / Rehm,* § 2 Erl. I 1.
Als reine Umetikettierung der Auftragsangelegenheiten werden die Pflichtaufgaben nach Weisung von *W. Weber,* Staats- und Selbstverwaltungsrecht in der Gegenwart, 43 (FN 23); *Becker:* HBKWP I, 113 ff. (136 f.) und wohl auch von BVerfGE 6, 104 ff. (116) angesehen.
Als besondere Aufgabenart werden sie angesprochen von *Pagenkopf,* 159; OVG Münster, OVGE 13, 356 ff. (359); *Salzwedel:* Loschelder / Salzwedel, Verfassungs- und Verwaltungsrecht des Landes NRW; *Wagener,* Gemeindeverbandsrecht in NRW, 56 f.

[111] *Bachof,* VVDStRL 22, 336.

Hinsichtlich eigenständiger Willensbildung der kommunalen Vertretungskörperschaft beim Satzungserlaß im Bereich dieser Aufgaben[113], fragt es sich jedoch, ob insoweit ein Unterschied zu den Auftragsangelegenheiten besteht, der es rechtfertigen würde, Satzungen im Bereich der Pflichtaufgaben nach Weisung nicht am Bestimmtheitsgrundsatz[114] zu messen. So gesehen kommt der gesetzlichen Bestimmung des Weisungsrechts[115] entscheidende Bedeutung zu. Zunächst ist festzustellen, daß das unbeschränkte Weisungsrecht der staatlichen Exekutive in den dem Weinheimer Entwurf folgenden Bundesländern nicht restlos aufgehoben wurde[116], und wenn auch als Grenzfall angesehen[117], so doch vorhanden ist[118]. Man mag zwar in diesem Falle auch noch von einer Aufgabe des einheitlichen Selbstverwaltungskreises der Gemeinde sprechen[119], jedoch handelt es sich dann in der Tat im Vergleich zu den Auftragsangelegenheiten alter Art nur noch um einen rechtskonstruktiven Unterschied, der keine praktischen Auswirkungen zeitigt[120], so daß insoweit eine eigenständige Willensbildung der Gemeinde in gleicher Weise ausscheidet.

Ein unbeschränktes Weisungsrecht muß allerdings von der Konzeption eines Einheitswirkungskreises her als Ausnahme angesehen werden, normalerweise wird sich das Gesetz auf spezielle Weisungsmöglichkeiten beschränken und so der Gemeinde auch für diese Fälle einen Bereich der Eigenverantwortlichkeit eröffnen[121]. Hier verbleibt dann

---

112 § 2 Abs. 3, 2 Hlbs. bad.-württ. GO (mit Ausnahme der Übergangsvorschrift § 130 GO); § 4 S. 1, 2. Hlbs. hess. GO; § 3 Abs. 2, 2. Hlbs. nordrh.-westf. GO (mit Ausnahme der Übergangsvorschrift § 116 GO); § 3 Abs. 2, 2. Hlbs. u. § 130 schlesw.-holst. GO.

113 Satzungen in diesem Bereich sind auch bei den dem Weinheimer Entwurf folgenden Gemeindeordnungen zulässig, allerdings auch wiederum nur, wenn sie ein Gesetz besonders vorsieht: § 4 Abs. 1 S. 2 bad.-württ. GO; für Hessen ergibt sich die Zulässigkeit allgemein aus § 5 Abs. 1 GO; vgl. *Muntzke / Schlempp*, § 5 Anm. IV.; ebenso in NRW aus § 4 Abs. 1 GO, vgl. die bei *Kottenberg / Rehn* zu § 4 abgedruckte VerwVO zu § 4 Ziff. 1 und *Kottenberg / Rehn*, § 4 Erl. II 2; ebenso § 4 Abs. 1 schlesw.-holst. GO.

114 Vgl. dazu oben 3. Kapitel I. 2.

115 Vgl. FN 112.

116 *Kunze / Schmid / Rehm*, § 2 Erl. III 1 und § 129 Erl. III; *Jesch*, DöV 1960, 739 ff. (742); *Becker*, 138.

117 *Jesch*, DöV 1960, 739 ff.

118 z. B. §§ 14 Abs. 2 i. V. m. 25 Abs. 3 bad.-württ. LVG vom 7. 11. 1955 (GBl., S. 225); § 82 Abs. 2 S. 4 bad.-württ. LBO i. d. F. vom 20. 6. 1972 (GBl., S. 351).

119 *Jesch*, DöV 1960, 739 ff.

120 *Gönnenwein*, 106, der allerdings in diesem Falle jeglichen rechtlichen Unterschied leugnet.

121 *David*, Satzungsgewalt der Gemeinden, 13 f. Insoweit unrichtig *Brohm*, Strukturen der Wirtschaftsverwaltung, 258 (FN 93), der Pflichtaufgaben nach Weisung und Auftragsangelegenheiten undifferenziert gleichsetzt. Beispiele: §§ 5 Abs. 1 i. V. m. 15 FeuerschutzG f. NRW vom 25. 3. 1958 (GVBl.,

aber ein Bereich eigener Willensbildung, in den die Exekutive nicht eingreifen kann. Einen Schluß auf die Freistellung von der Inhalt-, Zweck- und Ausmaßbindung wird man daraus jedoch nur für den Fall ziehen können, daß der Gemeinde auch tatsächlich eine Entscheidungsfreiheit von gewissem Gewicht verbleibt und ihr nicht nur reine Nebensächlichkeiten zur weisungsfreien Erledigung übertragen sind[122]. Eine genaue Grenzziehung ist insoweit allerdings schwierig und kann wohl nur von Fall zu Fall erfolgen.

2. Der Anspruch auf Satzungen im Bereich weisungsgebundener Tätigkeit der Gemeinden

Zwar sind nach allen Gemeindeordnungen, gleichgültig, ob sie vom monistischen oder dualistischen Prinzip der gemeindlichen Aufgaben ausgehen, Satzungen im Bereich der übertragenen Angelegenheiten und der Pflichtaufgaben nach Weisung zulässig[123], sie treten jedoch nur sehr vereinzelt auf[124]. Soweit hinsichtlich der Satzungen dabei ein unbeschränktes Weisungsrecht der staatlichen Exekutive besteht — regelmäßig in Auftragsangelegenheiten, ausnahmsweise bei Pflichtaufgaben nach Weisung — muß die ohnehin stets erforderliche besondere gesetzliche Satzungsermächtigung derart bestimmt sein, daß sie den Anforderungen des Bestimmtheitsgrundsatzes[125] entspricht, so daß die Inhalt-, Zweck- und Ausmaßbestimmung im Gesetz dann daraufhin zu untersuchen wäre, ob sie einen Anspruch des einzelnen Bürgers auf Satzungserlaß gewährt[126]. Ist bei den Pflichtaufgaben nach Weisung das Weisungsrecht nur ein punktuelles, so bewirkt das, wie oben dargestellt, in der Regel keine Bindung an den Bestimmtheitsgrundsatz,

---

S. 101); §§ 1 OBG i. V. m. 9 OBG f. NRW i. d. F. vom 28. 10. 1969 (GVBl., S. 732); weitere zahlreiche Nachweise für NRW bei *Kottenberg / Rehn*, § 3 Erl. III 2.

[122] *Brohm*, 254.

[123] Vgl. oben 3. Kap. FN 101 u. 113.

[124] Abgesehen von dem schon erwähnten § 119 a Abs. 2 GewO etwa der Satzungserlaß nach dem bad.-württ. FeuerwehrG vom 6. 2. 1956 (GBl., S. 19); § 8 Abs. 3 S. 2, diese Rechtsmaterie zählt zu den Pflichtaufgaben nach punktueller (§ 22 Abs. 3 u. 4 bad.-württ. FeuerwehrG) Weisung, vgl. *Gerne*, FeuerwehrG f. Baden-Württ. § 2 Anm. 2 u. 3; ferner örtliche Bauvorschriften z. B. i. S. d. § 111 LBO f. Bad.-Württ. i. d. F. vom 20. 6. 1972 (GBl., S. 351), vgl. *Sauter / Holch / Rentschler*, § 111, Rdnr. 3.

[125] Vgl. dazu oben 3. Kapitel I. 2.

[126] So etwa im Falle der örtlichen Bauvorschriften, die nur deshalb in Satzungsform erlassen werden, weil sie in engem Zusammenhang mit den Bebauungsplänen stehen, aber keine Selbstverwaltungsangelegenheiten der Gemeinde darstellen, sondern als Teil des Bauordnungsrechtes staatliche Angelegenheiten sind und hinsichtlich derer die Gemeinde z. B. nach § 82 Abs. 4 bad.-württ. LBO einem unbeschränkten Weisungsrecht unterworfen ist (vgl. *Sauter / Holch / Rentschler*, § 111, Rdnr. 3.).

vielmehr müßte ein Satzungsanspruch dann ausschließlich den Bestimmungen des zum Satzungserlaß ermächtigenden Gesetzes entnommen werden können. Allerdings läßt sich wohl kein Beispiel dafür finden, daß im Bereich weisungsgebundener Tätigkeit der Gemeinden ein Anspruch auf Satzungserlaß gegeben wäre. Ein näheres Eingehen auf § 119 a Abs. 2 GewO erübrigt sich dabei, weil diese Vorschrift als völlig bedeutungslos anzusehen ist[127]. Aber auch aus der Satzungsermächtigung im § 8 Abs. 3 S. 2 bad.-württ. FeuerwehrG ist kein Anspruch herzuleiten, bezieht sich die Satzungsermächtigung doch nur auf organisatorische Fragen, die die Interessen des Bürgers nicht tangieren.

3. Der Anspruch auf Satzungen im Bereich der weisungsfreien Pflichtaufgaben

Problematischer ist ein Satzungsanspruch des Bürgers im Bereich der weisungsfreien Pflichtaufgaben, denn Satzungen in diesem Bereich bedürfen nach allen Gemeindeordnungen zu Recht keiner besonderen gesetzlichen Ermächtigung, da hier der demokratisch legitimierten Körperschaft jedenfalls im Hinblick auf die inhaltliche Ausgestaltung der Satzung ein Bereich eigener Willensbildung eröffnet ist. Grundlage der Überlegungen hat dabei zu sein, ob die gesetzlich auferlegte Verpflichtung zum Satzungserlaß auch im Interesse des Einzelnen besteht, oder Bedeutung nur im Verhältnis der Legislative zur autonomen Gemeinde hat und eine dadurch erfolgte Begünstigung höchstens als Rechtsreflex anzusehen ist, was nach dem Grundsatz, daß Normgebung regelmäßig im Allgemeininteresse erfolgt, in der überwiegenden Mehrzahl der Fälle allein in Betracht kommt. Insoweit bietet sich auch hier ein Vergleich des Anspruches auf Satzungserlaß im Bereich weisungsfreier Pflichtaufgaben der Gemeinden mit dem Anspruch auf Gesetzeserlaß an: In beiden Fällen muß ein ausdrücklicher Auftrag einmal von Verfassungs wegen, beim anderen von Gesetzeswegen vorhanden sein. In beiden Fällen muß die Normgebung im Interesse des Einzelnen vorgeschrieben sein, wobei dem Gesetz- bzw. Satzungsgeber jedoch ein mehr oder weniger großer Ermessensbereich für die Ausgestaltung verbleibt, der allerdings grundsätzlich einem Anspruch nicht im Wege stünde.

Hinzu kommt jedoch, daß bei den Fällen, in denen eine Verpflichtung auch im Interesse des einzelnen Gemeindeeinwohners besteht[128],

---

[127] *Landmann / Rohmer / Eyermann / Fröhler / Neumann*, § 119 a Rdnr. 12; *Sieg / Leifermann*, § 119 a Anm. 2; *Rohlfing / Kiskalt / Wolff*, § 119 a Anm. 3; *Boldt / Steffens*, § 119 a Anm. III.

[128] Für das bay. Recht nennen *Helmreich / Widtmann*, Art. 57 Anm. 10 u. a. Gesundheit, öffentliche Reinlichkeit, Feuersicherheit.

dieses Interesse oft nur dahin geht, daß die Gemeinde tatsächlich tätig wird, z. B. Be- und Entwässerungsanschlüsse für die einzelnen Grundstücke schafft[129], nicht aber dahin, daß eine normative Regelung, wenn sie auch oftmals mit dem tatsächlichen Tätigwerden verbunden ist, erlassen wird. Ist also ein Anspruch auf ursprünglichen Erlaß einer Satzung nur als äußerst selten anzusehen, so sind doch Fälle relativen Unterlassens durch Verletzung des Art. 3 Abs. 1 GG durchaus denkbar, woraus sich dann ein Anspruch auf Änderung oder Ergänzung der Satzung ergeben könnte.

4. Der Anspruch auf Satzungen im Bereich freiwilliger Aufgaben

In diesem Bereich gemeindlicher Tätigkeit kann ein Satzungsanspruch überhaupt nur in Form eines Änderungs- oder Ergänzungsanspruches bestehen, denn hier gibt es nicht einmal eine Verpflichtung der Gemeinde zur Inangriffnahme bestimmter Aufgaben und damit auch keinen Zwang zur Satzungsgebung[130].

III. Der Anspruch auf Erlaß eines Bebauungsplanes im besonderen

Eine Untersuchung des Anspruches auf Erlaß eines Bebauungsplanes, womit auch gleichzeitig die Änderung oder Ergänzung eines schon bestehenden gemeint ist, erhält ihre besondere Bedeutung dadurch, daß gerade § 2 Abs. 9 BBauG solche Ansprüche ausschließt, was zu der grundsätzlichen Frage führt, ob und inwieweit der einfache Gesetzgeber subjektive öffentliche Rechte ausschließen kann. Darüber hinaus handelt es sich bei der Bauplanung um eine der wichtigsten hoheitlichen Aufgaben der Gemeinde im Bereich weisungsfreier Pflichtaufgaben, von denen auch der Bürger sehr stark berührt ist.

1. § 10 BBauG als Bestimmung des Rechtscharakters des Bebauungsplanes?

Vorab ist zu klären, ob es sich beim Bebauungsplan überhaupt um eine Satzung handelt, so daß die Erörterung in den Bereich des gestellten Thema fällt. Zwar bestimmt § 10 BBauG, daß die Gemeinde

[129] Eine solche Verpflichtung wird allerdings von *Helmreich / Widtmann*, Art. 57 Anm. 10; Bay. VGH, Bay. VBl. 1961, 283; *Kunze / Schmid / Rehm*, § 2 Erl. II 3 abgelehnt, es wird insoweit auf das Amtshaftungsrecht verwiesen *(Helmreich / Widtmann)*. Entgegen dieser Ansicht wird ein Anspruch auf Erschließung trotz § 123 Abs. 4 BBauG nicht generell auszuschließen sein, wie neuestens auch die Rechtsprechung anerkennt: BVerwG, MDR 1975, 80 f. = DVBl. 1975, 37 ff.

[130] *v. Barby*, 82.

den Bebauungsplan als Satzung beschließt, über seinen tatsächlichen Rechtscharakter vermag diese Vorschrift aber nichts auszusagen[131], denn der Gesetzgeber kann zwar Streitfragen für die Praxis entscheiden, dogmatische Festlegungen stehen ihm aber für die in der Rechtswissenschaft entwickelten Begriffe von Verwaltungsakt und Rechtsnorm nicht zu, wenn man der Jurisprudenz nicht ihre Wissenschaftlichkeit nehmen will.

Die Problematik einer dogmatischen Einordnung des Bebauungsplanes geht insoweit tiefer, als sie die grundsätzliche Frage nach dem Rechtscharakter von Plänen stellt, einem Phänomen, dem sich das Verwaltungsrecht erst in neuerer Zeit gegenübergestellt sah, das es aber mit seinen klassischen Mitteln bewältigen muß, nicht zuletzt schon wegen des darauf aufgebauten Rechtsschutzes[132].

Bei der Diskussion um den Plan und speziell den Bebauungsplan hat sich deutlich gezeigt, daß seinem Wesen mit dem Ausschließlichkeitsanspruch von Verwaltungsakt oder Rechtsnorm — tertium non datur — nicht beizukommen ist[133]. Vielmehr koordiniert der Plan bestimmte im Ermessen der Behörde stehende Einzelverfügungen[134], so daß man ihn als deren Summe bezeichnen könnte[135]. Dennoch steht der Bebauungsplan der Rechtsnorm sehr nahe durch seine generelle Wirkung gegenüber jedermann[136].

Letztlich entscheidend für die Zuordnung des Anspruches auf Erlaß eines Bebauungsplanes zu diesem Thema ist aber, daß § 10 BBauG den Bebauungsplan jedenfalls *als Satzung behandelt* wissen will. Die soeben gemachten Ausführungen zeigen darüber hinaus aber jedenfalls, wie nahe der Bebauungsplan dem Einzelakt steht, was, wie schon bei den Rechtsverordnungen dargelegt wurde, ein Indiz für die Möglichkeit eines Anspruches darauf ist.

---

[131] *Bachof*, VVDStRL 30, 358; *Bielenberg:* Ernst / Zinkahn / Bielenberg, § 10 Rdnr. 1; *Richter*, 42; *Krüger*, DVBl. 1955, 792; *Forsthoff*, DVBl. 1957, 115 (FN 2); *Kiess*, 18; OVG Münster, VerwRspr. 4, 533 ff. (537).

[132] Das wird sehr deutlich bei *Forsthoff*, Lehrb., 310 f.; der den Bebauungsplan als ein aliud zu Rechtsnorm und Verwaltungsakt ansieht (ebenso *Bachof*, VVDStRL 18, 193), ihn aber aus Rechtsschutzgründen als Verwaltungsakt behandelt.

[133] A. A. *Volkmar*, 189.

[134] *Imboden*, VVDStRL 18, 124.

[135] *Bachof*, VVDStRL 18, 192; *Wolff / Bachof*, § 47 IX d 1. (S. 400).

[136] *Bielenberg:* Ernst / Zinkahn / Bielenberg, § 10 Rdnr. 2. Ähnliches meint auch wohl *Imboden*, 122, wenn er von „räumlicher Breite und Dauerhaftigkeit" spricht. Ferner *Brohm*, Rechtsschutz im Bauplanungsrecht, 59.

2. Die Stellungnahme der Literatur

Das BBauG hat an verschiedenen Stellen expressis verbis Ansprüche einzelner Bürger ausgeschlossen: § 2 Abs. 9 hinsichtlich der Bauleitpläne, § 46 Abs. 3 hinsichtlich der Umlegung und § 123 Abs. 4 in Bezug auf die Erschließung. Zwar geht es in diesem Zusammenhang nur um die erstgenannte Vorschrift[137], jedoch ergeben sich aus den einzelnen Darlegungen in der Literatur bezüglich der übrigen Ausschlußnormen interessante Rückschlüsse für die Interpretation des § 2 Abs. 9.

Meyer lehnt ohne eingehendere eigene Stellungnahme nur unter Berufung auf die Entscheidung des Bay.VerfGH, DöV 1964, 740 einen Rechtsanspruch auf Bauleitplanung ab[138]; ebenso konsequent werden Ansprüche auf Umlegung oder Erschließung von *Stich* und *Tittel* behandelt, die auch ausnahmslos, allerdings wiederum nur unter Berufung auf den Wortlaut der jeweiligen Vorschrift, abgelehnt werden[139].

Auch *Bielenberg*[140] folgt — ohne Ausnahmen zuzulassen — dem Wortlaut des § 2 Abs. 9 mit der Begründung, die Aufstellung der Bauleitpläne erfolge nur im öffentlichen Interesse und die Pflicht zur Abwägung privater Belange nach § 1 Abs. 4 S. 2 BBauG begründe keine subjektiven öffentlichen Rechte auf Planungsmaßnahmen, was auch mit Art. 14 GG zu vereinbaren sei. Differenzierter wird allerdings der entsprechende Anspruchsausschluß in § 46 Abs. 3 und § 123 Abs. 4 von *Ernst* behandelt: Obwohl auch für die Umlegung sowohl öffentliches wie auch privates Interesse erforderlich sein soll[141] — also ähnlich § 1 Abs. 4 — wird für Ansprüche auf Umlegung vertreten, daß § 46 Abs. 3 nicht verfassungsrechtlich, insbesondere aus Art. 14 GG gewährte Ansprüche ausschließen kann[142]. Ebenso soll auch die Erschließung unter anderem den Interessen der Grundstückeigentümer dienen, daher sei

---

137 Allein der Bebauungsplan ist nämlich als Satzung zu behandeln, während es sich bei der Anordnung der Umlegung um eine innerbehördliche Maßnahme der Gemeinde handelt (*Stich:* Meyer / Stich / Tittel, § 46 BBauG, Rdnr. 4; *Stahnke:* Brügelmann / Grauvogel, § 46 Anm. 3 e; *Ernst:* Ernst / Zinkahn / Bielenberg, § 46 Rdnr. 13; *Schrödter,* § 45 Rdnr. 10), ist der Umlegungsbeschluß ein Verwaltungsakt (*Stich:* Meyer / Stich / Tittel, § 47 Rdnr. 3; *Stahnke:* Brügelmann / Grauvogel, § 47 Anm. 4 a) aa); *Ernst:* Ernst / Zinkahn / Bielenberg, § 47 Rdnr. 9; *Schrödter,* § 45 Rdnr. 11); bei der Erschließung handelt es sich um den Vollzug des Bebauungsplanes durch Verwaltungshandeln (*Schrödter,* § 123 Rdnr. 21).

138 *Meyer:* Meyer / Stich / Tittel, § 2 Rdnr. 14; ähnlich *Heitzer / Oestreicher,* § 2 Anm. 5 f.

139 *Stich:* Meyer / Stich / Tittel, § 46 Rdnr. 9 u. 10; *Tittel:* Meyer / Stich / Tittel, § 123 Rdnr. 2. Ähnlich *Heitzer / Oestreicher,* § 46 Anm. 1 mit der Begründung, eine Popularklage sei unzulässig.

140 *Bielenberg:* Ernst / Zinkahn / Bielenberg, § 2 Rdnr. 14.

141 *Ernst:* Ernst / Zinkahn / Bielenberg, § 46 Rdnr. 8.

142 Ebd., Rdnr. 35.

der Ermessensspielraum der Gemeinde in bestimmten Fällen derart eingeschränkt, daß es nur noch eine richtige Entscheidung gebe, die dann zum Anspruch auf ein bestimmtes Verwaltungshandeln werde[143].

Ähnlich argumentieren auch *Schütz / Frohberg*, daß nämlich § 2 Abs. 9 die Rechte des Grundstückseigentümers nicht unzulässig einschränke, insbesondere nicht gegen Art. 14 GG verstoße, da sie ihre Eigentumsrechte nur im Rahmen der bestehenden Rechtslage ausüben könnten[144]. Auch hinsichtlich der anderen Ausschlußregelungen folgen sie streng dem Gesetzeswortlaut und lassen Ausnahmen, wie sie etwa *Ernst* vertritt, nicht zu.

Wohl am ausführlichsten befaßt sich in der Kommentarliteratur *Grauvogel* mit der Problematik des § 2 Abs. 9[145]. Er geht zunächst davon aus, die Vorschrift diene lediglich der Klarstellung[146], da zu der Ansicht des BVerwG, es gebe keinen Anspruch auf Normerlaß[147], von *Bachof*[148] eine entgegengesetzte Auffassung vertreten worden sei. Wenn die Voraussetzungen des § 2 Abs. 1 BBauG nicht erfüllt seien, gebe es von vornherein keinen Anspruch; außerdem bestehe die Verpflichtung zur Normsetzung nicht im Interesse Einzelner, sondern diene der Ordnung der städtebaulichen Entwicklung[149], unter Abwägung öffentlicher und privater Belange. Soweit schon vorhandene Pläne gegen Art. 14 oder Art. 3 GG verstießen, seien sie nichtig und dem Betroffenen sei entgegen der Ansicht von *Schneider*[150] mit einer Aufhebung durchaus gedient, denn danach sei die Gemeinde faktisch immer gezwungen, den bisherigen Plan in einer dem Betroffenen entsprechenden Weise zu ergänzen; soweit der aufgehobene Plan durch Bebauung bereits vollzogen sei, stünde dem Betroffenen ein Anspruch auf Baugenehmigung nach § 34 BBauG zu. Hier soll also nicht nur die rechtliche Unzulässigkeit eines Anspruches auf einen Bebauungsplan dargetan werden, sondern auch dessen tatsächliche Überflüssigkeit.

Eine differenzierte Meinung hinsichtlich § 2 Abs. 9 einerseits und §§ 46 Abs. 3 und 123 Abs. 4 andererseits vertritt *Schrödter*. Auch er geht von einem Ausschluß des Anspruches Einzelner auf einen Bebauungsplan aus und läßt bei verfassungswidrigem Unterlassen der Bauleit-

---

[143] Ebd., § 123 Rdnr. 40; ähnlich will auch die Rechtsprechung in gewissen Fällen Ansprüche auf Erschließung zulassen: BVerwG, MDR 1975, 80 f. = DVBl. 1975, 37 ff.

[144] Kommentar zum BBauG, § 2 Anm. I 2.

[145] *Brügelmann / Grauvogel*, § 2 Anm. II 1 a) aa).

[146] Ebenso Bad.-Württ. VGH, Bad.-Württ. VBl. 1968, 159.

[147] BVerwGE 7, 188.

[148] Verf. R. I, 245.

[149] So auch *Wambsganz*, Bay. VBl. 1963, 1.

[150] DVBl. 1966, 800.

planung nur ein Eingreifen der Kommunalaufsicht zu[151]. Erklärbar wird dieser Ausschluß eines Anspruches aus den Bemerkungen, die er zu § 46 Abs. 3 gibt[152]; dort hält er die Nichtgewährung des Anspruches auf Umlegung nämlich insofern für „zweifelsfrei", als „Rechtsetzung im Spiel ist". Es ist zwar nicht ersichtlich, inwieweit bei der Umlegung überhaupt die Frage der Rechtsetzung auftauchen soll, denn auch Schrödter hält mit der h. M. die Anordnung der Umlegung für ein Verwaltungsinternum[153] und den Umlegungsbeschluß für einen Verwaltungsakt[154]; jedoch läßt die genannte Aussage erkennen, daß er wohl einen Anspruch auf den Erlaß eines Bebauungsplanes grundsätzlich deshalb ablehnt, weil es sich dabei um Rechtsetzung handelt. Im übrigen gesteht auch er hinsichtlich der Umlegung einen Anspruch auf ermessensfehlerfreie Entscheidung zu[155]. Im Hinblick auf die Erschließung hält Schrödter einen Anspruch dann für gegeben, wenn durch das Unterlassen eine „Schädlichkeitsgrenze" erreicht werde und verweist darauf, daß die Rechtsprechung allgemein geneigt sei, dem Einzelnen Ansprüche auf lebenswichtige Daseinsvorsorgeleistungen zu gewähren[156].

Ein widersprüchliches Bild bietet auch *Mößle*[157], der unter Berufung auf *Zinkahn*[158] für den im Planungsbereich gelegenen Grundstückseigentümer annimmt, aus § 1 BBauG ergebe sich, daß das Gesetz in erster Linie dessen private Interessen ansprechen wolle[159], aber auch hinsichtlich der nicht im Planungsbereich gelegenen Grundstücke sei das Planungsermessen an Art. 14 und Art. 3 GG gebunden[160]. Den dann naheliegenden Schluß, daß § 2 Abs. 9 jedenfalls der Korrektur bedürfe, zieht er jedoch nicht, ja er mißt der Vorschrift nicht einmal originäre, sondern nur deklaratorische Funktion zu[161].

Im Anschluß an das Urteil des Bay. VerfGH, DVBl. 1966, 798 haben *Menger / Erichsen*[162] die Frage aufgeworfen, ob nicht § 2 Abs. 9 im Bereich des Art. 14 GG gegen das Übermaßverbot verstoße und deshalb verfassungswidrig sei. Sie relativieren ihre Meinung jedoch sogleich in

---

151 Bundesbaugesetz, § 2 Rdnr. 2.

152 Ebd., § 46, Rdnr. 4.

153 Ebd., § 45 Rdnr. 10.

154 Ebd., § 45 Rdnr. 11.

155 Ebd., § 46 Rdnr. 4.

156 Ebd., § 123 Rdnr. 21 m. w. N.

157 DöV 1974, 466 ff.

158 *Zinkahn:* Ernst / Zinkahn / Bielenberg, § 1 Rdnr. 49.

159 DöV 1974, 467.

160 Ebd., 472.

161 Ebd., 467.

162 VerwArch. Bd. 58, 283 f.

zweierlei Hinsicht wieder; einmal unter Hinweis auf die §§ 34, 35 BBauG, wonach ein Bauvorhaben u. U. auch ohne Bebauungsplan zulässig sei, zum anderen, weil es sich um ein gesetzgeberisches Unterlassen handele, womit offenbar gesagt sein soll, daß auf gesetzgeberisches Tätigwerden kein Anspruch bestehe[163].

Die von *Menger / Erichsen* aufgeworfene Frage nach der Verfassungsmäßigkeit des § 2 Abs. 9 hält *Ziegler*[164] für zu Unrecht gestellt[165]. Soweit er die Vorschrift jedoch mit der Entscheidung des BVerwGE 34, 301 ff. verteidigt, liegt das neben der Sache, denn in der Entscheidung ging es um die Klage einer Gemeinde gegen die Versagung der Genehmigung des Bebauungsplanes durch das Regierungspräsidium. Die Klageabweisung durch das BVerwG erfolgte aber deshalb, weil die Gemeinde die Planung wohl hauptsächlich deshalb vorgenommen hatte, um einem in Schwierigkeiten geratenen Landwirt Grundstücksveräußerungen zu ermöglichen, was gegen § 1 Abs. 4 und 5 BBauG verstößt. Damit ist aber nicht ausgesagt, daß nicht u. U. ein Grundstückseigentümer etwa aus grundrechtlichen Erwägungen heraus einen Anspruch auf Erlaß eines Bebauungsplanes haben könnte, soweit dieser über ein allgemeines wirtschaftliches Sanierungsinteresse wie im Falle der Entscheidung des BVerwG hinausgeht. Die Frage nach einem Rechtsanspruch auf Bauplanung stellt sich für Ziegler nur im Zusammenhang mit einem Mißverhältnis zwischen dem Bedarf und den Festsetzungen im Bebauungsplan, ohne daß durch dieses Mißverhältnis schon der Bebauungsplan als solcher nichtig wäre (so bei unvermeidbarer Falscheinschätzung[166]). Jedoch sieht er auch darin keinen Grund, von § 2 Abs. 9 abzuweichen, es liege nämlich auch in diesem Falle kein Verstoß gegen Art. 14 und 2 Abs. 1 GG vor, da das wirtschaftliche Risiko für die Verwertbarkeit des Eigentums beim Eigentümer liege[167]. Ausgehend von der Entscheidung des BVerfG, E 31, 364 ff., in der das Gericht die Ansicht vertritt, der Bebauungsplan wirke nicht unmittelbar rechtsgestaltend[168], schließt Ziegler auch die Verfassungswidrigkeit des § 46 Abs. 3 weitgehend aus; er zieht diese Möglichkeit nur für den Fall in Betracht, daß eine bisher ausgeübte bauliche Nutzung eines Grundstückes nach Erlaß eines neuen

---

[163] Die Berufung auf *Schneider*, DVBl. 1966, 799 f. geht jedoch fehl, denn dieser sagt nur, daß ein Anspruch auf Gesetzesinitiative nicht mit der verwaltungsgerichtlichen Vornahmeklage erzwungen werden könne. Die grundsätzliche Möglichkeit eines Satzungsanspruches läßt er jedoch offen und setzt sich nur mit der Frage der möglichen Klagearten nach dem bay. VerfGHG auseinander.

[164] DöV 1974, 473 ff.

[165] Ebd., 476.

[166] Ebd.

[167] Ebd., 479.

[168] BVerfGE 31, 364 ff. (368 f.).

Bebauungsplanes, der eine unterbliebene Bodenordnung erfordert, unmöglich gemacht oder wesentlich erschwert wird[169].

Einen nur deklaratorischen Charakter mißt auch *Friauf*[170] der Vorschrift des § 2 Abs. 9 zu, wenn er annimmt, daß auch ohne die positive Festlegung kein Anspruch auf einen Bebauungsplan bestehen kann, da die Planungspflicht der Gemeinde ausschließlich zum Zwecke einer gesunden städtebaulichen Entwicklung, nicht aber im Interesse Einzelner bestehe. Ein solcher Anspruch soll auch nicht aus Art. 14 GG hergeleitet werden können.

Egerer[171] hält in seinen sehr allgemein gehaltenen Bemerkungen zum Anspruch auf Planung einen solchen im Bereich der Verwaltungspläne, zu denen er auch die Bebauungspläne zählt, grundsätzlich für ausgeschlossen, gesteht aber Fälle zu, bei denen sich ein Anspruch auf fehlerfreie Ermessensausübung ergeben kann.

Den Ausschluß jeglichen Anspruches auf Aufstellung, Änderung, Ergänzung oder Aufhebung eines Bebauungsplanes hält *Hoppe*[172] für ebenso verfehlt wie den Ausschluß jeglichen Anspruches auf Umlegung, da dadurch der Eigentumsgarantie nicht in jedem Falle gerecht zu werden sei. Als Beispielsfälle zeigt er zum einen den der willkürlichen Nichtplanung auf, so wenn die Gemeinde ein Grundstück von rings umliegendem beplantem Gelände ausspart[173], etwa um den Konsequenzen einer Legalenteignung zu entgehen, die sich ergeben könnten, wenn das Grundstück in den Bebauungsplan einbezogen worden wäre und dort gem. § 9 Abs. 1 Nr. 2 BBauG als von der Bebauung freizuhalten ausgewiesen worden wäre; zum anderen nimmt er Bezug auf die schon von *Baumeister*[174] genannten Fälle der offensichtlich einseitigen Begünstigung durch die Planung, so bei Ausweisung unterschiedlicher Stockwerkshöhen an den beiden Straßenseiten bei schon ausgebauter Ortslage oder die Zulassung eines Hochhauses, zu dessen Gunsten die überbaubare Fläche und Geschoßzahl der umliegenden Grundstücke stark beschränkt wird, um so die erforderliche bauliche Auflockerung zu erzielen. Mit der hier naheliegenden Verletzung des Gleichheitssatzes glaubt Hoppe nicht in allen Fällen helfen zu können, da, wie er im Anschluß an *Imboden*[175] meint, der Bebauungsplan nicht den Kriterien formaler Gleichheit folge, sondern eine Summe einzelner, vorweggenommener Verfügungen darstelle[176].

---

169 DöV 1974, 479.

170 *Friauf:* v. Münch (Hrsg.), 403.

171 Der Plangewährleistungsanspruch, 121.

172 DVBl. 1964, 165 ff. (171 f.).

173 Ähnliches Beispiel bei *Kuntzmann / Auert*, 107 f.

174 DWW 1961, 159.

175 VVDStRL 18, 129 ff.

176 *Werner*, DVBl. 1957, 225; *Wolff / Bachof*, § 47 IX d 1 (S. 399 f.).

Ein ähnliches Problem wie der Anspruch auf den Erlaß eines Bebauungsplanes wirft auch die Frage nach dem Anspruch auf Aufhebung der förmlichen Festsetzung des Sanierungsgebietes nach § 51 StBauFG auf, die gem. § 51 Abs. 3 StBauFG ebenfalls als Satzung zu ergehen hat.

Hier wird die Problematik eines Anspruchsausschlusses, der sich freilich im StBauFG expressis verbis nicht findet, noch wesentlich deutlicher, denn durch die förmliche Festlegung eines Sanierungsgebietes werden den davon betroffenen Grundstückseigentümern ganz erhebliche Beschränkungen auferlegt: gem. § 6 Abs. 3 StBauFG i. V. m. § 21 Abs. 2 BBauG entfällt die Schutzwirkung der Bodenverkehrsgenehmigung nach § 21 Abs. 1 BBauG und es verbleiben nur noch Entschädigungsansprüche (§ 6 Abs. 3 S. 2 StBauFG i. V. m. § 21 Abs. 2 u. 3 BBauG); zahlreiche Vorhaben und Rechtsvorgänge, die sich auf die betroffenen Grundstücke beziehen, werden genehmigungspflichtig (§ 15 StBauFG); die Gemeinde erhält an den betroffenen Grundstücken gem. § 17 StBauFG ein Vorkaufsrecht; schließlich kann die Gemeinde Abbruch- und Modernisierungsgebote im Sanierungsgebiet anordnen (§§ 19, 20, 21 Abs. 3 StBauFG). Um den Grundstückseigentümern diese Belastungen nicht länger als nötig aufzuerlegen, verpflichtet nun § 51 Abs. 1 u. 2 StBauFG die Gemeinden zur Aufhebung der förmlichen Festlegung des Sanierungsgebietes. Wollte man in dieser Vorschrift auch nur eine objektive Verpflichtung der Gemeinde sehen, der kein subjektives öffentliches Recht des Einzelnen entspricht, wie es für § 2 Abs. 9 i. V. m. § 2 Abs. 1 BBauG allgemein angenommen wird, so könnte man bei Nichtaufhebung der Festlegung des förmlichen Sanierungsgebietes trotz Erfüllung der Voraussetzungen des § 51 Abs. 1 oder 2 StBauFG zwar an eine Enteignungsentschädigung denken, damit wird aber oftmals den Grundstückseigentümern aus den verschiedensten Gründen nicht gedient sein.

Deshalb erkennt denn auch *Stich*[177] für diesen Fall einen Anspruch der betroffenen Grundstückseigentümer und Nutzungsberechtigten auf Satzungserlaß an. Zwar vertritt auch er im Grundsatz die Ansicht, es gebe keinen Anspruch auf Normerlaß, er will jedoch hier insbesondere deshalb eine Ausnahme machen, weil es für diesen contrarius actus zur Festlegung des Sanierungsgebietes kein gesetzgeberisches Ermessen gebe.

Weniger deutlich äußert sich zu einem Individualanspruch für diesen Fall *Bielenberg*[178]. Zwar spricht er von einer Aufhebungspflicht der Gemeinde, die eine „echte Rechtspflicht" sei, läßt dabei aber nicht deutlich werden, ob er dem Einzelnen auch einen korrespondierenden An-

---

[177] *Meyer / Stich / Schlichter*, § 51 Rdnr. 1.

[178] StBauFG, §§ 50, 51 Rdnr. 13.

spruch zugesteht. Für die Begründung der Aufhebungspflicht rekurriert er jedoch nicht nur auf den reinen Wortlaut der Vorschrift, sondern begründet sie auch aus Art. 14 GG, da nach der Durchführung der Sanierung für die genannten Eigentumsbeschränkungen kein Erfordernis mehr vorhanden sei. Dieser Begründung wird man allerdings entnehmen dürfen, daß auch Bielenberg zu einem Individualanspruch tendiert. Auf eine erste Stellungnahme der Rechtsprechung zu dieser Frage wird man gespannt sein dürfen.

3. Die Stellungnahme der Rechtsprechung

In der Reihe der hier zu besprechenden Entscheidungen zum BBauG nimmt die des BVerfG vom 27. 7. 1971 eine besondere Stellung ein[179]. Dort ging es um die Verfassungsbeschwerde gegen einen Beschluß des OVG Bremen, in dem das OVG es wegen des Vorbehaltes zugunsten verfassungsgerichtlicher Kontrolle in § 47 S. 1 VwGO abgelehnt hatte, einen Bebauungsplan im Verfahren des § 47 VwGO zu überprüfen. Das BVerfG wies die Verfassungsbeschwerde als unzulässig zurück. Die Begründung leitete das Gericht daraus her, daß der Bebauungsplan für sich allein noch keine Rechte gestalte und nicht unmittelbar in bestehende Rechtspositionen des Bürgers eingreife, insbesondere ihn nicht in seinen Grundrechten beeinträchtige, sondern erst weitere hoheitliche Einzelmaßnahmen notwendig mache[180]. Mit dieser Meinung steht das BVerfG nicht allein, sondern sie wird durchaus auch in der Rechtsprechung des BVerwG vertreten[181]. Wenn diese Meinung des BVerfG aber richtig ist, dann bedarf es weitgehend keiner Untersuchung des § 2 Abs. 9 BBauG mehr, denn jedenfalls aus grundrechtlichen Erwägungen heraus gäbe es keinen Anspruch auf unmittelbare Aufhebung des Bebauungsplanes und ebensowenig aus diesem Grunde einen Anspruch auf Ergänzung, Änderung oder Erlaß, denn gestaltet der Bebauungsplan nicht unmittelbar Rechte des Einzelnen, so berührt er auch nicht seine grundrechtlich geschützten Interessen, womit ein entsprechendes subjektives öffentliches Recht entfiele.

Unmittelbar zum Anspruch auf Erlaß eines Bebauungsplanes haben sich bisher, soweit ersichtlich, nur der bay. VerfGH[182] und der hess. VGH[183] geäußert. Im Falle des bay. VerfGH ging es um die Einbezie-

---

[179] BVerfGE 31, 364 ff. = DVBl. 1971, 740 ff. (m. Anm. *Umbach*) = DöV 1971, 705 = Bay. VBl. 1971, 420 f. Besprechung: *v. Mutius*, VerwArch. Bd. 63, 207 ff.

[180] BVerfGE 31, 364 ff. (368 f.).

[181] BVerwGE 3, 258 ff. (262); 11, 14 ff. (17).

[182] DVBl. 1966, 798 f. (m. Anm. *Schneider*) = DöV 1964, 740 = Bay. VBl. 1964, 401; dazu *Menger / Erichsen*, VerwArch. Bd. 58, 283.

hung eines Grundstückes in einen Bebauungsplan, dem alle anderen umliegenden Grundstücke schon unterfielen. Gegen den ablehnenden Bescheid auf einen entsprechenden Antrag des Beschwerdeführers erhob dieser Verfassungsbeschwerde, mit der er einen Verstoß gegen die Eigentumsgarantie nach Art. 103 der bay. Verf. (entsprechend Art. 14 Abs. 1 u. 2 GG) und gegen den Gleichheitssatz gem. Art. 118 der bay. Verf. (entsprechend Art. 3 Abs. 1 GG) rügte. Das Gericht wies die Verfassungsbeschwerde zurück, und zwar mit der Begründung, soweit eine Verletzung der Eigentumsgarantie gerügt sei, schließe § 2 Abs. 9 BBauG, der der landesrechtlichen Vorschrift des Art. 103 bay. Verf. vorgehe, solche Ansprüche aus; soweit eine Verletzung des Gleichheitssatzes geltend gemacht worden war, wies das Gericht den Antrag aus prozessualen Gründen ab, weil eine Rechtsnorm nicht mit der Verfassungsbeschwerde angefochten werden könne, sondern außer im Verfahren nach § 47 VwGO nur mit der Popularklage gem. Art. 98 S. 4 bay. Verf.

Im Falle des hess. VGH wollte ein Grundstückseigentümer ebenfalls für ein Grundstück den Erlaß eines Bebauungsplanes gerichtlich erzwingen. Die Klage wurde vom Gerichtshof als unzulässig abgewiesen. Dem Kläger wurde zwar zugestanden, daß er mit seiner Leistungsklage den prozessual richtigen Weg eingeschlagen habe[184], die Unzulässigkeit der Klage folge jedoch aus dem mangelnden Rechtsschutzbedürfnis, da der von ihm geltend gemachte Anspruch von der Rechtsordnung nicht gebilligt werde[185]. Das Gericht begnügt sich nun aber nicht mit dem schlichten Hinweis auf § 2 Abs. 9 BBauG, sondern legt zunächst dar, daß der Anspruch auf Gesetzeserlaß sich nicht prinzipiell von dem auf Setzung untergesetzlicher Rechtsnormen unterscheide, sondern sowohl Gesetze wie untergesetzliche Normen regelmäßig dem Wohle der Allgemeinheit dienen, und auch der Satzungsgeber einen Entscheidungsspielraum habe. Speziell im Hinblick auf den Bebauungsplan geht der VGH zwar vom Rechtssatzcharakter aus, sieht aber gleichwohl in seiner konkreten Ortsbezogenheit eine Abweichung vom Regeltyp der Norm, allerdings lehnt es das Gericht dann ausdrücklich ab, aus dieser Erkenntnis besondere Folgerungen zu ziehen[186].

Ohne unmittelbar auf § 2 Abs. 9 BBauG einzugehen, liefert doch der Beschluß des VGH Mannheim vom 8. 12. 1964 — I. 363. 63[187] zu den hier in Frage stehenden Problemen einen interessanten Beitrag: Die Stadt

---

[183] ESVGH 22, 224 ff.

[184] Näheres dazu unten Kap. 4.

[185] ESVGH 22, 224 ff. (225).

[186] Ebd., 226.

[187] Unveröffentlicht, zitiert nach *Gehrmann*, Die Bebauungspläne im Spiegel der Rechtsprechung, 155 f.

Stuttgart wollte einen früher rechtsverbindlich festgestellten Bebauungsplan abändern, der mehrere, schon mit Einfamilienhäusern ebbaute private Grundstücke und ein der Stadt gehöriges unbebautes umfaßte, um auf letzterem ein mehrgeschossiges Alten- und Pflegeheim zu errichten. Der VGH erklärte nun nicht den gesamten Bebauungsplan für nichtig, sondern erkannte nur auf eine teilweise Ungültigkeit, änderte also im Ergebnis den von den Nachbarn angegriffenen Plan ab. Zur Begründung führt das Gericht aus, daß zwar Plangewährleistungsansprüche dahingehend, daß ein einmal rechtsverbindlich festgestellter Bebauungsplan nicht geändert werden dürfe, nicht anzuerkennen seien, bei der Überprüfung der Abwägung öffentlicher und privater Belange läßt der Senat dann aber doch den dem Plangewährleistungsanspruch zugrunde liegenden Vertrauensschutz wieder in seine Argumentation einfließen, wenn er darauf abhebt, daß die Grundstücksinvestitionen der Nachbarn hauptsächlich deshalb erfolgten, weil sie annehmen durften, daß das Gebiet seinen bisherigen Bebauungscharakter beibehalten werde und die Stadt ihr Heim durchaus anderswo errichten konnte. Außerdem wird der Beschluß aus der Eigentumsgarantie begründet, die den Wertverlust der Grundstücke durch den beabsichtigten Heimbau insbesondere deshalb schwer wiegen lasse, weil das BBauG für diese Fälle keine Entschädigung vorsehe. Es kann in diesem Zusammenhang dahingestellt bleiben, ob der VGH ähnlich entschieden hätte, wenn es der Stadt unmöglich gewesen wäre, geeignetes Ersatzgelände zu beschaffen[188], jedenfalls zeigt sich in dieser Entscheidung, daß es durchaus Gründe gibt, den Anspruchsausschluß des § 2 Abs. 9 BBauG zu durchbrechen, die vornehmlich im grundrechtlichen Bereich des Art. 14 und des Art. 3 GG zu suchen sein dürften.

4. Kritische Betrachtung der h. M.

Die soeben im Einzelnen dargestellte h. M. zur Ablehnung eines Anspruches auf einen Bebauungsplan und zur Unterstützung des § 2 Abs. 9 BBauG läßt sich in folgenden rechtlichen Gesichtspunkten zusammenfassen:

1. Der Bebauungsplan wirkt nicht unmittelbar rechtsgestaltend[189], so daß er auch keine Individualinteressen berühren kann.

---

[188] Der Senat scheint allerdings dazu zu neigen, denn selbst bei Schwierigkeiten in dieser Richtung will er die privaten Interessen noch höher bewertet wissen; vgl. dazu *Gehrmann*, 249. In der Tendenz anders die Entscheidung des 2. Senats desselben Gerichts, BRS 22, 2 ff. (4), der den öffentlichen Belangen u. a. deshalb besonderes Gewicht beimißt, weil ein geeignetes Gelände ebenfalls für ein Altersheim anderen Ortes nicht zu finden war.

[189] BVerfGE 31, 364 ff. (368 f.); BVerwGE 3, 258 ff. (262); 11, 14 ff. (17).

2. Sinn und Zweck des Bebauungsplanes ist nur die Ordnung der städtebaulichen Entwicklung, er dient also nur öffentlichen Interessen[190].
3. Ein Anspruch auf einen Bebauungsplan ist unverträglich mit dem planerischen Ermessen[191].
4. Es besteht grundsätzlich kein Anspruch auf Normerlaß[192].
5. Außerdem soll ein solcher Anspruch auch noch deshalb ausgeschlossen sein, weil er tatsächlich überflüssig ist[193].

Zu 1.

Die Ansicht, ein Bebauungsplan wirke nicht unmittelbar rechtsgestaltend, ist richtigerweise abgelehnt worden[194]. *Umbach*[195] hat als einleuchtendes Beispiel für die gegenteilige Ansicht die Ausweisung eines Grundstückes im Bebauungsplan als Grünfläche angeführt. Hier wird das Grundstück unmittelbar durch den Bebauungsplan als unbebaubar ausgewiesen. Darüber hinaus dem Betroffenen etwa eine Bauvoranfrage zumuten zu wollen, deren negatives Ergebnis von vornherein feststeht und deshalb rein deklaratorischer Natur wäre, nur um einen anfechtbaren Verwaltungsakt zu erlangen, dürfte kaum auf Verständnis stoßen[196].

Zu 2.

Das zweite sehr häufig gebrauchte Argument zur Stützung des § 2 Abs. 9 BBauG könnte seine Rechtfertigung in § 1 Abs. 1 BBauG finden, wonach die Bauleitpläne der Ordnung der städtebaulichen Entwicklung in Stadt und Land dienen. Jedoch stellt sich dann die Frage, welche Stellung den privaten Belangen i. S. d. § 1 Abs. 4 S. 2 BBauG zukommt. Folgt man dem System, das das BVerwG für die Abs. 4 und 5 des § 1 BBauG aufgestellt hat[197], so ergibt sich daraus folgendes: Wenn das Gericht den „Grundleitsatz"[198] des § 1 Abs. 1 in erster Linie in der Vor-

[190] *Bielenberg:* Ernst / Zinkahn / Bielenberg, § 2 Rdnr. 14; *Grauvogel:* Brügelmann / Grauvogel, § 2 Anm. II 2 a) aa); *Wambsganz,* Bay. VBl. 1963, 1; *Mößle,* DöV 1974, 466 ff.; *Friauf:* v. Münch (Hrsg.), 385 ff. (403).

[191] *Egerer,* 121, Hess. VGH, ESVGH 22, 224 ff. (225).

[192] Hess. VGH, ESVGH 22, 225; *Grauvogel:* Brügelmann / Grauvogel, § 2 Anm. II 2 a) aa); *Schrödter,* § 2 Rdnr. 2; *Menger / Erichsen,* VerwArch. Bd. 58, 283 f.

[193] *Grauvogel:* Brügelmann / Grauvogel, ebd.; *Menger / Erichsen,* ebd.; *Bielenberg:* Ernst / Zinkahn / Bielenberg, § 2 Rdnr. 14.

[194] *Umbach,* DVBl. 1971, 741 ff.; *Blümel,* DVBl. 1972, 122 ff. (124 f.); *v. Mutius,* VerwArch. Bd. 63, 207 ff. (209 ff.). Wie das BVerfG aber offenbar auch *Erichsen / Martens,* 199.

[195] DVBl. 1971, 741 ff.

[196] *Blümel,* 125.

[197] BVerwGE 34, 301 ff. (306 f.).

[198] *Gelzer,* Rdnr. 22.

schrift des § 1 Abs. 4 S. 1 konkretisiert sieht, die wiederum durch § 1 Abs. 4 S. 3 und Abs. 5 weiter erläutert wird, das alles aber für die Essenz der „öffentlichen Belange" des § 1 Abs. 4 S. 2 hält, so sind die so verstandenen öffentlichen Belange der „erste und unmittelbarste Niederschlag"[199] der Ordnung der städtebaulichen Entwicklung gem. § 1 Abs. 1. Da nun aber die öffentlichen Belange gem. § 1 Abs. 4 S. 2 gerecht abzuwägen sind, heißt das, daß die Ordnung der städtebaulichen Entwicklung nur unter Abwägung mit den privaten Belangen erfolgen kann. Damit aber haben sich die Bauleitpläne nicht nur nach den die städtebauliche Ordnung konkretisierenden öffentlichen Belangen zu richten, sondern ebenso nach den privaten[200]. Damit ist sowohl die These widerlegt, Bebauungspläne dienten nur öffentlichen Interessen, so daß ein Individualanspruch darauf nicht bestehe, als auch die damit zusammenhängende Behauptung, § 2 Abs. 9 sei nur rein deklaratorischer Natur[201], denn gäbe es diese Vorschrift nicht, so spräche die Bedeutung der privaten Belange durchaus für die Möglichkeit eines Anspruches auf Aufstellung, Änderung oder Ergänzung eines Bebauungsplanes. Es verbleibt dann nur noch die Frage, ob und inwieweit ein solches Recht dennoch positivrechtlich ausgeschlossen werden kann.

Zu 3. und 4.

Der dritte und vierte Einwand der h. M. ist nur jeweils eine Spezialisierung des allgemeinen Einwandes gegen den Anspruch auf Normerlaß. Wie für jedes Ermessen, so gilt auch für planerisches Ermessen, daß es einem Anspruch nicht grundsätzlich im Wege steht, denn auch insofern gibt es Grenzen, deren Überschreitung in jedem Falle einen Rechtsfehler darstellt[202]. Im einzelnen sind diese Ermessensfehler noch im Zusammenhang mit der Bedeutung des Gleichheitssatzes und der daraus folgenden willkürfreien Sachgerechtigkeit darzulegen; verwiesen sei hier nur schon auf in diesem Zusammenhang wichtige Entscheidungen des BVerwG, nämlich E 34, 301 ff. und DVBl. 1974, 767 ff., in denen die Grenzen planerischen Ermessens weitgehend markiert wurden. Ebenso hat die Rechtsprechung ausdrücklich entschieden, daß auch die privaten Belange einen zu berücksichtigenden Ermessensfaktor darstellen[203]. Von diesem Standpunkt aus muß deshalb auch die Begründung als falsch erscheinen, ein Anspruch auf die Aufhebungssatzung für die

[199] BVerwGE, 34, 301 ff. (306 f.).

[200] Für eine Gleichrangigkeit öffentlicher und privater Belange auch *Zinkahn:* Ernst / Zinkahn / Bielenberg, § 1 Rdnr. 53; *Schütz / Frohberg*, § 1 Anm. III, 2; *Schrödter*, § 1 Rdnr. 9; a. A. für die Vorrangigkeit öffentlicher Belange: *Grauvogel:* Brügelmann / Grauvogel, § 1 Anm. V 1. a); *Dittus*, 37 f.

[201] *Grauvogel:* Brügelmann / Grauvogel, § 2 Anm. II 2 a); *Mößle*, 467.

[202] Vgl. *Badura*, Festschr. zum 25jähr. Bestehen des Bay. VerfGH, 174 m. w. N.; *Hoppe*, BauR 1970, 15 ff. (17); *Meyer*, DVBl. 1968, 492 ff. (495 f.).

[203] BVerwG, DöV 1970, 64 f.

förmliche Festlegung des Sanierungsgebietes gem. § 51 StBauFG sei deshalb gegeben, weil für diese Satzung kein Ermessen der Gemeinde bestehe[204], vielmehr ergibt sich ein solcher Anspruch daraus, daß für die vielfältigen Eigentumsbeschränkungen mit dem Abschluß oder der Aufgabe der Sanierung kein Bedürfnis mehr besteht[205].

Wie schon der Schluß a maiore ad minus vom Anspruch auf Gesetzeserlaß auf den Anspruch auf Erlaß untergesetzlicher Rechtsnormen und die ganzen übrigen vorausgegangenen Erwägungen gezeigt haben, trifft auch das Argument vom grundsätzlichen Ausschluß eines Satzungsanspruches nicht zu. Expressis verbis wird diese Begründung zwar selten ausgesprochen, sie ergibt sich aber meist deutlich bei einem Vergleich mit den Ansichten zu den Anspruchsausschlußvorschriften der §§ 46 Abs. 3 und 123 Abs. 4 BBauG. Für letztere zieht man nämlich durchaus Durchbrechungen insbesondere auf Grund des Art. 14 GG in Betracht[206]. Unverständlich bleibt dann allerdings, warum ähnliche Erwägungen nicht auch für § 2 Abs. 9 angestellt werden[207], insbesondere weil Umlegung und Erschließung eng mit dem Bebauungsplan verknüpft sind[208].

Als völlig verfehlt ist es anzusehen, wenn man annimmt, § 2 Abs. 9 habe den Grundsatz „kein Anspruch auf Normerlaß", den das BVerwG aufgestellt hat[209], gegen die Kritik *Bachofs* verteidigen wollen[210], stammt doch sein Einwand erst aus dem Jahre 1962[211], während das BBauG im Jahre 1960 erlassen wurde.

Zu 5.

Interessant, aber letztlich auch nicht für alle Fälle zutreffend, sind die Gründe, mit denen die Überflüssigkeit eines Anspruches auf Erlaß, Änderung oder Ergänzung eines Bebauungsplanes dargetan werden soll: Entweder sei die Gemeinde faktisch gezwungen, einen neuen, den Ansprüchen des Betroffenen entsprechenden Bebauungsplan zu erlassen oder es bestünde die Möglichkeit, die letztlich erstrebte Baugenehmigung über § 34 BBauG zu erlangen.

---

204 Stich: Meyer / Stich / Schlichter, § 51 Rdnr. 1.

205 *Bielenberg*, StBauFG, §§ 50, 51 Rdnr. 13.

206 *Ernst:* Ernst / Zinkahn / Bielenberg, § 46 Rdnr. 35; *Stahnke:* Brügelmann / Grauvogel, § 46 Anm. 5 a; neuerdings für einen Anspruch auf Erschließung, allerdings aus ordnungsrechtlichen Gründen, auch BVerwG, MDR 1975, 80 f. = DVBl. 1975, 37 ff.

207 Ausnahme wohl *Schrödter*, 2. Aufl., § 2 Rdnr. 2.

208 Vgl. § 46 Abs. 1 und § 123 Abs. 2 BBauG, dazu *Ernst:* Ernst / Zinkahn / Bielenberg, § 46 Rdnr. 8; *Schrödter*, § 123 Rdnr. 21; *Stahnke:* Brügelmann / Grauvogel, § 46 Anm. 1; *Förster:* Brügelmann / Grauvogel, § 123 Anm. III 3.

209 BVerwGE 7, 188.

210 *Grauvogel:* Brügelmann / Grauvogel, § 2 Anm. 2 a) aa).

211 JZ 1962, 745.

Zum ersteren ist, abgesehen davon, daß es sich nur um einen faktischen, aber nicht um einen rechtlichen Zwang handelt, zu sagen, daß ein solcher durchaus nicht immer bestehen muß, so etwa für den Fall, daß die neue Planung erhöhte Kosten mit sich bringt, die die Gemeinde nicht tragen will oder kann. Der letztere Weg ist aber auch nur für die Fälle gangbar, in denen sich der Bebauungsplan auf einen schon bisher im Zusammenhang bebauten Ortsteil i. S. d. § 34 BBauG bezieht und gibt für die übrigen Fälle nichts her. Darüber hinaus aber ist die Einbeziehung eines Grundstückes in einen Bebauungsplan für die spätere Erlangung einer Baugenehmigung wesentlich vorteilhafter, als wenn das Grundstück nur in einem im Zusammenhang bebauten Ortsteil gelegen ist, denn dadurch, daß ein Vorhaben nach § 34 BBauG in einem im Zusammenhang bebauten Ortsteil nur zulässig ist, wenn es nach der vorhandenen Bebauung unbedenklich ist, wird der Maßstab, an dem die Zulässigkeit zu messen ist, wesentlich unschärfer[212] als in den Fällen des § 30 BBauG, bei denen es außer auf die gesicherte Erschließung nur auf die Übereinstimmung mit dem qualifizierten Bebauungsplan ankommt[213].

Ging es bisher um die Widerlegung der von der h. M. angeführten Gründe, so sind nunmehr positiv Gründe für die Durchbrechung der auf den ersten Blick strikt erscheinenden Vorschrift des § 2 Abs. 9 BBauG anzuführen.

Daß diese Vorschrift insgesamt als wenig durchdacht angesehen werden darf, zeigt sich schon darin, daß sie in gleicher Weise wie den Anspruch auf Aufstellung, Änderung oder Ergänzung auch den Anspruch auf Aufhebung von Bebauungsplänen negieren will. Unter „Aufhebung“ kann dabei zweierlei verstanden werden: entweder die Aufhebung eines fehlerfreien Bebauungsplanes oder die eines fehlerhaften[214]. Soweit es sich um die Aufhebung eines fehlerfreien Bebauungsplanes handeln soll, ist es von vornherein klar, daß ein solcher Anspruch nicht bestehen kann und hätte keiner weiteren Erwähnung bedurft. Soweit der Ausschluß der Aufhebung eines fehlerhaften Bebauungsplanes gemeint ist, wäre ein solcher sicherlich unmöglich und die Vorschrift würde ständig mißachtet, insbesondere von den Oberverwaltungsgerichten bei ihrer Rechtsprechung nach § 47 VwGO (soweit diese Norm in den einzelnen Bundesländern eingeführt ist), hat doch ein Großteil der Normenkontrollanträge Bebauungspläne zum Inhalt[215].

---

[212] *Dyong:* Ernst / Zinkahn / Bielenberg, § 34 Rdnr. 3.

[213] *Bielenberg:* Ernst / Zinkahn / Bielenberg, § 30 Rdnr. 7.

[214] Zur Sprachregelung hinsichtlich der Verwaltungsakte vgl. EVerwVerfG, § 37 f.; *Bachof:* Wolff / Bachof, § 53 I. (S. 449 f.).

[215] Zwar erfolgt durch die Oberverwaltungsgerichte dann regelmäßig eine „Ungültigkeitserklärung“, ein sachlicher Unterschied zur „Aufhebung“ ist darin aber wohl nicht zu sehen.

Spricht man, wie zuvor geschehen, dem § 2 Abs. 9 BBauG die rein deklaratorische Natur ab und betrachtet ihn als positiv-rechtlichen Ausschluß eines ansonsten möglichen Anspruches, so stellt sich nun die Frage, inwieweit der einfache Gesetzgeber solche Ansprüche ausschließen kann.

Geht man mit dem eingangs gewonnenen Ergebnis davon aus, daß zwar eine Interpretation nach den Vorstellungen des Normgebers zugunsten einer objektiven Auslegung bei der Suche nach einem subjektiven öffentlichen Recht zurückzutreten hat, der Normgeber die Norm aber derart eindeutig fassen kann, daß auch bei objektiver Interpretation ein Anspruch als ausgeschlossen betrachtet werden muß, so heißt das, daß es dem Gesetzgeber grundsätzlich möglich ist, subjektive öffentliche Rechte auszuschließen. Ein solcher Fall liegt in § 2 Abs. 9 BBauG ganz offensichtlich vor. Jedoch besteht diese Ausschlußmöglichkeit, jedenfalls für den einfachen Gesetzgeber des BBauG, nur im Grundsatz, nämlich nur insoweit, als subjektive öffentliche Rechte nicht durch Grundrechte begründet sind, an die der einfache Gesetzgeber auf Grund des Art. 1 Abs. 3 und 20 Abs. 3 GG gebunden ist. Die Frage nach der Zulässigkeit des Anspruchsausschlusses in § 2 Abs. 9 konkretisiert sich also dahin, ob ein Anspruch auf Aufstellung, Änderung oder Ergänzung eines Bebauungsplanes aus Grundrechten folgen kann[216]. Als angesprochenes Grundrecht kommt hier zunächst die Eigentumsgarantie des Art. 14 GG in Betracht. Eine solche Tangierung des Art. 14 GG durch § 2 Abs. 9 BBauG wird aber weitgehend abgelehnt[217]. Die h. M. geht von der grundsätzlichen Baufreiheit als Ausfluß des Art. 14 GG aus und sieht § 2 Abs. 9 als Ausprägung der Sozialbindung des Eigentums gem. Art. 14 Abs. 2 GG an[218]. Diese Begründung kann aber nicht darüber hinwegtäuschen, daß ein verfassungswidriges Unterlassen der Bauleitplanung Ansprüche auf Aufstellung, Änderung oder Ergänzung von Bebauungsplänen auslösen kann, denn selbstverständlich kann nur eine verfassungskonforme Planung als eine solche Ausprägung angesehen werden. Auch wenn man mit einer neueren Meinung die Baufreiheit nicht als Ausfluß der Eigentumsgarantie ansieht, sondern die Nutzungsmöglichkeit von Grund und Boden nur noch als verwaltungsrechtlich zugeteilte Rechtsposition betrachtet[219] oder die Ansicht

[216] Vgl. auch *Schrödter*, 2. Aufl., § 2 Rdnr. 2.

[217] *Bielenberg:* Ernst / Zinkahn / Bielenberg, § 2 Rdnr. 14; *Schütz / Frohberg*, § 2 Anm. I 2; *Friauf*, 403; *Grauvogel:* Brügelmann / Grauvogel, § 2 Anm. II 2 a) bb).

[218] Vgl. die in FN 217 Genannten; ferner *Maunz:* Maunz / Dürig / Herzog, Art. 14 Rdnr. 61; *Hoppe*, DVBl. 1964, 166 m. w. N.; *Schrödter*, DVBl. 1973, 763 ff. (773); Bad.-Württ. VGH, Bad.-Württ. VBl. 1970, 43 f.; BVerwGE 18, 247 (zu § 35 Abs. 2 BBauG).

[219] *Badura*, Verh. d. 49. Dt. Juristentages, Bd. II, T 27 f.; ders., Festschr. zum 25jähr. Bestehen des Bay. VerfGH, 158; *Mößle*, 467 f.

vertritt, die Aufstellung eines Bebauungsplanes enthalte eine Neubewertung des Rechte- und Pflichtensystems nach den Anforderungen des sozialen Lebens[220], so kann doch nur eine insbesondere den Grundrechten entsprechende Planung eine rechtmäßige Zuteilung einer Rechtsposition oder Neubewertung des Rechte- und Pflichtensystems darstellen.

Außer aus Gründen der Eigentumsgarantie sind Ansprüche auf Aufstellung, Änderung oder Ergänzung eines Bebauungsplanes auch noch aus dem Gleichheitsgebot des Art. 3 Abs. 1 GG herzuleiten. Als Beispiel können hier die schon genannten Entscheidungen des VGH Mannheim[221], sowie die von *Hoppe* erwähnten Fälle willkürlicher Nichtplanung[222] und die von *Baumeister* gebildeten Fälle offensichtlich einseitiger Begünstigung durch die Bebauungsplanung[223] angeführt werden. Obwohl solche grundrechtlich gewährleisteten Ansprüche auf einen Bebauungsplan sogleich noch im einzelnen zu untersuchen sind, läßt sich hier doch schon soviel feststellen, daß der pauschale Ausschluß eines solchen Anspruches, wie in § 2 Abs. 9 BBauG geschehen, so nicht zutrifft, sondern differenzierter zu behandeln ist.

Schließlich sind auch nicht wenige Fälle denkbar, in denen die grundrechtlich verbürgte, verletzte Position des Einzelnen eben nur durch eine Änderung, Ergänzung oder Aufstellung eines Bebauungsplanes wiederhergestellt werden kann. Das trifft, wie auch *Schneider* meint[224], schon auf den Fall zu, den der bay. VerfGH zu entscheiden hatte[225]. Mit einer Aufhebung des Bebauungsplanes war hier dem Beschwerdeführer nicht gedient, vielmehr ging es ihm ausschließlich darum, eine ungleiche Behandlung im Verhältnis zu seinen Nachbarn abzuwehren und unter den gleichen Bedingungen wie sie bauen zu können. Auch den Antragstellern im Falle des VGH Mannheim[226] konnte es nur um eine Abänderung des Bebauungsplanes durch Ungültigerklärung seiner neu hinzugekommenen Teile gehen, denn ihr Ziel, den reinen Wohncharakter des Gebietes zu wahren, konnten sie nur durch eine Änderung des neuen Bebauungsplanes erreichen, die dahin ging, den ursprünglichen Plan wiederherzustellen. Könnte man in diesen beiden Fällen eventuell noch daran denken, den Beschwerdeführern über § 34 BBauG zu ihrem Recht zu verhelfen, falls nur die Möglichkeit bestanden hätte, die Bebauungspläne in toto für ungültig zu

---

[220] *Schmidt-Assmann*, Grundfragen des Städtebaurechts, 95.

[221] Vgl. FN 187.

[222] DVBl. 1964, 165 ff. (171).

[223] DWW 1961, 159.

[224] DVBl. 1966, 800.

[225] DVBl. 1966, 798 f.

[226] Vgl. FN 187.

erklären[227], so sind doch andere Fallkonstellationen denkbar, in denen dem Beschwerdeführer auch so nicht zu seinem Recht verholfen werden könnte: etwa bei einem willkürlich nicht in einen Bebauungsplan einbezogenen Grundstück, der für ein bisher noch nicht bebautes Neubaugebiet erlassen wurde. Will man hier dem Gleichheitssatz Genüge tun, so bleibt u. U. gar nichts anderes übrig, als einen Anspruch auf Bebauungsplanergänzung zuzugestehen. Eine Gleichheitswiederherstellung durch Aufhebung des gesamten Bebauungsplanes verbietet sich möglicherweise — folgt man *Wolff / Bachof*[228], wonach Bebauungspläne in Satzungsform zusammengefaßte Verwaltungsakte sind, so daß für sie die allgemeinen Regeln über die Änderung von Verwaltungsakten gelten — deshalb, weil alle anderen vom Planungsbereich erfaßten Grundstückseigentümer schon erhebliche Investitionen im Hinblick auf eine Bebauung getätigt haben, so daß nach den Grundsätzen über den Widerruf begünstigender Verwaltungsakte keine Widerrufsmöglichkeit mehr bestünde. Es verbleibt danach zur Gleichheitswiederherstellung nur die Möglichkeit der Einbeziehung dieses Grundstückes in den Bebauungsplan, also der Planergänzung.

In gleicher Weise sind Fälle des Anspruches auf Bebauungsplanänderung denkbar, so — im Anschluß an *Hoppe*[229] — wenn ein Grundstück zwar in das Plangebiet einbezogen wird, aber ohne jegliche Notwendigkeit als von der Bebauung freizuhalten i. S. d. § 9 Abs. 1 Nr. 2 BBauG ausgewiesen wird. Eine völlige Aufhebung des Bebauungsplanes nützt dabei dem Betroffenen nicht und ist aus den vorher genannten Rechtsgründen u. U. auch nicht möglich, so daß ein Anspruch auf Bebauungsplanänderung verbleibt.

Auch vom Wesen subjektiver öffentlicher Rechte her können solche Ansprüche bisweilen die einzige Möglichkeit der Rechtsverwirklichung sein. Per definitionem dient das subjektive Recht dem Schutze von *Individual*interessen. Die durch das subjektive öffentliche Recht verliehene Rechtsmacht kann also niemals weiter gehen, als es zur Befriedigung gerade dieses Einzelinteresses notwendig ist, d. h. ein subjektives öffentliches Recht kann grundsätzlich keine Wirkungskraft in Bezug auf eine fremde Rechtsposition haben, sondern kann nur gegen den Staat gerichtet sein[230]. Eine Ausnahme wird man von diesem Grundsatz nur für den Fall zu machen haben, daß die Realisierung

[227] Im Falle des VGH Mannheim hätten sich die Nachbarn dazu zwar gegenüber einem vorgesehenen Altersheimbau durch die Stadt nicht auf eine nachbarschützende Wirkung des § 34 BBauG berufen können (BVerwGE 32, 173); jedoch wohl auf den Art. 14 GG (BVerwGE 32, 173; *Gelzer*, Rdnr. 813; *Dyong:* Ernst / Zinkahn / Bielenberg, § 34 Rdnr. 47).

[228] § 47 IX d) 1. (S. 400 f.); ähnlich *Imboden*, VVDStRL 18, 123.

[229] DVBl. 1964, 165 ff. (171).

[230] *Dax*, 124.

eines subjektiven öffentlichen Rechtes nicht möglich ist, ohne eine fremde Individualrechtsposition zu tangieren[231]. Diese Ausnahme kann auch im Bauplanungsrecht häufig eintreten, nämlich stets in den Fällen, in denen der Einzelne den Bebauungsplan beseitigt wissen will, weil dieser ihn belastet und er auf die Beseitigung einen Anspruch hat. Dann trifft die Aufhebung des Bebauungsplanes notwendig auch die übrigen Grundstückseigentümer im Planungsbereich. Anders ist die Situation aber, soweit der Bebauungsplan begünstigend wirkt und diese „Leistung" ungleich gewährt wurde. Hier ist mit der Rechtsverwirklichung des ungleich Behandelten die Aufhebung der drittbegünstigenden Regelung nicht notwendig verbunden, sondern es gilt insoweit wieder der zuvor genannte Grundsatz, daß ein subjektives öffentliches Recht keine Wirkungskraft in Bezug auf eine fremde Rechtsposition hat, so daß in diesem Fall der Benachteiligte nur die Ergänzung des Bebauungsplanes auch für sein Grundstück verlangen kann. Daß auch für die Änderung und Ergänzung von Bebauungsplänen die Voraussetzungen des § 2 Abs. 1 i. V. m. Abs. 7 BBauG erfüllt sein müssen, ist selbstverständlich, aber kein Einwand gegen einen solchen Anspruch, wie *Grauvogel*[232] offensichtlich annimmt, denn die Änderung und Ergänzung eines Bebauungsplanes ist sicher insoweit erforderlich, als eine Verpflichtung der Gemeinde besteht, weil sie Gegnerin eines berechtigten Individualanspruches ist.

5. Die Einzelfälle

Läßt sich dem zuvor Gesagten entnehmen, daß ein Anspruch auf Aufstellung, Änderung oder Ergänzung eines Bebauungsplanes nicht von vornherein auszuschließen ist, wie § 2 Abs. 9 BBauG glauben machen will, so geht es nun darum, die Voraussetzungen eines solchen Anspruches im Einzelnen zu beschreiben.

a) Bestimmung der durch den Bebauungsplan tangierten tatsächlichen Grundstückseigentümerinteressen

aa) Die „Plannachbarn"

Für die „Plannachbarn", d. h. die Eigentümer der an das beplante Gebiet angrenzenden Grundstücke, stellt sich zunächst die Frage, ob auch ihr Interesse durch § 1 Abs. 4 S. 2 BBauG geschützt wird. Hinsichtlich der hier ausschließlich zur Erörterung stehenden grundrechtlich geschützten Interessen wird man das im Einklang mit der Rechtspre-

---

[231] *Dax*, 124 (FN 8), der als Beispiel dafür Baubeschränkungen zugunsten der Grundstücksnachbarn erwähnt.

[232] *Brügelmann / Grauvogel*, § 2 Anm. II 2 a) aa).

chung und Literatur bejahen können. Das BVerwG geht davon aus, daß eine Verletzung des Abwägungsgebotes nur der „Plannachbar“ geltend machen könne, auf dessen Grundstück die Planung unmittelbar gewichtige Auswirkungen habe[233]. Offenbleiben kann hier, wann das im einzelnen der Fall ist, gewichtigere Auswirkungen als Grundrechtverletzungen dürften jedoch wohl nicht denkbar sein, so daß diese auf jeden Fall geltend gemacht werden können. Auch die im Rahmen von Entscheidungen nach § 47 VwGO erfolgte Rechtsprechung der Oberverwaltungsgerichte gewährt dem „Plannachbarn“ insoweit — unabhängig von Unterschieden im einzelnen — den Schutz seiner Interessen[234], wenn diese durch einen für das angrenzende Gebiet erlassenen Bebauungsplan verletzt werden. Ebenso finden sich in der Literatur entsprechende Ansichten[235].

Bejaht man die Einbeziehung der „Plannachbarn“ in das Abwägungsgebot des § 1 Abs. 4 S. 2 BBauG, so ist nun ihre tatsächliche Situation daraufhin zu untersuchen, inwieweit sie im Rahmen der vorliegenden Erörterung Berücksichtigung finden kann. Dabei sind zwei Gruppen zu unterscheiden: einmal die Eigentümer bebauter und zum anderen die Eigentümer unbebauter Grundstücke. Dem Eigentümer eines bebauten Grundstückes im Nachbarbereich eines Bebauungsplanes wird es regelmäßig darauf ankommen, Benachteiligungen durch die Planung von seinem Grundstück abzuwehren, d. h. seine Interessen sind durch defensive Momente gekennzeichnet[236], er wird also versuchen, den Bebauungsplan ganz oder teilweise zu Fall zu bringen. Da er typischer Weise kein positives Tätigwerden des Planungsträgers erstrebt, können seine Interessen aus der folgenden Betrachtung eliminiert werden.

Anders sieht es hingegen mit den Eigentümern unbebauter Grundstücke aus, die zur Erhöhung des Wertes und der Nutzbarkeit ihrer Grundstücke normalerweise die Einbeziehung in den Bebauungsplan erstreben werden[237], d. h. ein positives planerisches Tätigwerden. Ein besonders starkes Interesse wird dabei in der Regel bei den Eigentümern vorhanden sein, deren Grundstücke bisher im Außenbereich

---

[233] BVerwG, BRS 23, 237 f.

[234] VGH Mannheim, ESVGH 17, 101 ff. (102); Bay. VGH, Bay. VBl. 1973, 294 f.; Hess. VGH, NJW 1970, 1619 f. Die Unterschiede im einzelnen bestehen darin, daß es der VGH Mannheim ausreichen läßt, daß nachteilige Auswirkungen über das Plangebiet hinaus bestehen, während der bay. und der hess. VGH verlangen, daß ein rechtlich geschütztes Interesse des Plannachbarn durch den Bebauungsplan verletzt sein müsse. Da es hier aber ausschließlich um Grundrechtsverletzungen geht, ist auch die letztere, strengere Voraussetzung erfüllt.

[235] *Mößle*, 472 f.; *Zinkahn:* Ernst / Zinkahn / Bielenberg, § 1 Rdnr. 49.

[236] *Mößle*, 468.

[237] *Mößle*, 467 f.; *Zinkahn:* Ernst / Zinkahn / Bielenberg, § 1 Rdnr. 49.

liegen, da insoweit die bauliche Nutzbarkeit gem. § 35 BBauG starken Einschränkungen unterliegt. Aber auch die Grundstückseigentümer im Bereich eines im Zusammenhang bebauten Ortsteiles gem. § 34 BBauG können durchaus ein Einbeziehungsinteresse haben, denn zum einen muß für ein Bauvorhaben im Bereich des § 34 BBauG die Erschließung schon vorhanden sein, während sie nach § 30 BBauG nur gesichert zu sein braucht[238], wobei die Gemeinde die Erschließung eines beplanten Gebietes aus enteignungsrechtlichen Gesichtspunkten heraus nicht auf unbestimmte Zeit verzögern kann[239], so daß der Eigentümer allein schon wegen der Erschließung seines Grundstückes ein Interesse an der Einbeziehung in den Bebauungsplan haben kann. Hinzukommt, daß § 34 BBauG im Regelfall keine nachbarschützende Wirkung hat[240], was zwar auch § 30 BBauG als solchem nicht zukomme[241], jedoch wohl den einzelnen Festsetzungen über die Grundstücksnutzbarkeit[242].

bb) Die Eigentümer der im Planbereich gelegenen Grundstücke

Grundstückseigentümern innerhalb des beplanten Bereiches wird es in erster Linie darauf ankommen, die Planung dahin zu beeinflussen, daß ihr Grundstück im Rahmen des konkreten Bebauungsplanes optimal nutzbar wird. Ein besonderes Interesse dürfte dabei für solche Eigentümer vorhanden sein, deren Grundstücke nach der Planung nicht oder nur beschränkt im privaten Interesse baulich genutzt werden dürfen[243]. Ihnen wird es nicht nur um die Abwehr solcher Belastungen gehen, sondern um eine positive Änderung im Sinne einer besseren Bebaubarkeit, z. B. nicht nur um die Beseitigung einer Grünflächenfestlegung nach § 9 Abs. 1 Nr. 8 BBauG, sondern auch um die Bestimmung zum Bauland i. S. d. § 9 Abs. 1 Nr. 1 BBauG. Schließlich ist auch noch die Möglichkeit denkbar, daß dem Eigentümer eines zwar als Bauland ausgewiesenen Grundstückes Art und Maß der baulichen Nutzung i. S. d. § 9 Abs. 1 Nr. 1 a BBauG nicht ausreichen, weil er sein Grundstück gern intensiver nutzen möchte, was insbesondere in innerstädtischen Bereichen der Fall sein kann. Zwar wäre es auch möglich, dieses Ziel durch eine Befreiung nach § 31 Abs. 2 BBauG zu erreichen, jedoch sind die Kriterien dieser Vorschrift derart eng[244], daß es sich

238 *Bielenberg:* Ernst / Zinkahn / Bielenberg, § 30 Rdnr. 39, 47.

239 BVerwG, MDR 1975, 80 f. = DVBl. 1975, 37 ff.

240 Außer bei schwerer und unerträglicher Belastung des Nachbarn, vgl. BVerwG, DVBl. 1970, 57 ff.; 62 ff.

241 VGH Bad.-Württ., Urt. v. 18. 11. 1968 — II 284/66; Urt. v. 26. 4. 1968 — III 590/66; zitiert nach *Kübler / Speidel,* II Rdnr. 12.

242 *Kübler / Speidel,* II Rdnr. 12.

243 Vgl. die möglichen Festsetzungen gem. § 9 Abs. 1 Nr. 1 f), g), 2, 3, 5, 6, 7, 8, 9, 11, 12, 13, 14 BBauG.

244 *Dyong:* Ernst / Zinkahn / Bielenberg, § 31 Rdnr. 32; *Grauvogel:* Brügelmann / Grauvogel, § 31, Anm. 3.

u. U. empfehlen wird, direkt auf die Plangestaltung einzuwirken, um eine entsprechende Nutzbarkeit des Grundstückes zu erreichen.

cc) Sonstige Eigentümer unbeplanter Grundstücke

Handelte es sich bei den unter aa) und bb) genannten Grundstückseigentümern um solche in einer speziellen Situation, so sind hier als Planungsinteressenten die große Masse derjenigen zu nennen, die weder Plananrainer noch Planungsbetroffene sind, sondern an einer Beplanung ihres Grundeigentums allgemein interessiert sind, um eine Wertsteigerung ihrer Grundstücke herbeizuführen, bzw. selbst zu bauen. Als typisches Beispiel könnten Eigentümer landwirtschaftlich genutzter Flächen genannt werden, die ihre Grundstücke als Neubaugebiet ausgewiesen sehen möchten. Ob diesem tatsächlichen Interesse allerdings auch rechtlicher Schutz zukommt, mag vorerst dahingestellt bleiben.

b) Die grundrechtliche Begründung des Einbeziehungsinteresses des Plannachbarn

aa) Aus Art. 14 GG

Sollte durch die Nichteinbeziehung eines angrenzenden Grundstückes in einen Bebauungsplan das Eigentumsrecht überhaupt tangiert werden, so wäre das nur in Form der Enteignung durch Unterlassen möglich. Diese ist jedoch nur dann von Bedeutung, wenn sie sich mit einem in den Rechtskreis des Betroffenen eingreifenden Handeln gleichstellen läßt[245].

Für den hier in Rede stehenden Fall hat der BGH eine solche Gleichsetzung im Ergebnis zu Recht abgelehnt[246]. Als falsch muß nach der hier vertretenen Ansicht allerdings die Begründung des Gerichts angesehen werden, daß sich eine solche Unvergleichbarkeit aus § 2 Abs. 9 BBauG ergebe. Vielmehr hätte die Entscheidung damit argumentieren müssen, daß das Unterlassen der Einbeziehung nicht die Benutzbarkeit des Grundstückes beeinträchtigt, denn nur dann wäre eine Gleichsetzung von positivem Eingreifen und Unterlassen zu rechtfertigen[247]. Das Grundstück bleibt nämlich weiterhin unter den bisher gegebenen Bedingungen bebaubar, entweder nach § 34 oder § 35 BBauG. Nur für den Fall, daß ohne Bebauungsplan nach dem BBauG eine Bebauung völlig ausgeschlossen wäre, könnte man an eine Enteignung denken[248], das

---

[245] BGHZ 32, 208 ff. (211).

[246] BGH, DVBl. 1969, 209 f.

[247] *Bielenberg:* Ernst / Zinkahn / Bielenberg, Vorb. vor §§ 40 - 44 Rdnr. 28.

[248] Anders — und deshalb wohl richtig entschieden — der Fall BGH, NJW 1964, 202 f.: Das alte Münchener Baurecht verlangte grundsätzlich für die Bebauung die Festsetzung sog. Baulinien, ohne die eine Bebauung nicht mög-

aber ist nach dem BBauG nicht der Fall. Letztlich beruht diese Begründung darauf, daß Art. 14 GG ein Recht des status negativus ist[249], d. h. die Aufgabe hat, Eingriffe in bestehende Eigentumspositionen abzuwehren, aber nicht die Verbesserung solcher Positionen zu fördern. Für diesen Fall vertritt auch eine neuere Lehre nichts anderes, die die Grundrechte weniger als Abwehrrechte denn als Teilhaberechte des status activus sieht[250], denn soweit sie den Eigentumsschutz einer neuen Interpretation unterzieht, hebt sie dabei auf Arbeitskraft und Bildung als Substanz des Eigentums ab, keineswegs soll davon aber das nach den heutigen sozialen Verhältnissen zum Randbereich des Eigentums zählende Bodeneigentum erfaßt werden[251].

Somit läßt sich zunächst feststellen, daß auf Art. 14 GG der Plannachbar einen Anspruch auf Einbeziehung seines Grundstückes in den Bebauungsplan nicht stützen kann[252].

bb) Aus Art. 3 Abs. 1 GG

Mit der Ablehnung eines Anspruches aus Art. 14 GG sind dem Plannachbarn aber durchaus noch nicht alle Möglichkeiten einer grundrechtlichen Fundierung seines tatsächlichen Einbeziehungsinteresses genommen. Stützen könnte er sich nämlich insbesondere auf den Gleichheitsgrundsatz[253].

α) Willkürfreie Sachgerechtigkeit als Grenze des Planungsermessens

Die Frage nach der Bedeutung des Gleichheitsgrundsatzes steht im Bauplanungsrecht in unlösbarem Zusammenhang mit dem sog. Planungsermessen. Daß der Gemeinde ein solches zusteht, darf aus § 2

---

lich war; in ihrer Nichtfestsetzung, obwohl das Grundstück für eine Bebauung geradezu prädestiniert war, sah der BGH eine Enteignung. Ganz mit Recht hat aber *Bielenberg:* Ernst / Zinkahn / Bielenberg, Vorb. vor §§ 40 - 44 Rdnr. 103 auf den singulären Charakter dieser Entscheidung hingewiesen.

249 *Maunz:* Maunz / Dürig / Herzog, Art. 14 Rdnr. 3; *v. Mangoldt / Klein:* Art. 14 Anm. 8; *Kimminich,* Art. 14 Rdnr. 23; *Schmidt-Bleibtreu / Klein,* Art. 14 Rdnr. 1; BVerfGE 24, 367 ff. (389); 30, 292 ff.; BVerwGE, DVBl. 1971, 746 ff. (749).

250 *Häberle,* VVDStRL 30, 80 ff.

251 Ebd., 85 f. und 91, wo er Art. 14 GG nur in Verbindung mit Art. 9 Abs. 3 GG einen leistungsstaatlichen Akzent verleiht.

252 A. A. wohl — allerdings ohne nähere Auseinandersetzung — in einem obiter dictum BVerwG, BauR 1971, 100 ff. (105); *Sendler,* WiR 1972, 453 ff. (474).

253 Darauf weist auch *Brohm,* Rechtsschutz im Bauplanungsrecht, 70 hin. Auch im Beschluß des Bay. VerfGH, DVBl. 1966, 798 f. (799) hatte sich der Beschwerdeführer u. a. auf eine Verletzung des Gleichheitssatzes berufen, auf die das Gericht aber aus prozessualen Gründen nicht einging (vgl. dazu *Schneider,* DVBl. 1966, 799 f.).

Abs. 1 BBauG geschlossen werden und gilt als unstreitig[254]. Für den Bürger heißt das, daß ihm nur ein Anspruch auf fehlerfreie Ermessensausübung zustehen kann; über diese Ermessensfehler im Bereich der Planung, auch im Hinblick auf Art. 3 Abs. 1 GG, besteht aber noch weitgehend Unklarheit[255]. Während das BVerwG[256] und im Anschluß daran *Bielenberg*[257] und *Grauvogel*[258] die Kriterien der Ermessensgrenzen bei Verwaltungsakten anwenden wollen, wird in der Literatur versucht, eigene Grenzen des Planungsermessens zu finden[259]. Grundsätzlich besteht aber ein allgemeiner Konsensus dahingehend, daß der Grundsatz der willkürfreien Sachgerechtigkeit eine Grenze des Planungsermessens bildet[260]. Betrachtet man den von *Hoppe*[261] entwickelten Katalog der Ermessensfehler, so stellen sich diese weitgehend nur als Untergliederungen des Grundsatzes dar. Dabei scheidet aber für den hier zu behandelnden Fall des Einbeziehungsbegehrens das Defizit an städtebaulich relevanter Intention und Legitimation als Ermessenfehler aus, da auf diese Rügen wohl nur ein Nichtigkeitsbegehren gestützt werden kann[262]. Dagegen kann sich der ausgeschlossene Grundstückseigentümer darauf berufen, seine Nichteinbeziehung sei willkürlich, weil seine

---

[254] z. B. BVerwGE 34, 301 ff. (304); *Bielenberg:* Ernst / Zinkahn / Bielenberg, § 2 Rdnr. 13 a; *Grauvogel:* Brügelmann / Grauvogel, § 2 Anm. II 6 b; *Badura,* Festschr. zum 25jähr. Bestehen des Bay. VerfGH, 160; *Hoppe,* Festschr. f. Scupin, 121; a. A. VGH Bad.-Württ., ESVGH 17, 101 ff. (104), wo der VGH die volle gerichtliche Kontrolle für eine gerechte Interessenabwägung nach § 1 Abs. 4 S. 2 BBauG in Anspruch nimmt.

[255] *Badura,* 174. So lehnt *Hoppe,* DVBl. 1974, 641 ff. (644) den Begriff des Planungsermessens insgesamt ab, um auch begrifflich eine Abgrenzung vom Verwaltungsermessen zu treffen.

[256] BVerwGE 34, 301 ff. (304). Das gilt jedoch nur für § 1 Abs. 4 S. 2 BBauG, hinsichtlich der Leitsätze in § 1 Abs. 4 und 5 BBauG steht das Gericht weiterhin auf dem Standpunkt uneingeschränkter Überprüfbarkeit. Ob das nach seiner eigenen neueren Rechtsprechung (BVerwGE 39, 197 ff. m. Anm. *Bachof,* JZ 1972, 208 ff.) und der des Gemeinsamen Senats der obersten Gerichtshöfe des Bundes, JZ 1972, 655 ff. noch haltbar ist, erscheint zweifelhaft (vgl. *Bachof,* JZ 1972, 209 r. Sp. und *Hoppe,* Festschr. f. Scupin, 121 f., die beide meinen, daß die Rechtsprechung an dieser Tendenz der Erweiterung der Verwaltungsfreiräume nicht vorbeigehen kann.).

[257] FN 254.

[258] § 2 Anm. II 6 a.

[259] Insbesondere *Hoppe,* BauR 1970, 15 ff.; ders., Rechtsschutz bei der Planung von Straßen und anderen Verkehrsanlagen, Rdnr. 148 ff.; ders., Festschr. f. Scupin, 121 ff.; ders., DVBl. 1974, 641 ff. (644); ferner *Redeker,* DöV 1971, 757 ff. (760 f.); *Badura,* 164 f.; *Beenken,* 82 f.; *Ossenbühl,* Gutachten B zum 50. Dt. Juristentag, B. 160.

[260] So ausdrücklich *Badura,* 180, der gerade diesen Grundsatz auch für die räumliche Abgrenzung eines Planungsvorhabens beachtet wissen will.

[261] Zuletzt DVBl. 1974, 641 ff. (644); näher ist dieser Katalog erläutert in Festschr. f. Scupin, 128 u. 135 f. Er wurde entwickelt aus BVerwGE 34, 301 ff. (309), woran sich zeigt, daß die Position der Rechtsprechung sich von der *Hoppes* kaum unterscheidet.

[262] *Hoppe,* Festschr. f. Scupin, 136.

Belange bei der Planaufstellung nicht einmal ermittelt worden seien (Ermittlungsdefizit) oder bei der Abwägung aller Belange seien seine zwar ermittelt, aber doch nicht berücksichtigt worden (Abwägungsdefizit), ebenso kann er einwenden, seine Belange seien entgegen der gesetzlichen oder sonst vorgegebenen Wertung falsch abgewogen worden (Abwägungsfehleinschätzung) oder die objektive Gewichtigkeit seiner Belange sei im Verhältnis zu anderen Belangen nicht richtig gewertet worden (Abwägungsdisproportionalität). Problematisch ist jedoch die Frage, ob er auch geltend machen kann, die Gemeinde habe bei der Planaufstellung einer subjektiven Abwägungssperre unterlegen, indem sie sich schon vor der maßgeblichen Entscheidung über den Bebauungsplan derart gebunden habe, z. B. durch Zusagen an Unternehmen, daß sie sein Grundstück nicht mehr in den Bebauungsplan einbeziehen konnte. Folgt man dem OVG Münster[263], so liegt in diesem Falle überhaupt keine Planung vor, so daß auch allein auf Grund einer subjektiven Abwägungssperre ein Einbeziehungsanspruch ausscheidet. Die Entscheidung ist jedoch zu Recht kritisiert worden[264], denn allein dadurch, daß die Planungsbehörde sich von vornherein festgelegt hat, entfällt noch nicht eine Planung an sich, vielmehr ergeben sich aus dieser Festlegung möglicherweise andere Verstöße gegen § 1 Abs. 4 und 5 BBauG[265], die eventuell zu einem vollen Einbeziehungsanspruch führen können, nämlich dann, wenn bei fehlerfreier Abwägung nur die Möglichkeit der Einbeziehung verblieben wäre.

β) *Der Ausschluß der Zurücknahme des Bebauungsplanes als Sicherung eines Planergänzungsanspruches*

Wenn feststeht, daß der Plannachbar in gleichheitsverletzender Weise nicht in den Planungsbereich einbezogen worden ist, so wird sein Bestreben nicht dahin gehen, den gesamten Bebauungsplan für nichtig erklären zu lassen, sondern nur dahin, einbezogen zu werden. Mit einer Nichtigerklärung wäre ihm nämlich nicht gedient, da sich dadurch an der rechtlichen Situation seines Grundstückes nichts ändern würde.

Auch aus rechtlichen Gründen besteht für ihn keine andere Möglichkeit zur Gleichheitswiederherstellung, denn da der Bebauungsplan für ihn wie auch für die Planbetroffenen Vorteil gewährenden Charakter

---

[263] DVBl. 1972, 687 ff. (689), m. Anm. *David*, DVBl. 1972, 692 ff.

[264] *David*, DVBl. 1972, 692 ff.; *Sendler*, WiR 1972, 453 ff. (464), in diesem Punkte ablehnend auch die Revisionsentscheidung zum Urteil des OVG Münster: BVerwG, DVBl. 1974, 767 ff. (769 f.).

[265] BVerwG, DVBl. 1974, 767 ff. (770); *David*, DVBl. 1972, 692 ff. Auch *Hoppe*, Festschr. f. Scupin, 137 folgert aus dem Bestehen einer subjektiven Abwägungssperre nur eine intensivere Planungskontrolle.

hat, kann er nicht seine Aufhebung verlangen, sondern nur die Einbeziehung seines Grundstückes[266].

Dieser Planergänzungsanspruch gelangt aber für den Plannachbarn erst dann zur vollen Bedeutung, wenn auch gesichert ist, daß der Gemeinde kein Ausweg verbleibt, um der Erfüllung dieses Anspruches zu entgehen. Das ist aber grundsätzlich nicht der Fall, denn im Prinzip ist die Gemeinde dadurch nicht gehindert, von sich aus den gesamten Bebauungsplan aufzuheben, wenn die Voraussetzungen des § 2 Abs. 1 und 7 BBauG vorliegen. Diese Aufhebung kann jedoch dadurch verwehrt sein, daß im Planbereich gelegene Grundstückseigentümer in ihrer durch den Bebauungsplan erworbenen Rechtsposition zu schützen sind. Wann das der Fall ist, ist deshalb nicht leicht zu beurteilen, weil hier das Problem der Plangewährleistung in Form des Planfortbestandsanspruches eine nicht unerhebliche Rolle spielt.

Der Anspruch auf Planfortbestand ist durch folgende Interessengegensätze gekennzeichnet: Auf der einen Seite die Erhaltung der notwendigen Planungsflexibilität, um zukünftige Entwicklungen und Erkenntnisse einbeziehen zu können, worin überhaupt einer der wichtigsten Aspekte der Planung, die immer zukunftsorientiert ist, zu sehen ist. Auf der anderen Seite steht das Interesse des Bürgers, der im Vertrauen auf die Planung Investitionen vorgenommen hat, in diesem Vertrauen nicht enttäuscht zu werden[267].

Zur Lösung dieses Problems befürwortet eine verbreitete Meinung die Heranziehung der Regeln über die Rücknahme von Verwaltungsakten, die ihrerseits wieder auf den Vertrauensschutzgedanken zurückzuführen sind[268]. Jedoch hat schon *v. Simson*[269], obwohl selbst Vertreter dieser Lehre, deren Mangel erkannt: für die Planung ist die Änderung fast eine Notwendigkeit, während das für Verwaltungsakte die Ausnahme ist. *Oldiges*[270] lehnt deshalb für die — hier nicht weiter interessierende — Lenkungsplanung auch diese Ansicht ab, glaubt sie aber für die Ordnungsplanung, zu der auch die Bebauungsplanung zählt, vertreten zu können, mit der Begründung, ebenso wie beim begünstigenden Verwaltungsakt stehe es auch beim Bebauungsplan dem Bürger frei, ob er diese Vergünstigung tatsächlich ausnutzen wolle, der Staat wolle jedenfalls nur eine bestimmte Ordnung verwirklichen. Ob aber dieses statische Element der Bebauungsplanung wirklich innewohnt,

---

[266] Vgl. oben 3. Kap. III. 4.

[267] Ähnlich auch *Erichsen / Martens*, 201 f.

[268] *v. Simson*, Planung I, 410 f. u. 413 - 419; *Ipsen*, Planung I, 62. Ebenso, jedoch vom Wesen des Bebauungsplanes ausgehend, *Wolff / Bachof*, § 47 IX d) 1. (S. 400 f.).

[269] Ebd., 418 f.

[270] Grundlagen eines Plangewährleistungsrechts, 194 f.

unterliegt erheblichen Zweifeln, vielmehr dürfte es gerade auch im Baurecht notwendig sein, die Ordnung der städtebaulichen Entwicklung (§ 1 Abs. 1 BBauG) den wechselnden sozio-ökonomischen Trends ebenso anzupassen wie den Zielen der Raum- und Landesplanung, denen wiederum die Bauleitpläne anzupassen sind (§ 1 Abs. 3 BBauG). Daher wird man auch der Meinung von *Oldiges* nicht uneingeschränkt zustimmen können. Im Grunde liegt das daran, daß diese Erörterungen zu sehr im Allgemeinen bleiben und die Suche nach einem Lösungsansatz in den einschlägigen besonderen Verwaltungsgesetzen vermissen lassen[271].

Wesentlich näher am Gesetz verläuft — naturgemäß — die Argumentation der Rechtsprechung. Sie geht aus von § 2 Abs. 1 i. V. m. Abs. 7 BBauG, wonach die Aufhebung von Bebauungsplänen zu erfolgen hat, sobald und soweit dies erforderlich ist[272]. Die aus dieser Vorschrift zu folgernde Aufhebungsfreiheit wird aber begrenzt durch § 1 Abs. 4 S. 2 BBauG[273], der über § 2 Abs. 7 BBauG auch für die Aufhebung von Bebauungsplänen gilt. Bei dieser Abwägung werden die betroffenen Grundstückseigentümer regelmäßig nur ihr Vertrauen auf die Planung in die Waagschale zu werfen haben, was als solches wegen der dynamischen Komponente der Planung gering zu bewerten ist, wie auch schon aus der grundsätzlichen Möglichkeit der Planabänderbarkeit folgt[274], demgegenüber wird es in der Regel ausreichen, wenn die Gemeinde wenigstens triftige Gründe für die Planaufhebung vorträgt[275], d. h. das Vertrauen auf die Planung wird sich praktisch nur dann durchsetzen können, wenn der Planaufhebung keinerlei planerische Konzeption zugrunde liegen würde[276].

Man könnte nun zwar sagen, auch hier würde letztlich der Vertrauensschutzgedanke, der der Lehre von der Rücknahme von Verwaltungsakten zugrunde liegt, herangezogen, jedoch würde dabei verkannt, daß er hier jedenfalls eine völlig andere Gewichtung erfahren hat: während es im Falle der Bebauungsplanaufhebung eine Vermutung dafür geben wird, daß dem wenigstens eine mit triftigen Gründen versehene planerische Konzeption zugrunde liegt[277], was zur Begründung der Planaufhebung ausreichend wäre, gäbe es bei analoger Anwendung der

[271] Gegen einen abstrakten Plangewährleistungsanspruch auch BVerwG, BauR 1971, 100 ff. (102).

[272] BVerwG, DöV 1971, 634; VGH Bad.-Württ., ESVGH 21, 26 ff. (27); VGH Bad.-Württ., BRS 17, 11.

[273] VGH Bad.-Württ., ESVGH 21, 26 ff. (27) m. w. N.

[274] VGH Bad.-Württ., BRS 17, 11.

[275] VGH Bad.-Württ., BRS 17, 11 ff. (12).

[276] BVerwG, DöV 1971, 633 ff. (634).

[277] Vgl. *Egerer*, 120; VGH Bad.-Württ., BRS 17, 11 ff., wonach im Regelfall kein Anspruch auf Planfortbestand besteht.

Rücknahmelehre von Verwaltungsakten keine solche Vermutung, sondern es müßten im Einzelfall überwiegende öffentliche Interressen für die Aufhebung festgestellt werden, was gerade dann schwierig sein dürfte, wenn die Betroffenen auf Grund des Planes etwas „ins Werk gesetzt" hatten[278]; für das Bauplanungsrecht würde das heißen, sobald nur ein Grundstückseigentümer im Planungsbereich zu bauen begonnen hat, ist eine Planaufhebung nur noch in ganz besonderen Fällen möglich, damit wäre aber die Anpassung von Plänen an neue Gegebenheiten wesentlich erschwert.

Im Ergebnis ist also mit der Rechtsprechung daran festzuhalten, daß eine Planaufhebung nur dann nicht möglich ist, wenn es dafür keinen triftigen Grund gibt. Als Beispiel dafür wird man aber gerade den Fall ansehen können, daß die Gemeinde, um dem Einbeziehungsanspruch des Plannachbarn auszuweichen, den gesamten Bebauungsplan aufhebt, denn als triftiger Grund kann nur ein planerischer angesehen werden. Durch die vorausgegangene Aufstellung eines Bebauungsplanes hat die Gemeinde aber gerade zu erkennen gegeben, daß sie einen solchen für erforderlich hielt, daran wird sich aber kaum je etwas durch die dann ebenfalls erforderliche Einbeziehung (wegen Art. 3 Abs. 1 GG) eines Nachbargrundstückes ändern, so daß man sagen kann, daß der Gemeinde in diesem Falle die Alternative der Zurücknahme des gesamten Bebauungsplanes in der Regel versperrt sein dürfte[279].

c) Planänderungsansprüche der Eigentümer von im Planbereich gelegenen Grundstücken

Die für Eigentümer von im Planbereich gelegenen Grundstücken als Anspruchsgrundlage für ihre Planänderungsansprüche in Betracht kommenden Normen sind grundsätzlich keine anderen, als die schon für den Plananrainer erwogenen. Jedoch kann in diesem Falle noch ein Anspruch wegen Verletzung des Verhältnismäßigkeits- oder Übermaßgrundsatzes hinzukommen.

aa) Aus Art. 14 GG

Wird das Bestreben des im Planbereich gelegenen Grundstückseigentümers, soweit es um Planänderungsansprüche geht, regelmäßig das sein, die optimale Bebaubarkeit seines Grundstückes zu erlangen und deshalb Einschränkungen nach § 9 Abs. 1 BBauG zu beseitigen, so würde sich im Zusammenhang mit Art. 14 GG die Frage stellen, ob diese Einschränkungen überhaupt Enteignungen darstellen oder nicht

---

[278] *Bachof:* Wolff / Bachof, § 53 V e) 4. (S. 463).

[279] Die Möglichkeit eines Anspruches auf Planfortbestand zieht neuerdings auch *Ossenbühl,* Gutachten B zum 50. Dt. Juristentag, B 198 in Betracht.

nur Ausformungen der Sozialpflichtigkeit des Eigentums sind. Wie aber sogleich zu zeigen sein wird, bedarf diese Frage in unserem Zusammenhang keiner endgültigen Beantwortung, denn beide Ansichten führen letztlich zum gleichen Ergebnis.

Die Frage, ob die Festsetzungen des § 9 Abs. 1 BBauG ganz oder zum Teil enteignenden Charakter haben, wird in der Literatur nicht klar beantwortet: Während teilweise aus der Entschädigungsregelung der §§ 40 - 44 BBauG geschlossen wird, der Gesetzgeber sei davon ausgegangen, es handele sich hier nur um eine Inhalts- und Schrankenbestimmung des Grundeigentums[280], wird andererseits behauptet, die Vorschriften der §§ 40 - 44, die auf § 9 Abs. 1 Bezug nehmen, hätten sowohl enteignenden als auch schrankenaufzeigenden Inhalt[281]. Im übrigen wird einer solchen Differenzierung wegen der positiv-rechtlichen Entschädigungsregelung in den §§ 40 - 44 BBauG keine besondere Aufmerksamkeit gewidmet[282].

Nimmt man an, § 9 Abs. 1 BBauG bringe nur die Sozialpflichtigkeit des Grundeigentums zum Ausdruck[283], so kommt man zu folgender Lösung: Die Gemeinde hat in die Abwägung der öffentlichen und privaten Belange nach § 1 Abs. 4 S. 2 BBauG die von ihr vorgesehenen Festlegungen einzustellen, wie sich aus der Formulierung „soweit erforderlich ist" in § 9 Abs. 1 BBauG ergibt[284]. Das Ergebnis der Abwägung würde also insoweit die Sozialpflichtigkeit des Eigentums konkretisieren[285], d. h. die öffentlichen Belange müssen eine entsprechende Festlegung im Bebauungsplan, z. B. Grünflächenausweisung, rechtfertigen, nur dann ist darin eine hinzunehmende Inhalts- und Schrankenbestimmung zu sehen. Fehlen solche öffentlichen Belange, sind sie im Verlaufe der Zeit weggefallen[286] oder waren die Festlegungen nicht ultima ratio zur Erreichung des vorgesehenen Zweckes[287], so überwiegen notwendiger Weise dann die privaten Belange, d. h. insoweit entfällt die Sozialpflichtigkeit und ein Anspruch auf Planänderung i. S. verbesserter Bebauungsmöglichkeit wäre gegeben[288].

---

280 *Schütz / Frohberg*, Vorb. vor §§ 40 - 44, Anm. I 2.

281 *Bielenberg:* Ernst / Zinkahn / Bielenberg, Vorb. vor §§ 40 - 44 Rdnr. 12.

282 Ebd.

283 Die Entschädigungsregelung ist kein Indiz dagegen, denn es ist dem Gesetzgeber unbenommen, über das nach Art. 14 Abs. 3 GG erforderliche Minimum weitere Entschädigung zu gewähren (*Bielenberg:* Ernst / Zinkahn / Bielenberg, ebd.).

284 *Bielenberg:* Ernst / Zinkahn / Bielenberg, § 9 Rdnr. 5.

285 *Zinkahn:* Ernst / Zinkahn / Bielenberg, § 1 Rdnr. 50; wohl auch *Schmidt-Assmann*, 95.

286 Vgl. dazu *Beenken*, 276 (FN 285).

287 *Bielenberg:* Ernst / Zinkahn / Bielenberg, Vorb. vor §§ 40 - 44, Rdnr. 142 (S. 77).

Geht man davon aus, daß die Festsetzungen des § 9 Abs. 1 BBauG enteignenden Charakter haben, so ist das Wohl der Allgemeinheit bei der Abwägung i. S. d. § 1 Abs. 4 S. 2 BBauG als Teil der öffentlichen Belange anzusehen[289]. Fehlt hier ein öffentliches Interesse an den Festsetzungen oder waren sie nicht letztes Mittel um diesen Interessen gerecht zu werden, so dient die Enteignung nicht dem Wohle der Allgemeinheit, ist damit rechtswidrig und führt zu einem Anspruch auf Planänderung im zuvor dargelegten Sinne. Entfällt das öffentliche Interesse und damit das Gemeinwohl nachträglich, so kommt gem. §§ 40 Abs. 5 S. 2, 41 Abs. 4 S. 2, 42 Abs. 2, 44 Abs. 3 S. 2 jeweils i. V. m. den §§ 102, 103 BBauG (bzw. gem. § 44 b Abs. 1 S. 3 BBauG i. d. F. des Reg. Entw. vom 22. 8. 1974 — BT-Drucks. 7/2496, ebenfalls i. V. m. §§ 102, 103 BBauG) eine Rückenteignung in Betracht, die zum gleichen Ergebnis führt[290], jedoch nur dann, wenn die enteigneten Grundstücke vom Enteignungsbegünstigten übernommen worden sind[291].

bb) Aus Art. 3 Abs. 1 GG

Grundsätzlich gilt hier insoweit nichts anders, als wie schon für die Plananrainer festgestellt wurde: Verstößt eine Festsetzung gegen das Gebot willkürfreier Sachgerechtigkeit, so ist sie nichtig und das führt in der Folge zu einem Anspruch auf Planänderung, dergestalt, daß die Bebauung ermöglicht oder erleichtert werden muß.

Der Grundsatz der willkürfreien Sachgerechtigkeit ist jedoch dann noch nicht verletzt, wenn nicht der Gesamtumfang der Beeinträchtigungen gleichmäßig auf alle beteiligten Grundstückseigentümer umgelegt wurde, wie es wohl der VGH Baden-Württemberg annimmt, der darüber hinaus Ausnahmen nur dann zulassen will, wenn eine Un-

---

[288] Streng genommen läge dann zwar zunächst nur ein Anspruch auf Beseitigung der behindernden Festlegungen vor, jedoch kann das nur bedeuten, daß, falls nicht noch andere beschränkende Festlegungen zulässig sind, dieses Grundstück nun unbehindert bebaut werden kann (oder überhaupt Bauland wird, wenn es sich zuvor z. B. um Festlegungen nach § 9 Abs. 1 Nr. 2, 3, 5, 7, 8, 9, 10 BBauG gehandelt hat) und im Bebauungsplan entsprechend auszuweisen ist, weil ein Bebauungsplan für jede Fläche seines Gebietes eine Festsetzung zu enthalten hat (*Gelzer*, Rdnr. 127).

[289] Vgl. *Häberle*, Öffentliches Interesse als juristisches Problem, 32, der offensichtlich Gemeinwohl und öffentliches Interesse gleichsetzt.

[290] Wenn auch durch die Fristsetzung in § 102 Abs. 1 Nr. 1 BBauG etwas erschwert.

Einen allgemeinen Anspruch auf Rückenteignung erkennt jetzt auch BVerfG, NJW 1975, 37 ff. an. A. A. bis dato die h. M.: BVerwGE 28, 184 ff.; BGH, BB 1955, 143; *Pohl:* Brügelmann / Grauvogel, § 102 Anm. I; *Kimminich*, Art. 14 Rdnr. 131; *Hamann / Lenz*, Art. 14 Anm. B 12; *Maunz:* Maunz / Dürig / Herzog, Art. 14 Rdnr. 92; offengelassen noch von BVerfGE 24, 367 ff. (409); *Kröner*, 81 f.

[291] So § 44 b Abs. 1 S. 3 BBauG i. d. F. Reg. Entw. v. 22. 8. 1974 — BT-Drucks. 7/2496; *Bielenberg:* Ernst / Zinkahn / Bielenberg, § 40 Rdnr. 64; a. A. (ohne Begründung) *Pohl:* Brügelmann / Grauvogel, § 40 Anm. 4 d.

gleichverteilung der Belastungen unumgänglich war[292]. Das Gericht wendet hier Grundsätze formaler Gleichheit an, gegen die vom Wesen der Planung her schon *Imboden*[293] berechtigte Zweifel vorgetragen hat, daß nämlich an Stelle dessen auf die Einhaltung einer zweckrationalen, dezisionistischen Folgerichtigkeit abzuheben sei. Die Kritik, die Imbodens Ansicht gefunden hat[294], erscheint jedenfalls im Hinblick auf die Folgerungen für Art. 3 Abs. 1 GG unberechtigt, denn auch für Imboden ist der Plan, der nach seiner immanenten Eigengesetzlichkeit nicht folgerichtig ist, willkürlich und ungültig[295]. Nichts anderes behaupten aber auch *Beenken*[296] und *Badura*[297]. Auch die von *Hoppe*[298] getroffene Untergliederung der willkürfreien Sachgerechtigkeit im Hinblick auf das Bauplanungsrecht läßt sich zwanglos als Verstoß gegen die planimmanente Folgerichtigkeit auffassen, denn ein Plan ist eben nicht folgerichtig, wenn die im Spiel befindlichen Interessen nicht oder nicht richtig abgewogen wurden[299].

cc) Aus dem Verhältnismäßigkeitsgrundsatz

Es ist wohl allgemein anerkannt, daß auch dem Grundsatz der Verhältnismäßigkeit[300] als Eingrenzungskriterium für das planerische Ermessen im Rahmen des Abwägungsgebotes Bedeutung zukommt[301].

---

[292] ESVGH 13, 71 ff. (77); Bad.-Württ. VBl. 1969, 61 ff. (62); E v. 1. 8. 1969 — II 667/67; E v. 10. 3. 1972 — II 885/68; E v. 15. 6. 1970 — II 859/67; unveröffentlicht, zitiert nach *Zuck*, DVBl. 1974, 213 ff. (219).

[293] VVDStRL 18, 113 ff. (124).

[294] *Badura*, Festschr. zum 25jähr. Bestehen des Bay. VerfGH, 165; *Beenken*, 83 (FN 204).

[295] VVDStRL 18, 113 ff. (130).

[296] Ebd.

[297] Ebd., 180.

[298] DVBl. 1974, 641 ff. (644).

[299] Ebenso *Schmidt-Assmann*, 111 f. mit der Begründung aus dem Gebot rationalen Staatshandelns. Im übrigen kommt er (S. 113) zu dem Ergebnis, für die Frage einer Verletzung der zweckrationalen Folgerichtigkeit bei im Planbereich gelegenen Grundstücken komme es in erster Linie auf Art. 14 GG an; über das Willkürverbot hinaus biete der Gleichheitssatz keine weitere Eingrenzung. Das erscheint insoweit zwar richtig (vgl. BVerwG, Buchholz 406.11 § 9 BBauG Nr. 3; OVG Münster, DöV 1965, 536 f.), die nähere Aufschlüsselung des Willkürverbotes durch die Untersuchungen von *Hoppe*, zuletzt DVBl. 1974, 641 ff.; im Anschluß an BVerwGE 34, 301 ff. (309) zeigen aber auch die Bedeutung gerade dieses Grundsatzes.

[300] Es kann hier dahingestellt bleiben, wo dieser Grundsatz verfassungsrechtlich zu verankern ist, vgl. dazu *Dürig*, AöR 81, 117 ff. (146); *Häberle*, Die Wesensgehaltsgarantie des Art. 19 Abs. 2 GG, 236; *Lerche*, Übermaß und Verfassungsrecht, 62 ff.; zusammenfassend zur Rechtsprechung des BVerfG: *Grabitz*, AöR 98, 568 ff. (584).

[301] *Sendler*. WiR 1972, 453 ff. (469); *Badura*, 180; *Beenken*, 271; *Ziegler*, DöV 1974, 473 ff. (474); *Schmidt-Assmann*, 109 f.; *Meyer*, DVBl. 1968, 492 ff. (495).

Gerade für Eigentümer von im Planungsbereich gelegenen Grundstücken hat dieser Grundsatz besondere Bedeutung, man denke nur an den Fall, daß z. B. der Umfang der Grünflächenfestsetzung außer Verhältnis zur Anzahl der Erholung suchenden Bevölkerung steht. Nicht zugestimmt kann dabei der Ansicht von *Brohm*[302] werden, der der Meinung ist, bei der von ihm vertretenen Ansicht über die rechtsgewährende Funktion des Bebauungsplanes komme der Grundsatz der Verhältnismäßigkeit nicht zur Auswirkung, weil man sonst dem Grundstückseigentümer einen Anspruch auf „Gewährung" der Bebaubarkeit einräumen müsse, was aus prozessualen Gründen nicht vertretbar sei, weil Gegenstand der Verwaltungsgerichtsbarkeit vornehmlich die Eingriffsverwaltung sei. Ist letzteres, jedenfalls nach der VwGO, schon anfechtbar, so geht es keinesfalls an, Ansprüche deshalb zu verneinen, weil für sie angeblich keine Rechtsschutzmöglichkeit vorgesehen sei, dem steht Art. 19 Abs. 4 GG entgegen. Hinzuzufügen wäre noch, daß sich auch nachträglich die tatsächlichen Verhältnisse im Planungsgebiet noch derart ändern können, daß eine ursprünglich angemessene Festsetzung nunmehr unverhältnismäßig wird, was ebenfalls einen Bebauungsplanänderungsanspruch auslösen würde im Sinne einer Bebaubarkeitsverbesserung oder -ermöglichung[303].

d) Der Anspruch auf Erlaß eines Bebauungsplanes für Eigentümer sonstiger unbeplanter Grundstücke

Schließlich wären noch die tatsächlichen Interessen solcher Grundstückseigentümer rechtlich zu würdigen, die weder Plananrainer noch im Planbereich Gelegene sind. Diesem Interesse wird allerdings kaum je grundrechtlicher Schutz zuteil werden, mit dessen Hilfe sie die Schranke des § 2 Abs. 9 BBauG durchbrechen könnten. Ein Anspruch aus Art. 14 GG muß von vornherein ausscheiden, wenn er nicht einmal Plananrainern zugesprochen werden konnte. Auch eine mögliche Verletzung des Willkürverbotes dürfte recht hypothetisch sein, etwa dann, wenn keinerlei anderes geeignetes, bebaubares Gelände vorhanden wäre, die Gemeinde aber gerade für diese Grundstücke einen Bebauungsplan nicht beschließen will, etwa weil die Eigentümer nicht ortsansässig sind. Daß die Rechtsprechung soweit ersichtlich, mit einem solchen Fall bisher noch nie befaßt war, mag verdeutlichen, daß solche Ansprüche wohl angesichts ihrer offensichtlichen Aussichtslosigkeit bisher noch nicht gestellt wurden.

---

[302] Rechtsschutz im Bauplanungsrecht, 70 ff.

[303] *Ziegler*, DöV 1974, 473 ff. (474).

6. Die Frage der Verfassungsmäßigkeit des § 2 Abs. 9 BBauG

Wenn, wie dargestellt, Ansprüche, insbesondere auf Änderung und Ergänzung von Bebauungsplänen, entgegen § 2 Abs. 9 BBauG nicht ohne weiteres ausgeschlossen sind, so stellt sich abschließend die Frage, ob dann der Erwägung von *Menger / Erichsen*[304] zuzustimmen ist, die Vorschrift könnte verfassungswidrig und damit nichtig sein. Die andere Alternative wäre die einer verfassungskonformen Auslegung der Vorschrift. Folgt man der im Hinblick auf eine verfassungskonforme Auslegung sehr weitgehenden Ansicht des BVerfG[305], so besteht wohl kein Zweifel, daß auch in diesem Falle eine verfassungskonforme Auslegung möglich wäre. Aber auch nach der wesentlich zurückhaltenderen Literaturmeinung[306] dürfte diese Grenze hier nicht überschritten sein: Versucht man an Hand der sog. „progressiven Rechtsfindung"[307] den Willen des historischen Gesetzgebers[308] zu bestimmen, so muß man feststellen, daß zu der Frage, ob durch § 2 Abs. 9 BBauG auch grundrechtlich begründete Ansprüche ausgeschlossen werden sollten, keine Äußerungen vorliegen[309]. Da sich also nicht zweifelsfrei ermitteln läßt, wie der Gesetzgeber in dieser Hinsicht die Norm verstanden hat, wäre der Richter verpflichtet, die Norm verfassungskonform so auszulegen, daß sie nicht gegen die Verfassung verstößt[310], d. h. sie kann nur so interpretiert werden, daß grundrechtlich gewährte Ansprüche nicht ausgeschlossen werden, da es sich beim BBauG um ein einfaches Gesetz handelt. Für eine verfassungskonforme Auslegung spricht auch, daß regelmäßig ein Gesetz mit hoher Wahrscheinlichkeit verfassungsmäßig ist[311], solange der Normgeber auf dem Boden des GG steht. Daher wird

---

[304] VerwArch. Bd. 58, 283.

[305] Insbes. BVerfGE 2, 336 ff. (340 f.); 9, 194 ff. (197, 200), die allerdings in der Literatur teilweise — insbes. E 9, 194 ff. — abgelehnt werden: *Bachof*, Verf. R. I, 100 f.; *Bogs*, 70; *Eckardt*, 67 f.; *Maunz / Dürig:* Maunz / Dürig / Herzog, Art. 20 Rdnr. 67 (FN 3); *Haak*, 6 ff.; *Hesse*, 33 FN 53; *Spanner*, AöR 91, 503 ff. (514 f.); *Schack*, JuS 1961, 269 ff. (273); *Michel*, JuS 1961, 274 ff. (279); *Bender*, MDR 1959, 441 ff. (442 f.); *Menger*, VerwArch. Bd. 50, 387 ff. (389); ders., JZ 1960, 168 ff. (169); *Baring*, JZ 1960, 171 f.; *Rupp*, JuS 1963, 469 ff. (473, FN 13); *Ehmke*, VVDStRL 20, 53 ff. (74 f.).

[306] Vgl. FN 305.

[307] Vgl. *Eckardt*, 30 ff. m. w. N., S. 30 FN 77.

[308] Ihn betonen auch *Menger*, VerwArch. Bd. 50, 387 ff. (389); *Baring*, 171 f. (unter Berufung auf BVerfGE 8, 28 ff. [34]).

[309] Im Initiativentwurf eines BBauG vom 26. 10. 1955 (BT-Drucks. 2/1813) findet sich keine dem § 2 Abs. 9 entsprechende Regelung; eine solche findet sich erst in der Regierungsvorlage eines Entwurfes des BBauG vom 16. 4. 1958 (BT-Drucks. 3/336), aber auch die dort beigefügte Begründung wiederholt nur die vorgesehene Regelung ohne nähere Erläuterung. Der Ausschuß für Wohnungswesen, Bau- und Bodenrecht ließ den § 2 Abs. 9 unverändert (BT-Drucks. 3/1794), in der Begründung heißt es nur, die Vorschrift verneine klagbare Ansprüche.

[310] *Eckardt*, 42.

man sagen können, daß der Gesetzgeber des BBauG verfassungsrechtlich gewährte Ansprüche auf Bebauungspläne nicht ausschließen wollte.

Entgegen der Erwägung von *Menger / Erichsen* führt das hier gewonnene Ergebnis also nur zu einer einschränkenden verfassungskonformen Interpretation des § 2 Abs. 9 BBauG, nicht aber zur Verfassungswidrigkeit und damit Nichtigkeit der Vorschrift[312].

IV. Zusammenfassung zum 3. Kapitel

Die vom GG auch über Art. 28 Abs. 2 hinaus zugelassene Verleihung von Satzungsgewalt an autonome Körperschaften muß zum Teil am Bestimmtheitsgrundsatz, wie er in Art. 80 Abs. 1 S. 2 GG zum Ausdruck kommt, aber auch in den Landesverfassungen enthalten ist, gemessen werden. Das ist immer dann der Fall, wenn der Satzungsgeber nicht demokratisch legitimiert ist oder an Weisungen der staatlichen Exekutive gebunden ist. Nur so kann nämlich verhindert werden, daß die Exekutivbehörde — vermittelt durch die „autonome" Körperschaft-Rechtsetzung ohne Bindung an ein gesetzgeberisches Programm betreibt. Auf Gemeinden bezogen heißt das, daß nur die Satzungen in übertragenen Wirkungskreis bzw. solche im Bereich der Pflichtaufgaben nach Weisung an den Bestimmtheitsgrundsatz gebunden sind. Ein Anspruch auf solche Satzungen unterliegt den gleichen Grundsätzen wie ein Anspruch auf Rechtsverordnungen.

Soweit die Satzungen nicht diesen Bindungen unterliegen, dürfte ein Anspruch auf sie bei absolutem Unterlassen etwa ähnlichen Regelungen folgen wie bei entsprechendem gesetzgeberischem Unterlassen und wird ähnlich selten sein. In diesem Falle wird wohl etwas häufiger ein Anspruch auf Satzungsergänzung wegen Verstoßes gegen Art. 3 Abs. 1 GG, bzw. die entsprechenden Vorschriften der Landesverfassungen in Betracht kommen.

Hinsichtlich des satzungsgeberischen Ermessens wird man ähnliche Erwägungen wie zum verordnungsgeberischem Ermessen anstellen können, soweit die Satzungen an den Bestimmtheitsgrundsatz gebunden sind; ansonsten dürften die Grundsätze über das gesetzgeberische Ermessen weitgehend anwendbar sein.

Entgegen § 2 Abs. 9 BBauG ist auch ein Anspruch auf Erlaß und insbesondere Ergänzung eines Bebauungsplanes nicht ohne weiteres ausgeschlossen. Soweit solche Ansprüche nämlich durch Grundrechte ge-

[311] *Bachof*, Verf. R. I, 100; *Eckardt*, 40 f., der das auf den favor legis-Gedanken zurückführt.

[312] A. A., ohne auf die Frage der verfassungskonformen Auslegung einzugehen, *Ziegler*, 480.

währt sind, konnte sie das BBauG nicht ausschließen. Solche Ansprüche können sowohl für Grundstückseigentümer, deren Grundstück im Planbereich liegt, als auch für Plananrainer in Betracht kommen. Für Erstere kann ein solcher Anspruch aus Art. 14 GG folgen, etwa dann wenn für Festsetzungen nach § 9 Abs. 1 BBauG das öffentliche Interesse fehlt oder später weggefallen ist oder diese Festsetzungen nicht ultima ratio waren. Weiterhin kann für diese sich ein Anspruch aus Art. 3 Abs. 1 GG ergeben, wenn das Gebot willkürfreier Sachgerechtigkeit bei der Planung verletzt wurde. Schließlich kann die Planung, etwa bei der Festsetzung von Grünflächen, auch gegen den Verhältnismäßigkeitsgrundsatz verstoßen. Plananrainer können einen Anspruch auf Einbeziehung ihrer Grundstücke in den Planbereich zwar nicht auf die Eigentumsgarantie stützen, wohl aber auf die Verletzung des Gebotes willkürfreier Sachgerechtigkeit bei der Bemessung des Plangebietes. — Der Gemeinde, die sich solchen Ansprüchen ausgesetzt sieht, dürfte es auch in der Regel verwehrt sein, nun den gesamten Bebauungsplan aufzuheben, um damit insbesondere die Ansprüche der Plananrainer zunichte zu machen, da das kein triftiger Grund für eine Planaufhebung wäre und sie gerade durch die vorausgegangene Planaufstellung zu erkennen gegeben hat, daß sie den Bebauungsplan für erforderlich hielt. Man wird jedoch aus diesen Gründen heraus § 2 Abs. 9 BBauG wohl noch nicht für verfassungswidrig halten dürfen, vielmehr ist er entsprechend verfassungskonform auszulegen.

Viertes Kapitel

Die prozessuale Geltendmachung des Anspruches auf Erlaß untergesetzlicher Rechtsnormen

1. Die Bedeutung des Art. 19 Abs. 4 GG

Steht nach den vorausgegangenen Untersuchungen fest, daß es Ansprüche auf Erlaß untergesetzlicher Rechtsnormen geben kann, so könnte man aus Art. 19 Abs. 4 GG schließen, daß die Frage nach dem „Ob" eines Rechtsschutzes obsolet ist, sondern sich nur noch die Frage nach dem „Wie" stellt. Jedoch wird dabei nicht die Kontroverse um die Bedeutung des Begriffes „öffentliche Gewalt" in Art. 19 Abs. 4 GG beachtet, bei der nämlich streitig ist, ob dazu auch der Bereich der Rechtsetzung zu zählen ist[1].

Für den hier interessierenden Bereich untergesetzlicher Rechtsnormen, ist dieser Streit allerdings weitgehend entschärft, denn das BVerfG hat es insoweit ausdrücklich offengelassen, ob auch dieser Normenteil aus dem Begriff der „öffentlichen Gewalt" auszuklammern ist[2]. In dieser Entscheidung hat das BVerfG dargestellt, daß Art. 19 Abs. 4 GG keinen bestimmten Rechtsweg fordert, sondern die hoheitliche Maßnahme nur in irgendeinem Verfahren überprüfbar sein muß und sei es in Form einer Indizentprüfung. Ausgehend von dieser Auslegung hat dann die erste Frage zu lauten: Besteht die Möglichkeit, die Frage eines Normsetzungsanspruches inzidenter zu prüfen oder kann das nur in einem Verfahren geschehen, in dem diese Frage Streitgegenstand ist, also prinzipaliter? Anders als bei schon erlassenen Normen, auf Grund deren Einzelakte erlassen werden, bei deren Anfechtung dann inzident die Rechtmäßigkeit der Norm geprüft wird, ist dieser Weg bei den hier in Rede stehenden noch nicht erlassenen Normen nicht möglich, denn solange eine Norm noch nicht erlassen ist, kann sich niemand auf sie berufen[3]. Da also bei unterlassener Norm-

[1] Ablehnend die Rechtsprechung des BVerfG: BVerfGE 24, 33 ff. (49 ff.); m. Anm. *Schmidt,* DöV 1968, 788 f.; *Henke,* JZ 1969, 145 ff. (146 f.); *Heidenhain,* DöV 1969, 269 ff. (273 f.); 24, 367 ff. (401); *v. Mangoldt / Klein,* Art. 19 Anm. VII 2 d; a. A. *Dürig:* Maunz / Dürig / Herzog, Art. 19 IV Rdnr. 18; *v. d. Heydte,* VVDStRL 8, 162 f.; differenzierend *Bachof,* VVDStRL 18, 208 ff.; zusammenfassender Überblick bei *Bettermann,* AöR 96, 528 ff.

[2] BVerfGE 31, 364 ff. (368).

setzung eine Inzidentprüfung nicht möglich ist, steht auch die Rechtsprechung des BVerfG nicht entgegen, diese Fälle in den Schutzbereich des Art. 19 Abs. 4 GG einzubeziehen. Daher stellt sich nun nur noch die Frage, *wie* dieser prinzipale Rechtsschutz zu gestalten ist.

2. Der Verwaltungsrechtsweg

a) Öffentlich-rechtliche Streitigkeit nichtverfassungsrechtlicher Art

Unproblematisch ist die Rechtswegabgrenzung nach den §§ 40 Abs. 1 VwGO und 13 GVG jedenfalls in einer Richtung: es handelt sich bei dem Anspruch auf Normerlaß ganz zweifellos um eine öffentlich-rechtliche Streitigkeit, gleichgültig welcher der Abgrenzungstheorien man folgen will.

Nicht ganz so auf den ersten Blick zu beantworten ist aber die Abgrenzung in die andere Richtung, nämlich die Frage, ob es sich auch um eine nichtverfassungsrechtliche Streitigkeit handelt.

Für das Unterlassen von Verordnungs- und Satzungserlaß ist indes soweit ersichlich, nur von *Schrödter* in Bezug auf Bebauungspläne die Meinung vertreten worden, es handele sich dabei materiell-rechtlich um eine verfassungsrechtliche Streitigkeit[4]. Diese Ansicht trifft aber nicht zu, denn die Ansprüche gründen regelmäßig nicht unmittelbar im Verfassungsrecht, sondern sind zunächst eine Frage der Auslegung des einfachen Rechts, mag auch den Verfassungsnormen entscheidendes Gewicht zukommen, so werden solche Streitigkeiten doch dadurch nicht zu solchen verfassungsrechtlicher Art[5], denn weder ist das Verfassungsrecht Kern des Streites[6], noch besteht beim Anspruch des Einzelnen ein Streit zwischen am Verfassungsleben beteiligten Organen[7]. Die Richtigkeit dieser Ansicht wird auch durch andere Überlegungen bewiesen: Einmal sieht Art. 100 Abs. 1 GG nur bei Gesetzen ein Verwerfungsmonopol des BVerfG bzw. LandesverfG vor, während alle Gerichte über die Verfassungswidrigkeit von untergesetzlichen Rechtsnor-

---

[3] *Obermayer*. 10 Jahre VwGO, 159; *Bettermann*, Festschr. f. Nipperdey II, 732; *v. Barby*, 96.

[4] BBauG, 2. Aufl., § 10 Rdnr. 6. Die Äußerungen von *Schneider*, AöR 89, 28; *Seiwerth*, 114 f.; *Stahler*, 59 beziehen sich nur auf gesetzgeberisches Unterlassen.

[5] Vgl. *Maurer*, 275 ff. (292).

[6] *Eyermann / Fröhler*, § 40 Rdnr. 63 a; BVerwGE 24, 272 ff. (249).

[7] *Schunck / de Clerck*, § 40 Erl. 2 a) aa); *Ule*, § 40 Anm. III; *Eyermann / Fröhler*, § 40 Rdnr. 61; das verkennt *Kalkbrenner*, DöV 1963, 41 ff. (51), wenn er meint, bei Grundrechtsverletzungen durch Unterlassen des Verordnungsgebers sei ohne weiteres die Verfassungsbeschwerde möglich.

men, und zwar auch des Bundes, selbständig zu entscheiden haben[8]. Warum bei der Überprüfung der Untätigkeit des untergesetzlichen Normgebers ein Unterschied gemacht werden sollte, ist nicht ersichtlich. Ein weiteres Indiz folgt aus § 47 VwGO. Dort ist den Oberverwaltungsgerichten die Überprüfung von untergesetzlichen Rechtsnormen zugewiesen, wenn auch nur von denen landesrechtlicher Art und erst nach besonderer Einführung durch den Landesgesetzgeber. Jedenfalls aber läßt sich auch daraus der Schluß ziehen, daß die VwGO untergesetzliche Normenkontrolle — und entsprechend wohl auch das Gegenstück, die Kontrolle verordnungs- und satzungsgeberischen Unterlassens — auch als Aufgabe der Verwaltungsgerichte ansieht und jedenfalls nicht ausschließlich den Verfassungsgerichten des Bundes oder der Länder zuspricht.

Daher sind als zuständige Gerichte, bei denen der Anspruch auf Erlaß untergesetzlicher Rechtsnormen geltend zu machen ist, die Verwaltungsgerichte anzusehen[9].

b) Analogie zu § 47 VwGO?

Daß eine unmittelbare Anwendung des § 47 VwGO auf Normleistungsklagen ausscheidet, ergibt sich schon aus dem Wortlaut der Vorschrift, die eine schon bestehende Norm voraussetzt[10]. Daraus kann man jedoch nicht mit *Menger*[11] den Schluß ziehen, daß eine Klagemöglichkeit auf Normetzungsakte nach der VwGO nicht gegeben sein soll, weil der Gesetzgeber nur die Normenkontrolle und für Verwaltungsakte die Anfechtungsklage vorgesehen habe. Vielmehr ist davon auszugehen, daß das prozessuale Vorgehen bei einem Normsetzungsanspruch vom Gesetzgeber gar nicht gesehen wurde[12], so daß zunächst einmal zu erwägen ist, ob nicht eine analoge Anwendung des § 47 VwGO in Betracht kommt.

Eine Analogie würde aber voraussetzen, daß die Normenkontrollklage die gleiche rechtliche Bewertung verdient, wie die Klage auf

---

[8] Ständige Rechtsprechung des BVerfG: vgl. BVerfGE 17, 208 ff. (209 f.); 31, 357 ff. (362) m. w. N.

[9] So auch hess. VGH, ESVGH 22, 224; *v. Barby*, 8 ff. (20); a. A. *König*, DVBl. 1963, 81 und *Merten*, DVBl. 1970, 701 ff. (702), wonach die Verwaltungsgerichte nicht zur Normsetzung verurteilen können, weil sie sich dann selbst zum Normgeber machen würden. Daß das nicht immer zutrifft, zeigen die Erwägungen des BVerfG, E 22, 349 ff. (362), wo das Gericht unter ganz besonderen Umständen auch eine Verurteilung zur Normsetzung in Betracht zieht. Insofern besteht aber zwischen Verfassungsgerichten und Verwaltungsgerichten bei Verurteilung zu untergesetzlichem Normerlaß kein Unterschied, vgl. ferner BVerfGE 13, 248 ff. (261).

[10] Vgl. dazu eingehend *v. Barby*, 123 f.

[11] VerwArch. Bd. 52, 420.

[12] *v. Barby*, 101.

Normerlaß[13]. Das ist aber nicht der Fall: Zwar könnte man sagen, § 47 VwGO stelle zumindest auch ein subjektives Rechtschutzverfahren dar[14], wie es auch für ein Verfahren auf Normerlaß zu fordern ist, jedoch ist das bei allen anderen Verfahrensarten der VwGO ebenfalls so und stellt keine ausreichende Analogiebasis dar. Weiterhin könnte für eine Analogie zu § 47 VwGO sprechen, daß auch der Verpflichtungsausspruch zur Normsetzung bei einem Gericht konzentriert sein müßte[15]. Eine solche Konzentration bei den in § 47 VwGO vorgesehenen Oberverwaltungsgerichten könnte jedoch nur auf der Ebene untergesetzlicher landesrechtlicher Vorschriften in Betracht kommen, über bundesrechtliche Vorschriften müßte dann in einem Normenkontrollverfahren das Bundesverwaltungsgericht entscheiden; für eine solche Zustandigkeit gibt es jedoch in § 50 VwGO nicht einmal einen Anhaltspunkt[16]. Im Grunde scheint jedoch der Meinung, die eine analoge Anwendung des verwaltungsgerichtlichen Normenkontrollverfahrens befürwortet[17], die Ansicht zugrunde zu liegen, Anfechtung bestehender Normen und Verpflichtung zum Normerlaß seien nur die beiden Pole des übergeordneten verwaltungsgerichtlichen Rechtsschutzes im Normbereich, so daß § 47 VwGO auf beide anzuwenden sei. Wäre dem so, so läge darin allerdings eine tragfähige Analogiebasis. Jedoch reicht diese Vorschrift für die Durchsetzung eines Anspruches auf Erlaß untergesetzlicher Rechtsnormen nicht aus. Mag man den „mißgestalteten Torso"[18] für die Normenkontrolle noch hinnehmen können, da auch in den Ländern, die diese Vorschrift nicht eingeführt haben, über die Inzidentkontrolle — wenn auch mit vielen Schwierigkeiten — ein gewisser Rechtsschutz zu erlangen ist, so wäre jedoch bei analoger Anwendung des § 47 VwGO in diesen Ländern für den Normerlaßanspruch überhaupt kein Rechtsschutz möglich, außer man würde den Ländervorbehalt „hinweginterpretieren"[19], was jedoch wohl nicht möglich ist[20].

---

[13] *Larenz*, 360.

[14] So *Bachof*, DöV 1964, 9 ff. (11); *Bergmann*, VerwArch. Bd. 51, 39 f.; *Obermayer*, 10 Jahre VwGO, 143; *Meyer;* 10 Jahre VwGO, 166 f.; *Umbach*, DVBl. 1971, 741 ff. (743); *Herzog*, Bay. VBl. 1961, 368 ff. (369); *Maurer*, 288 f. Für ausschließlich subjektives Rechtsschutzverfahren bei Antragstellung durch natürliche oder juristische Personen: *v. Engelhardt*, 195. Für ausschließlich objektives Beanstandungsverfahren: *Siemer*, 15 f.

[15] So *Obermayer*, 10 Jahre VwGO, 158 f.; *Kalkbrenner*, DöV 1963, 41 ff. (51, FN 157); ders., Festschr. zum 25jähr. Bestehen des Bay. VerfGH, 366; für den Fall des Anspruches auf Genehmigung eines Rechtsetzungsaktes öffentlich-rechtlicher Körperschaften auch *Küchenhoff*, JuS 1965, 52 ff. (59 f.).

[16] Ebenso *v. Barby*, 126.

[17] Außer den oben in FN 15 Genannten auch *Bartlsperger*, DVBl. 1967, 360 ff. (373).

[18] *Bachof*, AöR 86, 192.

[19] *Maurer*, 295.

[20] Vgl. BVerfGE 31, 364 ff. (369 f.).

Eine Analogie zu § 47 VwGO muß deshalb als Rechtsschutzmöglichkeit ausscheiden[21].

c) *Die Verpflichtungsklage*

Die Möglichkeit einer Verpflichtungsklage als Rechtsschutz für den Anspruch auf Erlaß untergesetzlicher Normen ist davon abhängig, wie der Begriff „Verwaltungsakt" in § 42 Abs. 1 Hlbs. 2 VwGO aufzufassen ist. Geht man mit der h. M.[22] davon aus, es handele sich dabei um den „Verwaltungsakt" im herkömmlichen Sinne, wie ihn z. B. § 27 EVwVerfG umschreibt, so wäre die Verpflichtungsklage als Rechtsschutzmöglichkeit ohne weiteres auszuschließen. Die Gegenmeinung[23] stützt sich auf § 113 Abs. 4 S. 1 VwGO, wo von „Amtshandlung" die Rede ist und will diesen als umfassender zu verstehenden Begriff auch für die Auslegung von § 42 Abs. 1 Hlbs. 2 VwGO fruchtbar machen, bzw. den Begriff des Verwaltungsaktes weit fassen. *Bettermann* geht von der These aus, Verwaltungsakt und Amtshandlung müßten in Bezug auf die Nichtvornahme gleich behandelt werden, weil die Verpflichtungsklage eine Form der Leistungsklage i. S. d. ZPO sei, würde eine Ungleichbehandlung einen Verstoß gegen den Gleichheitssatz darstellen[24]. Insoweit ist die Argumentation jedoch angreifbar: Zweifellos ist die Verpflichtungsklage eine besondere Form der Leistungsklage, jedoch nimmt der Verwaltungsakt seit eh und je im Verwaltungsrecht eine besondere Stellung ein, die es auch rechtfertigt, ihn besonders zu behandeln[25]. Zur weiteren Stützung seiner These führt Bettermann deshalb noch an, bei der allgemeinen Leistungsklage fehle im Gegensatz zur Verpflichtungsklage ein Vorverfahren, das in beiden Verfahrensarten aber erforderlich sei; außerdem sei die Verpflichtungsklage zu Recht befristet, während einer verzögerten Leistungsklage allenfalls

[21] So auch *v. Barby*, 127 und *Obermayer*, DVBl. 1965, 625 ff. (633), im Gegensatz zu der vom gleichen Verfasser in: 10 Jahre VwGO, 158 f. geäußerten Ansicht.

[22] BVerwGE 31, 301 ff. (303); *Bachof*, Verf. R. I, 240; *Redeker / von Oertzen*, § 113 Anm. 18; *Schunck / de Clerck*, § 42 Anm. 3 a) aa); *Ule*, vor § 42 Anm. II; ders., 114; *Hegel*, JZ 1963, 15 ff.; *Menger / Erichsen*, VerwArch. Bd. 60, 387; *Rupp*, AöR 85, 301 ff. (307); *Schäfer*, DVBl. 1960, 837 ff. (838); *Mörtel*, 152; *Klinger*, § 42 Anm. A 4; *Wolff*, Verw. R. III, 2. Aufl., 411; *v. Turegg / Kraus*, 361.

[23] *Bettermann*, NJW 1960, 649 ff. (650); ders., DVBl. 1969, 703 ff. (704); *Eyermann / Fröhler*, § 42 Rdnr. 17; *Lerche*, Staatsbürger und Staatsgewalt II, 59 ff. (76); *Menger*, VerwArch. Bd. 52, 318; *Schmatz*, 181; *Martens*, JuS 1962, 245 ff. (252); *Forsthoff*, 8. Aufl., 496 f.; *Maunz*, Bay. VBl. 61, 30.

[24] NJW 1960, 649 ff. (650).

[25] *Hegel*, 16, glaubt der Ansicht von *Bettermann* dadurch begegnen zu können, daß er meint, einer möglichen Gleichheitsverletzung könne nicht durch Uminterpretation begegnet werden, sondern nur durch eine Entscheidung des BVerfG. M. E. ist jedoch — so man eine Gleichheitsverletzung anerkennt — der Rahmen verfassungskonformer Auslegung von *Bettermann* nicht überschritten.

mit dem Einwand der Verwirkung begegnet werden könne; schließlich müsse auch für die Leistungsklage die Möglichkeit eines Bescheidungsurteils gefordert werden, weshalb besser gleich die Verpflichtungsklage anzuwenden sei, bei der dies in § 113 Abs. 4 S. 2 VwGO ausdrücklich vorgesehen sei[26].

Soweit demgegenüber die h. M. in Bezug auf das Vorverfahren mehr oder weniger deutlich darauf hinweist, dieses stelle nur eine Privilegierung staatlichen Handelns dar, sei also nachteilig für den Bürger, und deshalb sei es nur gut, wenn das bei Leistungsklagen nicht gefordert würde[27], hat *Bettermann* mit Recht die Vorteile des Bürgers beim Widerspruchsverfahren dargestellt[28]. Von größerem Gewicht ist deshalb der Hinweis von *Rupp*[29] auf § 191 Abs. 1 VwGO und § 126 Abs. 3 BRRG, wo ein Vorverfahren ausdrücklich auch für Leistungsklagen gefordert wird, was nicht nötig gewesen wäre, wenn diese Anforderung allgemein bestünde[30].

Dem Argument der befristeten Verpflichtungsklage begegnet die h. M. mit der, allerdings auch nicht näher begründeten Ansicht, an einer solchen Befristung bestehe bei der allgemeinen Leistungsklage kein Interesse[31].

Mag man schließlich hinsichtlich der Frage des Bescheidungsurteils die Ansicht von *Bettermann* für akzeptabel halten[32], so kommt man doch nicht über die von der h. M. durch gesetzesimmanente Interpretation des Begriffs „Verwaltungsakt" i. S. d. § 42 Abs. 1 Hlbs. 2 gewonnenen Ergebnisse hinweg[33], nach denen der Verpflichtungsklage nur Verwaltungsakte im herkömmlichen Sinne zuzuordnen sind. Wenn Bettermann dagegen dem BVerwG insoweit Begriffsjurisprudenz vorwirft[34], verkennt er, daß das Gericht hier nur einer durchaus zulässigen Auslegungsmethode gefolgt ist.

---

[26] DVBl. 1969, 703 f.

[27] So *Menger / Erichsen*, VerwArch. Bd. 60, 387 f.; wohl auch BVerwGE 31, 301 ff. (305); *Rupp*, AöR 85, 301 ff. (306).

[28] DVBl. 1969, 703.

[29] AöR 85, 301 ff. (306 f.).

[30] Nicht zuzustimmen ist der Ansicht von *Hegel*, 16, es liege näher, das Widerspruchsverfahren auch auf allgemeine Leistungsklagen auszudehnen. Die VwGO bietet dafür jedenfalls keinerlei Anhaltspunkte, so daß das gegenüber der Ansicht von *Bettermann* als rein persönliche Wertung angesehen werden muß.

[31] *Ule*, Anm. II vor § 42; *Menger / Erichsen*, VerwArch. Bd. 60, 388.

[32] Obwohl sie auch insofern nicht zwingend ist, denn man könnte ebenso § 113 Abs. 4 S. 2 VwGO auch auf die allgemeine Leistungsklage anwenden.

[33] Vgl. BVerwGE 31, 301 ff. (303 f.); *Mörtel*, 152; *Schäfer*, 838 f.; *Menger / Erichsen*, VerwArch. Bd. 60, 386 f.

[34] DVBl. 1969, 704 f.

Eyermann / Fröhler hingegen heben hauptsächlich auf die Gewährung ausreichenden Rechtsschutzes ab, den sie gefährdet sehen, wenn nicht der Begriff des Verwaltungsaktes entsprechend weit ausgelegt wird[35]. Eine solche Befürchtung ist jedoch grundlos, da die Leistungsklage für alle Fälle, in denen kein Verwaltungsakt begehrt wird, zur Verfügung steht[36].

Daher wird man im Ergebnis der Ansicht von *Bachof* zustimmen müssen, daß kein Anlaß besteht, den Begriff des Verwaltungsaktes konturenlos weit auszudehnen, sondern die Verpflichtungsklagen sind auf die Verwaltungsakte im herkömmlichen Sinne zu beschränken[37].

Damit scheiden Verpflichtungsklagen als Rechtsschutzmöglichkeit für den Anspruch auf Erlaß untergesetzlicher Rechtsnormen aus[38].

d) Die Leistungsklage

Folgt man der Ansicht von *Bachof* zur Beschränkung der Verpflichtungsklage auf Verwaltungsakte zugunsten einer weiteren Ausdehnung der allgemeinen Leistungsklage, die dann eine Auffangfunktion[39] hat, so könnte man diese Klageart als für den Anspruch auf Erlaß untergesetzlicher Rechtsnormen adäquaten Rechtsschutz in Betracht ziehen[40]. Dennoch ergeben sich auch dabei gewisse Probleme, nämlich die Unterschiedlichkeit zu den nur feststellenden Entscheidungen des BVerfG bei gesetzgeberischem Unterlassen, die Ermöglichung eines Bescheidungsurteils und die Frage nach der Allgemeinverbindlichkeit, worauf näher einzugehen ist.

aa) Der Unterschied zur feststellenden Entscheidung des BVerfG

Soweit das BVerfG bei Grundrechtsverletzungen durch gesetzgeberisches Unterlassen nur eine feststellende Entscheidung trifft[41], um den Gesetzgeber entscheiden zu lassen, wie sie beseitigt werden sollen, treffen die dafür angeführten Gründe nicht in gleicher Weise auf das verwaltungsgerichtliche Verfahren zu[42]. Dieses fordert nämlich in § 113

---

[35] § 42 Rdnr. 17.

[36] BVerwGE 31, 301 ff. (304); *Menger / Erichsen*, VerwArch. Bd. 60, 387; *Schäfer*, 839; *v. Turegg / Kraus*, 361 (FN 1); *Hegel*, 17.

[37] Verf. R. I, 240.

[38] So auch *v. Barby*, 128.

[39] *Tschira / Schmitt Glaeser*, 162.

[40] So auch hess. VGH, ESVGH 22, 224 ff. (224 f.); *Bachof*, Verf. R. II, 144; *Obermayer*, 10 Jahre VwGO, 158 f.; *Maurer*, 312 (FN 118); *v. Barby*, 136; in etwas anderem Zusammenhang auch *Mörtel*, 149.

[41] Siehe oben 1. Kap. II. 3.

[42] *v. Barby*, 132 f.

Abs. 3 u. 4 VwGO eine Verurteilung zur Leistung, während das BVerfGG regelmäßig nur eine feststellende Entscheidung vorsieht (§§ 39 Abs. 1, 46 Abs. 1, 56 Abs. 1, 67, 69, 78, 82 Abs. 1, 83, 95 Abs. 1 BVerfGG). Eine der Ursachen dafür dürfte wohl darin liegen, daß dem Gesetzgeber gegenüber eine größere Zurückhaltung der Gerichte geboten ist als der Verwaltung gegenüber. Das zeigt die Entscheidung des BVerfG, E 13, 248 ff. (261), in der es um verordnungsgeberisches Unterlassen ging und wo das Gericht der Exekutive genau vorschrieb, wie sie die Grundrechtsverletzung des Beschwerdeführers zu beseitigen habe. Sicher wäre hier das Gericht bereit gewesen, die Exekutive zu einer Leistung zu verurteilen, wenn es nicht durch das Verfahrensrecht daran gehindert gewesen wäre.

Auch das Problem der Entscheidungsfreiheit des Verordnungs- und Satzungsgebers bei Rechtsverletzungen durch sein Unterlassen kann im Verwaltungsprozeß einer adäquaten Lösung zugeführt werden: Zunächst muß festgestellt werden, daß sich die Entscheidungen des BVerfG insoweit stets auf das sog. relative Unterlassen bezogen. Hier erscheint aus den schon vom BVerfG genannten Gründen allerdings auch im Verwaltungsprozeß nur ein feststellendes Erkenntnis angebracht, wozu noch näher Stellung zu nehmen sein wird, hingegen ist bei absolutem verordnungs- oder satzungsgeberischem Unterlassen die Leistungsklage als die richtige Rechtschutzform anzusehen[43], denn hier geht es nicht darum, daß der Normgeber die Rechtsverletzung in zwei Richtungen beseitigen kann, sondern er kann dem Anspruch nur durch Setzung oder Ergänzung[44] einer Norm gerecht werden; ein anderes, sogleich zu erörterndes Problem ist hier nur die Wahrung seiner Ermessensfreiheit. Selbst wenn es nun Fälle geben sollte, bei denen nicht von vornherein zu entscheiden ist, ob es sich um ein relatives oder absolutes normgeberisches Unterlassen handelt, ist es für den Kläger unschädlich, wenn er Leistungsklage erhebt, denn gem. § 88 VwGO ist das Gericht an die Fassung der Anträge nicht gebunden, d. h. es kann ein Weniger zusprechen, wenn es sich dabei nicht um ein aliud handelt[45]. Der Antrag, die Verwaltung zu verurteilen, eine Norm zu erlassen und der Antrag festzustellen, daß durch das normgeberische Unterlassen der Verwaltung Rechte des Klägers verletzt wurden, stehen aber nicht in einem aliud-Verhältnis zueinander, sondern im Verhältnis des Mehr und Weniger, wie regelmäßig bei Leistungs- und Feststellungsklagen[46], so daß durch Einreichung einer Leistungsklage dem Anspruchsteller niemals Nachteile entstehen können.

---

[43] Ebenso in den Fällen, in denen der Normgeber die Ungleichheit *nur* noch durch Einbeziehung des Klägers in den Normbereich beseitigen kann.

[44] Für die in FN 43 genannten Fälle.

[45] *Redeker / von Oertzen*, § 88 Anm. 3; *Eyermann / Fröhler*, § 88 Rdnr. 2.

[46] *Eyermann / Fröhler*, § 88 Rdnr. 2.

bb) Anwendung des § 113 Abs. 4 S. 2 VwGO auf Leistungsklagen

Es ist keine Frage, daß regelmäßig auch der Exekutive als Normgeber noch ein Ermessensspielraum hinsichtlich der Ausgestaltung einer beanspruchten Norm zuzugestehen ist. Wie auch immer sich dieser vom gesetzgeberischen und Verwaltungsaktsermessen unterscheiden mag[47], verfahrensmäßig muß es eine Möglichkeit des Bescheidungsurteils geben, anderenfalls müßte die soeben geäußerte Ansicht von der Möglichkeit einer Leistungsklage revidiert werden zugunsten der ausschließlichen Möglichkeit einer Feststellungsklage; daher ist zu prüfen, ob § 113 Abs. 4 S. 2 VwGO auf Leistungsklagen analoge Anwendung finden kann.

Eine solche Anwendung wird man bejahen können, und zwar aus der Überlegung heraus, daß auch die Verpflichtungsklage, für die § 113 Abs. 4 S. 2 VwGO expressis verbis gilt, nur eine besondere Form der Leistungsklage ist, so daß wegen dieser Rechtsähnlichkeit eine unterschiedliche Behandlung nicht gerechtfertigt erscheint[48].

cc) Das Problem der Allgemeinverbindlichkeit der Entscheidung

Mit der Behauptung, die Verurteilung zum Normerlaß müsse denknotwendig inter omnes wirken, was aber bei einem Urteil inter partes nicht möglich sei, glaubt *Merten*[49] bewiesen zu haben, daß eine Verurteilung zur Normsetzung unmöglich sei. Auch *Obermayer*[50] ist der Ansicht, die Verpflichtung einer Behörde zum Normerlaß habe eine ebenso weitragende Bedeutung wie die allgemeinverbindliche Ungültigkeitserklärung einer Norm, folgert daraus aber nur, daß deshalb diese Leistungsklagen bei den Oberverwaltungsgerichten bzw. beim BVerwG konzentriert sein müßten.

Beide Ansichten sind jedoch unzutreffend. Wird die Klage auf Normerlaß abgewiesen, so entfällt eine Allgemeinverbindlichkeit ebenso wie bei einem Beschluß, der die Gültigkeit einer Norm bejaht (arg. e contrario aus § 47 S. 4 VwGO), denn ein anderer Antragsteller bzw. Kläger darf nicht daran gehindert werden, die Norm, bzw. das Unterlassen erneut zur Prüfung zu stellen[51].

Anders als in § 47 S. 4 VwGO vorgesehen[52], braucht aber auch das dem Klagantrag stattgebende Urteil keine Wirkung inter omnes zu haben.

---

[47] Vgl. BVerfGE 13, 248 ff. (254 f.); *Zuleeg*, DVBl. 1970, 157 ff. (162).

[48] So *Schunck / de Clerck*, § 113 Erl. 4; *Maeder / Mittelsteiner*, § 100 Anm. A, § 101 Anm. 1; als zulässig auch wohl von *Bettermann*, DVBl. 1969, 703 angesehen; a. A. *Zuleeg*, DVBl. 1970, 157 ff. (162).

[49] DVBl. 1970, 702.

[50] 10 Jahre VwGO, 158 f.

[51] Vgl. *Eyermann / Fröhler*, § 47 Rdnr. 41.

Wohin eine reine inter partes-Wirkung bei Normenkontrollentscheidungen regelmäßig führt, hat *Maurer*[53] am Parkverbotsfall des Bad.-Württ. VGH[54] drastisch klargemacht. Das trifft aber auf Entscheidungen zum Normerlaß nicht zu: Abgesehen von den Fällen, insbesondere bei Bebauungsplänen, die nur einen Einzelnen betreffen[55], und deshalb von vornherein gar nicht allgemeinverbindlich zu sein brauchen, würde sich auch bei den übrigen untergesetzlichen Normen das Problem der inter omnes-Wirkung nur ergeben, wenn das Gericht selbst die Norm setzen würde, so wie es auf der anderen Seite selbst die Norm kassieren kann; da das aber nicht der Fall ist, sondern das Gericht die Behörde nur zur Normsetzung verpflichten kann, besteht kein Interesse, daß diese Entscheidung auch allgemeinverbindlich ist[56], denn verpflichtet zur Normsetzung, wenn auch nur gegenüber dem Kläger, ist die Behörde auf jeden Fall; kommt sie dieser Pflicht nach, so wirkt die dann erlassene Norm per se allgemeinverbindlich[57]. Die allgemeine Leistungsklage, für die in 1. Instanz gem. § 45 VwGO das Verwaltungsgericht zuständig ist, ist also eine angemessene Rechtsschutzform für den Anspruch auf Erlaß untergesetzlicher Rechtsnormen.

e) Die Feststellungsklage

Wie schon oben erwähnt[58], wäre insbesondere für die Fälle relativen normgeberischen Unterlassens auch an die Möglichkeit einer Feststellungsklage zu denken. Für die Frage einer Allgemeinverbindlichkeit einer solchen Entscheidung gilt das schon für die Leistungsklage Gesagte auch hier. Speziell tauchen darüber hinaus in diesem Falle aber noch zwei Fragen auf, die näherer Untersuchung bedürfen, nämlich nach dem konkreten Rechtsverhältnis i. S. d. § 43 Abs. 1 VwGO und nach der Subsidiarität i. S. d. § 43 Abs. 2 VwGO.

---

[52] Zur Frage, inwieweit die Normanfechtungsentscheidung Allgemeinverbindlichkeitswirkung haben muß, vgl. *Bachof*, AöR 86, 186 ff. (191) m. w. N.; *v. Barby*, 104 (FN 1 u. 2).

[53] S. 302.

[54] ESVGH 11, 32 ff.

[55] Vgl. *Bachof*, AöR 86, 186 ff. (191).

[56] So auch *Obermayer*, DVBl. 1965, 633.

[57] So auch *v. Barby*, 107. In der mangelnden Unterscheidung zwischen Verpflichtung der Behörde zum Normerlaß per Urteil und anschließender Ausführung durch Normsetzung liegt auch der Fehler von *König*, DVBl. 1963, 81, wenn er meint, das VG könne nicht zur Normsetzung verurteilen, da es sich dadurch wegen der Bindungswirkung des Urteils selbst zum Normgeber machen würde. Ebenso könnte man dann nämlich sagen, das VG dürfte nicht zum Erlaß eines Verwaltungsaktes verurteilen, da es dann selbst exekutivisch tätig werde.

[58] Oben 4. Kap. 2. d) aa).

aa) Das konkrete Rechtsverhältnis

Auch bei der Frage des konkreten Rechtsverhältnisses zeigt sich der Unterschied zwischen dem Angriff auf eine bestehende Norm und dem Anspruch auf eine zu setzende Norm.

Während die h. M. die Feststellungsklage zur prinzipalen Geltendmachung der Nichtigkeit einer Rechtsnorm nicht zuläßt, weil die Frage der Gültigkeit oder Ungültigkeit einer Norm kein konkretes Rechtsverhältnis i. S. d. § 43 Abs. 1 VwGO darstelle und im übrigen zur Umgehung des landesrechtlichen Vorbehaltes in § 47 S. 1 VwGO führe[59], wird sie als Rechtsschutzmöglichkeit für den Anspruch auf zu erlassende untergesetzliche Rechtsnormen mit Recht in Betracht gezogen[60]. Anders nämlich als bei bestehenden Normen geht es hier nicht um die Frage der Gültigkeit oder Ungültigkeit, sondern um das Bestehen eines Anspruches, d. h. um eine Beziehung zwischen Bürger und Staat, kraft deren der Staat dem Bürger gegenüber etwas tun soll, nämlich die Norm erlassen[61].

Anders als bei der Normanfechtung kann es hier auch keine Kollision mit dem landesgesetzgeberischen Vorbehalt geben, da, wie dargelegt, § 47 VwGO oder eine Analogie dazu auch in den Ländern nicht in Betracht kommt, die diese Vorschrift eingeführt haben.

bb) Die Subsidiarität

Soweit ein relatives Unterlassen der Verwaltung in Betracht kommt, bei dem die Ungleichbehandlung sowohl durch Einbeziehung des Klägers in die begünstigende Norm als auch durch Aufhebung der gesamten Norm beseitigt werden könnte, verbleibt dem Kläger nur die Feststellungsklage; das Problem der Subsidiarität stellt sich hier also nicht. Handelt es sich aber um absolutes Unterlassen oder um Fälle relativen Unterlassens, bei denen nur die Einbeziehung des Klägers in die begünstigende Norm verbleibt, so wird eine Leistung geltend gemacht, für

---

[59] BVerwG, DöV 1965, 169; OVG Koblenz, DVBl. 1959, 107; *Bachof*, Verf. R. I, 241; vgl. aber auch ders., AöR 86, 186 ff.; *Ule*, § 43 Anm. I 2 a); *Redeker / von Oertzen*, § 43 Rdnr. 4; *Obermayer*, DVBl. 1965, 625 ff. (632); *Menger / Erichsen*, VerwArch. Bd. 57, 391 f.; *Schrödter*, § 10 Rdnr. 9; *Maurer*, 298 ff.; *Umbach*, DVBl. 1971, 741 ff. (743); *Siemer*, 55 ff.

[60] OVG Berlin, DVBl. 1970, 700 f.; *Bachof*, Verf. R. I, 246; ders., Verf. R. II, 144; *v. Barby*, 144 ff.; a. A. *Merten*, DVBl. 1970, 701 f.

[61] BVerwGE 14, 235 ff. (236); *W. Jellinek*, Verw. R., 191; *Menger*, System des verwaltungsgerichtlichen Rechtsschutzes, 233 f.; *Eyermann / Fröhler*, § 43 Rdnr. 3; *Redeker / von Oertzen*, § 43 Rdnr. 2; *Ule*, § 43 Anm. I 2 a); *Wolff*, Verw. R. III, 2. Aufl., 399. Auch im Zivilprozeßrecht, wo sich in § 256 ZPO ebenfalls die Frage nach dem konkreten Rechtsverhältnis stellt, wird der Anspruch als solches angesehen: *Schumann / Leipold:* Stein / Jonas, § 256 Anm. II 1 a; vgl. auch § 209 Abs. 1 BGB.

die regelmäßig die allgemeine Leistungsklage gegeben ist, so daß gem. § 43 Abs. 2 VwGO die Feststellungsklage subsidiär wäre.

Die Zivilrechtsprechung vertritt nun allerdings die Ansicht, den Körperschaften des öffentlichen Rechts gegenüber könnten Leistungsansprüche auch mit Hilfe der Feststellungsklage geltend gemacht werden, da bei Obsiegen des Klägers diese Beklagten regelmäßig auch auf ein Feststellungsurteil hin bereit wären zu leisten[62]. Dem hat sich das BVerwG angeschlossen[63]. Zur Begründung führt es an, in § 173 VwGO komme zum Ausdruck, daß der Gesetzgeber unnötige Diskrepanzen zwischen Zivil- und Verwaltungsgerichtsprozeß vermieden wissen wollte, so daß sich auch bei der Auslegung von § 43 Abs. 2 S. 1 VwGO und § 256 ZPO keine Unterschiede ergeben sollten, vielmehr wolle § 43 Abs. 2 S. 1 VwGO bezwecken, daß die Fristenbindung bei anderen verwaltungsgerichtlichen Klagen durch die nicht fristgebundene Feststellungsklage nicht unterlaufen werde; sei aber die Feststellungsklage ausnahmsweise fristgebunden oder komme andererseits die ebenfalls nicht fristgebundene allgemeine Leistungsklage als Rechtsschutzmöglichkeit in Betracht, so entfalle der Grund für den Ausschluß der Feststellungsklage[64].

Dieser Ansicht des BVerwG kann nicht zugestimmt werden. Offensichtlich in dem Bestreben, eine prozessuale Rechtseinheit zu wahren, ist dem Gericht schon bei der Interpretation des § 173 VwGO ein Fehler unterlaufen: Danach wäre nämlich zunächst die Regelung der VwGO selbst zu untersuchen gewesen und erst nach der Feststellung von Lücken auf die ZPO überzugehen gewesen[65]. Derart auf § 43 Abs. 2 S. 1 VwGO hingewiesen, hatte das Gericht unbefangen konstatieren müssen, daß es dort heißt: „... verfolgen kann oder hätte verfolgen können“. Nur der letzte Satzteil kann aber darauf angelegt sein, Kollisionen mit befristeten Klagearten zu verhindern, wäre dies nämlich der einzige Sinn dieser Vorschrift, so wäre der erste Satzteil überflüssig. Deshalb wird man sagen müssen, daß grundsätzlich die Feststellungsklage auch unbefristeten Klagearten gegenüber subsidiär ist[66]. Für eine solche, von der ZPO abweichende Auslegung lassen sich aber auch noch weitere Gründe anführen: Ist in § 256 ZPO nur die Rede von einem notwendigen rechtlichen Interesse des Klägers an der Feststellung, so

---

[62] RGZ 129, 31 ff. (34); BGHZ 27, 190 ff. (195 f.); 28, 123 ff. (126); *Schumann / Leipold:* Stein / Jonas, § 256 Anm. III 1 b); *Baumbach / Lauterbach,* § 256 Anm. 5 „Leistungsklage“; *Wieczorek,* § 256 Rdnr. C II c 1 m. w. N.

[63] BVerwGE 36, 179 ff. (181 f.).

[64] Zustimmend *Eyermann / Fröhler,* § 43 Rdnr. 22; ablehnend *v. Mutius,* VerwArch. Bd. 63, 229 ff.

[65] *v. Mutius,* ebd. 230 m. w. N.; vgl. auch die amtl. Begründung der Regierungsvorlage, BT-Drucks. III. Wahlp. Nr. 55, S. 26.

[66] Ebenso *v. Mutius,* ebd. 232; a. A. *v. Barby,* 147.

ist dieses Feststellungsinteresse in § 43 Abs. 2 S. 1 VwGO spezialisiert[67] und bestimmt ausdrücklich die Subsidiarität der Feststellungsklage[68]. Außerdem sieht die VwGO in den §§ 170 - 172 auch die Vollstreckung gegen die Verwaltungsbehörde vor, was den Schluß zuläßt, daß das Gesetz der Befolgungswilligkeit gegenüber Urteilen durch die Exekutive mit einiger Skepsis gegenübersteht[69].

Deshalb ist eine Feststellungsklage hinsichtlich eines Anspruches auf Erlaß untergesetzlicher Rechtsnormen nur für die Fälle relativen Unterlassens zulässig, bei denen die Ungleichbehandlung sowohl durch Einbeziehung des Klägers in die begünstigende Norm als auch durch Aufhebung der gesamten Norm beseitigt werden könnte[70]. Dennoch ist es für den Kläger hier ebenso wie bei der Leistungsklage unschädlich, wenn er trotz Unzulässigkeit eine Feststellungsklage erhebt. Auch hier gilt nämlich § 88 VwGO, wonach das Gericht an Anträge nicht gebunden ist[71], eine Klageänderung liegt insoweit nicht vor[72], so daß das Gericht auch ohne weiteres ein Leistungsurteil erlassen kann.

f) Das prozessuale Vorgehen bei zustimmungsbedürftigen Normen

aa) Problemstellung

Problematisch und bisher völlig unerörtert ist die Frage des prozessualen Vorgehens bei zustimmungsbedürftigen oder genehmigungsbedürftigen Rechtsverordnungen und Satzungen und zwar im Hinblick auf die prozessuale Einbeziehung der zustimmenden oder genehmigenden Stelle. Als wichtige Fälle sind die Zustimmung des Bundesrates gem. Art. 80 Abs. 2 GG zu Rechtsverordnungen der Bundesregierung oder eines Bundesministers, die mögliche Zustimmung des Bundestages bzw. Landtages zu Rechtsverordnungen der Bundesregierung oder der Bundesminister bzw. der Landesregierung oder der Landesminister[73], Rechtsverordnungen, die im Einvernehmen etwa mehrerer Minister ergehen und die Genehmigung von Satzungen öffentlich-

---

[67] *Bachof*, Verf. R. II, 275.

[68] So auch *v. Mutius*, 231; *v. Barby*, 146.

[69] Vgl. amtl. Begründung der Regierungsvorlage, BT-Drucks. III. Wahlp. Nr. 55, S. 49, „Zu § 168"; *v. Mutius*, 232; *v. Barby*, 146.

[70] A. A. für durchgängige Zulässigkeit der Feststellungsklage *v. Barby*, 147.

[71] BVerwGE 30, 46 ff. (50).

[72] *Eyermann / Fröhler*, § 91, Rdnr. 6.

[73] Die Aufstellung eines solchen Erfordernisses wird als zulässig anzusehen sein. Für den Bundestag vgl. BVerfGE 8, 274 ff. (321); *Wilke:* v. Mangoldt / Klein, Art. 80 Anm. V 8. Für den Landtag vgl. Bay. VerfGH, AS N. F. 7 II, 113 ff. (121); *Meder*, Art. 55 Rdnr. 11; *Geller / Kleinrahm / Fleck*, Art. 70 Anm. 14.

rechtlicher Körperschaften durch die Aufsichtsbehörde zu nennen. Probleme stellen sich allerdings hier auch nur insoweit als die Bundesländer von der Möglichkeit des § 61 Nr. 3 VwGO Gebrauch gemacht haben und Behörden für beteiligungsfähig im verwaltungsgerichtlichen Verfahren erklärt haben[74], sowie bei der Genehmigung von Satzungen. In allen übrigen Fällen, d. h. beim Anspruch auf Rechtsverordnungen des Bundes oder der Länder, die von § 61 Nr. 3 VwGO keinen Gebrauch gemacht haben, ist richtiger Beklagter allein die Bundesrepublik Deutschland bzw. das betreffende Bundesland; damit aber werden alle ihre Organe ohne weiteres an das Urteil gebunden.

Soweit nach Landesrecht die Behörde beklagt wird oder allgemein — unabhängig vom Landesrecht — die autonome Körperschaft, könnte sich ein Lösungsweg in ähnlicher Weise abzeichnen, wie er für die sog. mehrstufigen Verwaltungsakte beschritten wird: In den klassischen Fällen solcher Mitwirkungsbefugnisse nach den §§ 36 Abs 1 S. 1 u. 2 BBauG und § 9 Abs. 2 BFernStrG wird der Mitwirkungsakt dem Antragsteller gegenüber als ein Verwaltungsinternum angesehen, seine Verpflichtungsklage hat er allein gegen die für den Erlaß zuständige Stelle zu richten, die andere Behörde kann ihre Rechte im Rahmen der Beiladung geltend machen[75].

Für die prozessuale Problematik des Anspruches auf die genannten Rechtsnormen sind zwei Fragen zu beantworten; einmal, ob der Mirwirkungsakt dem Anspruchsteller gegenüber selbständig ist, zum anderen die Frage nach der Beiladungsfähigkeit, die insbesondere hinsichtlich des Landtages nicht unproblematisch ist.

bb) Zustimmung und Genehmigung betreffen den Anspruchsteller nicht

Unabhängig von der strittigen Frage, ob etwa eine Satzungsgenehmigung einen Verwaltungsakt darstellt oder nicht[76], ist anerkannt, daß jedenfalls der einzelne Bürger durch die Genehmigung nicht betroffen wird, denn selbst bei Annahme eines Verwaltungsaktes liegt die erstrebte Begünstigung allein in der Satzung selbst, nicht in der Geneh-

[74] So § 7 Abs. 1 nieders. AGVwGO v. 12. 4. 1960 (GVBl., S. 21) — bezüglich Landesbehörden; § 5 Abs. 1 nordrh.-westf. AGVwGO v. 26. 3. 1960 (GVBl., S. 68); § 17 Abs. 1 saarl. AGVwGO v. 5. 7. 1960 (Amtsbl., S. 558); § 6 S. 1 schlesw.-holst. AGVwGO v. 29. 3. 1960 (GVBl., S. 86) — bezüglich Landesbehörden. Für bestimmte Ausnahmefälle, die hier allerdings nicht einschlägig sind, auch in Rheinl.-Pfalz, vgl. § 17 Abs. 2 rheinl.-pf. AGVwGO v. 26. 7. 1960 (GVBl., S. 145). Vgl. zu den unterschiedlichen landesrechtlichen Regelungen BVerwGE 14, 330 ff. (331).

[75] BVerwGE 16, 116 ff. (126); BVerwG, NJW 1966, 1530 f.; BVerwGE 42, 8 ff. (10 ff.); BVerwGE 18, 333 ff. (334 f.); 21, 354 ff. (355).

[76] Dagegen *Bettermann*, Festschr. f. Nipperdey II, 723 ff.; dafür *Bachof* Festschr. f. W. Weber, 524.

migung, so daß der Einzelne auch für diesen Fall keinen Anspruch auf diesen Verwaltungsakt hätte[77]. Dem Bürger ist es damit unmöglich, bei verweigerter Genehmigung oder Zustimmung zur erstrebten Satzung oder Rechtsverordnung das entsprechende Organ auf Genehmigung oder Zustimmung zu verklagen. Will man nicht u. U. damit die Undurchsetzbarkeit des Normerlaßanspruches riskieren, liegt es nahe, mit Hilfe des prozessualen Mittels der Beiladung die Genehmigungs- oder Zustimmungsorgane an die Entscheidung über den Anspruch zu binden.

cc) Die Beiladungsfähigkeit

Die Problematik der Beiladungsfähigkeit der Genehmigungsbehörde für autonome Satzungen, d. h. der staatlichen Aufsichtsbehörde, liegt darin, daß gem. § 65 Abs. 1 VwGO Beigeladener nur ein „Anderer" sein kann, d. h. der Beizuladende darf nicht Partei des Rechtsstreites sein[78]. Daraus ist zu folgern, daß die Genehmigungsbehörde gegenüber öffentlich-rechtlichen Körperschaften stets dann Dritte ist, wenn der Kläger eine Satzung erstrebt, die zum Bereich der eigenen Angelegenheiten dieser Körperschaft gehört. Auf kommunale Satzungen bezogen heißt das, daß außer in den Ländern, die am alten dualistischen System der Aufgabenverteilung festgehalten haben, dieser Fall immer gegeben ist. Bei den Gemeindeordnungen, die am dualistischen System festgehalten haben, entfällt die Möglichkeit der Beiladung insoweit, als eine Satzung im Bereich der übertragenen Aufgaben — soweit solche überhaupt vorkommen — erstrebt wird, denn in diesem Bereich handeln die Gemeinden nur als verlängerter Arm des Staates[79], so daß dieser nicht Dritter sein kann.

Weiterhin aber setzt die Beiladung voraus, daß durch die Entscheidung *rechtliche* Interessen des Beizuladenden berührt werden, es darf sich insbesondere nicht nur um ein reines *verwaltungsmäßiges*[80] oder allgemein staatliches Interesse[81] handeln. Letzteres wurde z. B. in dem Fall angenommen, in dem die Genehmigungsbehörde nicht zum Anfechtungsprozeß gegen einen Abgabebescheid auf Grund einer genehmigungsbedürftigen Beitragsordnung beigeladen wurde[82]. Begründet hat das BVerwG seine Entscheidung damit, rechtliches Interesse i. S. d. § 65 Abs. 1 VwGO sei nicht das Interesse, das die Aufsichtsbehörde an

---

[77] *Bachof*, ebd., 523, dessen Darlegungen sich allerdings auf eine beschwerende Satzung beziehen, die der Einzelne angreifen will. Für eine erstrebte begünstigende Satzung dürfte aber wohl nichts anderes gelten.

[78] Dagegen *Bettermann*, Festschr. f. Nipperdey II, 723 ff.; dafür *Bachof*,

[79] *Görg*, DöV 1955, 273 ff. (277); ders., DöV 1961, 41 ff. (43); *Jesch*, DöV 1960, 739 ff. (742).

[80] OVG Münster, OVGE 4, 22 ff.

[81] BVerwG, Buchholz 310, § 65 Nr. 17; BVerwG, Buchholz 451. 30 Nr. 5.

[82] BVerwG, Buchholz 451. 30 Nr. 5.

einer Entscheidung über die den Umfang ihrer Aufsichtsbefugnisse betreffenden Rechtsfragen haben könne. Zu beachten ist dabei jedoch, daß diese Entscheidung im Rahmen eines inzidenten Normenkontrollverfahrens getroffen wurde. So gesehen muß diese Aussage dahin präzisiert werden, daß die Entscheidung selbst die rechtlichen Interessen des Beigeladenen tangieren muß; nicht ausreichend ist es, wenn solche Interessen durch Entscheidungen über Vorfragen berührt werden. Für Normenkontrollverfahren — gleichgültig, ob inzident oder prinzipal[83] — heißt das, daß die Beiladung einer Genehmigungsbehörde niemals möglich ist.

Anders verhält es sich aber bei der Geltendmachung eines Anspruches auf Satzungserlaß. Geht die Entscheidung nämlich dahin, daß dem Kläger ein solcher Anspruch zusteht, und wird die für den Erlaß zuständige Körperschaft entsprechend verpflichtet, so steht damit gleichzeitig fest, daß die für die Genehmigung zuständige Behörde zur Genehmigung der zu erwartenden Satzung verpflichtet ist. Damit aber wird das bestehende Genehmigungsrecht des Beizuladenden zu seinem Nachteil beeinflußt[84], es wird nämlich zur Genehmigungspflicht.

Die Erwägungen treffen entsprechend auch auf die Fälle zu, in denen nach Landesrecht Behörden beteiligungsfähig sind und Rechtsverordnungen etwa im Einvernehmen verschiedener Landesministerien ergehen. Hierzu ist das andere Landesministerium beizuladen[85].

Problematisch ist hier jedoch die Frage, ob auch der Landtag, sofern er seine Zustimmung zu Rechtsverordnungen geben muß, im verwaltungsgerichtlichen Verfahren beteiligungsfähig i. S. d. § 61 VwGO ist, anderenfalls besitzt er nämlich auch keine Beiladungsfähigkeit[86]. Da der Landtag keine juristische Person ist[87], kommt eine Beteiligungsfähigkeit nach § 61 Nr. 1 VwGO nicht in Betracht; zu fragen wäre deshalb, ob er etwa als Vereinigung i. S. d. § 61 Nr. 2 VwGO angesehen werden kann, wozu auch Personenvereinigungen öffentlich-rechtlicher Art zählen[88]. Da der Begriff der „Vereinigung" als sehr weitgefaßt anzusehen ist[89],

---

[83] Hinsichtlich § 47 VwGO vgl. *Eyermann / Fröhler*, § 47 Rdnr. 35 m. w. N.

[84] *Eyermann / Fröhler*, § 65, Rdnr. 19 m. w. N.

[85] Vgl. *Bachof*, Vornahmeklage, 50.

[86] *Eyermann / Fröhler*, § 65 Rdnr. 16; *Redeker / von Oertzen*, § 65 Rdnr. 3; *Ule*, §§ 65, 66 Anm. I 2 b).

[87] Für den Bundestag vgl. *v. Mangoldt / Klein*, Vorb. vor Art. 38 III 2 c; *Maunz:* Maunz / Dürig / Herzog, Art. 38 Rdnr. 7; für den Reichstag vgl. *Stier-Somlo*, HdbDStR. I., 385; für den Landtag vgl. *Geller / Kleinrahm / Fleck*, Art. 30 Anm. 1 e; *Rupp / v. Brünneck / Konow:* Zinn / Stein, Vorb. II 6. vor Art. 75; *Schweiger:* Nawiasky / Leusser / Schweiger / Zacher, Art. 13 Rdnr. 3.

[88] *Eyermann / Fröhler*, § 61 Rdnr. 6.

[89] Vgl. die Nachweise bei *Redeker / von Oertzen*, § 61 Rdnr. 4.

man andererseits auch wohl sagen kann, daß der Landtag ein körperschaftsähnliches Organ darstellt[90], wird man ihn wohl als eine „Vereinigung“ i. S. d. § 61 Nr. 2 VwGO betrachten können. Da ihm in diesem konkreten Verfahren auch Rechte zustehen[91], ist er als beteiligungsfähig i. S. d. § 61 Nr. 2 VwGO und damit als beiladungsfähig anzusehen.

dd) Notwendige Beiladung

Für die Zustimmung der höheren Verwaltungsbehörde nach § 36 Abs. 1 S. 2 BBauG hat das BVerwG einen Fall der notwendigen Beiladung nach § 65 Abs. 2 VwGO angenommen[92], und zwar mit der Begründung, das Zustimmungserfordernis sei ein Teil des geltend gemachten Anspruches und dadurch zugleich Bestandteil des streitigen Rechtsverhältnisses. Außerdem liege eine Entscheidungseinheit vor, denn durch eine Verurteilung der beklagten Behörde werde zugleich der höheren Verwaltungsbehörde die Möglichkeit der Zustimmungsversagung genommen. Diese Gründe stützen sich einmal auf die gesetzliche Formulierung in § 65 Abs. 2 VwGO und geben zum anderen auch die in der Literatur ganz h. M.[93] wieder.

Angewandt auf den Fall der Zustimmung und Genehmigung von Rechtsverordnungen oder Satzungen heißt das, daß auch die Zustimmungs- oder Genehmigungsinstanz falls erforderlich im Prozeß um den Anspruch auf Normerlaß notwendig beigeladen werden muß, denn die Zustimmung oder Genehmigung ist notwendig, damit die erstrebte Norm wirksam werden kann, d. h. sie ist ebenso ein Teil des geltend gemachten Anspruches und zugleich Bestandteil des streitigen Rechtsverhältnisses. Ebenso wie die höhere Verwaltungsbehörde nach § 36 Abs. 1 S. 2 BBauG wird auch die Zustimmungs- oder Genehmigungsbehörde durch ein Obsiegen des Klägers auf eine positive Entscheidung festgelegt, d. h. es liegt eine notwendig einheitliche Entscheidung i. S. d. § 65 Abs. 2 VwGO vor.

3. Zusammenfassung zum 4. Kapitel

Der Anspruch auf Erlaß einer Rechtsverordnung oder Satzung bei absolutem normgeberischen Unterlassen ist in Form der allgemeinen Leistungsklage vor den Verwaltungsgerichten geltend zu machen, § 113 Abs. 4 S. 2 VwGO ist auf diese Klageart anwendbar. Für die Fälle

---

[90] Vgl. für den Bundestag *Maunz:* Maunz / Dürig / Herzog, Art. 38 Rdnr. 7; für den Reichstag *Stier-Somlo,* HdbDStR. I, 385.

[91] *Redeker / von Oertzen,* § 61 Rdnr. 4.

[92] BVerwGE 42, 8 ff. (9 ff.).

[93] *Eyermann / Fröhler,* § 65 Rdnr. 29; *Redeker / von Oertzen,* § 65 Rdnr. 8; *Ule,* §§ 65, 66 Anm. II 1; *Schunck / de Clerck,* §§ 65, 66 Erl. 2 h) aa); *Klinger,* § 65 Anm. D. 1; *Koehler,* § 65 Anm. V 1, 2; *Bichler,* 59 f.

relativen Unterlassens kommt die Feststellungsklage gemäß § 43 VwGO in Betracht.

Ist die Rechtsverordnung zustimmungsbedürftig oder ergeht sie im Einvernehmen mehrerer Behörden, so ist je nach Zuständigkeit für ihren Erlaß entweder die Bundesrepublik Deutschland zu verklagen oder das betreffende Bundesland, Probleme hinsichtlich einer Beiladung stellen sich dann nicht. Hat der Landesgesetzgeber aber bestimmt, daß seine Behörden entsprechend § 61 Nr. 3 VwGO beteiligungsfähig sind, so ist die Klage gegen die Landesbehörde zu richten, die für den Erlaß der Rechtsverordnung zuständig ist. Behörden, deren Einvernehmen herzustellen ist, sind notwendig beizuladen, ebenso in diesen Fällen der Landtag, wenn der Erlaß einer Rechtsverordnung von seiner Zustimmung abhängig ist.

Sind Satzungen genehmigungsbedürftig, so ist die Klage gegen die entsprechende autonome Körperschaft zu richten. Die Bindung der genehmigenden Exekutive an die ergehende Entscheidung ist im Wege der notwendigen Beiladung zu erreichen, wobei je nach Zuständigkeit entweder die Bundesrepublik Deutschland, das entsprechende Bundesland, oder — falls landesgesetzlich bestimmt — die Landesbehörde beizuladen sind.

Schlußwort

Greift man nochmals auf die in der Einleitung angesprochenen Fälle zurück, soweit sie nicht etwa durch Rechtsänderungen überholt sind[1] oder von der Behandlung ausgeschlossen wurden, weil es sich um Ansprüche von Verbänden handelte[2], so ist dazu nunmehr abschließend zu bemerken: Nach dem aus der Entscheidung des OVG Berlin[3] zu entnehmenden Sachverhalt bestand hier durchaus ein Anspruch auf eine Ergänzung der Justizausbildungsordnung, da das Personalvertretungsgesetz von Berlin v. 22. 7. 1968 (GVBl., S. 1004) nach Ansicht des OVG dem Personalrat der Referendare grundsätzlich eine Beteiligung an der zweiten juristischen Staatsprüfung gewährt. Diese Teilnahme war aber ohne Änderung der Justizausbildungsordnung nicht durchsetzbar, es handelte sich also um den Fall einer sog. zwischengeschalteten Rechtsverordnung; ob die Entscheidung in der Form verfahrensrechtlich möglich war, ist eine andere Frage. Die Einwendungen von *Merten*[4] gegen dieses Urteil sind jedenfalls insoweit nicht richtig, als sie die grundsätzliche Möglichkeit eines Anspruches auf Rechtsverordnung in Frage stellen. Soweit er argumentiert, die VwGO sehe auch insoweit keinen Rechtsschutz vor, unterläuft ihm ein häufiger zu beobachtender Fehler, der angeblich mangelnden Rechtsschutz mit dem Ausschluß von Ansprüchen gleichsetzt.

Von den beiden Entscheidungen, in denen es um die Einbeziehung in einen Bebauungsplan ging[5], kann nur der des Bay. VerfGH dahingehend zugestimmt werden, daß es für den Plananrainer aus der Eigentumsgarantie heraus keinen Anspruch auf Einbeziehung gibt; Überlegungen, ob er einen solchen Anspruch aber auch auf den Gleichheitssatz stützen könnte, was zu bejahen ist, wurden leider aus prozessualen Überlegungen abgeschnitten[6]. Als verfehlt dürfte dagegen die Entscheidung des Hess. VGH anzusehen sein, die einmal nicht die hinter § 2 Abs. 9 BBauG stehenden Grundrechtswerte beachtet und zum anderen glaubt, allein von daher, daß ein planerisches Ermessen bestehe, scheide schon ein Anspruch auf Einbeziehung in den Bebauungsplan

[1] So BVerwGE 13, 228 ff.

[2] So BVerwGE 7, 188 f.

[3] DVBl. 1970, 700 f.

[4] DVBl. 1970, 701 f.

[5] Bay. VerfGH, DVBl. 1966, 798 f.; Hess. VGH, ESVGH 22, 224 ff.

[6] Vgl. dazu die Anm. von *Schneider*, DVBl. 1966, 799 f. (800).

aus; der Mangel beruht wohl darauf, daß nicht gleichzeitig auch die Grenzen dieses Ermessens erörtert wurden, die hier eventuell überschritten gewesen sein könnten.

Ordnet man den behandelten Fragenkomplex in das eingangs erwähnte Spannungsverhältnis zwischen Durchsetzung des Vorrangs der Verfassung und dem Geltungsanspruch des Gesetzes einerseits und dem Gewaltenteilungsgrundsatz und dem Rechtsetzungsermessen andererseits ein, so kommt man etwa zu folgendem Ergebnis: Zunächst einmal ist der Gewaltenteilungsgrundsatz nicht derart puristisch aufzufassen, wie es das Wort nahelegen mag, sondern eher in Form der Gewaltenverschränkung; darüber hinaus wird man auch die gerichtliche Zuerkennung eines Anspruches auf Satzungs- oder Verordnungserlaß nur als die andere Seite der gerichtlichen Nichtigerklärung einer solchen Norm, die ja etwa in § 47 VwGO vorgesehen ist, verstehen dürfen. Dem Gewaltenteilungsgrundsatz kommt daher in diesem Spannungsverhältnis weniger Gewicht zu. Das Rechtssetzungsermessen allerdings, sei es hinsichtlich des „Ob“ als auch des „Wie“, verhindert in der Mehrzahl der Fälle über eine Destination hinausgehende subjektive öffentliche Rechte. Diesem Ermessen können weitergehende Grenzn durch den Geltungsanspruch des der Verordnung übergeordneten Gesetzes auferlegt sein, d. h. sieht ein Gesetz einen Anspruch des Bürgers etwa auf einen begünstigenden Verwaltungsakt vor, so ist die Verordnung danach auszurichten.

In ähnlicher Weise kann auch die Verfassung auf das Rechtssetzungsermessen des Satzungs- oder Verordnungsgebers einwirken, etwa wenn durch das Unterlassen dieser Normgebung Grundrechte des Bürgers verletzt werden.

Literaturverzeichnis

Anschütz, Gerhard: Die Verfassung des Deutschen Reiches vom 11. August 1919. Kommentar, 14. Aufl., Berlin 1933.

Bachof, Otto: Rechtsgutachten über die Zulässigkeit von Beschränkungen der Grabmalsgestaltung durch Friedhofsordnungen, sowie über den Rechtsschutz gegenüber derartigen Maßnahmen, 1954.

— Begriff und Wesen des sozialen Rechtsstaates, VVDStRL 12 (1954), 37 - 84.

— Reflexwirkungen und subjektive Rechte im öffentlichen Recht: Forschungen und Berichte aus dem öffentl. Recht, Gedächtnisschrift für Walter Jellinek, München 1955, 287 - 307.

— Teilrechtsfähige Verbände des öffentlichen Rechts: AöR Bd. 83 (1958), 208 - 279.

— Der Plan als verwaltungsrechtliches Institut (Aussprache), VVDStRL 18 (1960), 192 f.; 208 ff.

— Nachwort zu Bettermann, Karl August: Zur Verfassungsbeschwerde gegen Gesetze und zum Rechtsschutz des Bürgers gegen Rechtsetzungsakte der öffentlichen Gewalt: AöR Bd. 86 (1961), 186 ff.

— Anmerkung zum Urteil des BVerwG vom 18. 8. 1960 — I c 42.59: DVBl. 1961, 128 ff.

— Die Rechtsprechung des Bundesverwaltungsgerichts: JZ 1962, 745 ff.

— Verfassungsrecht, Verwaltungsrecht, Verfahrensrecht in der Rechtsprechung des Bundesverwaltungsgerichts, Bd. I, Tübingen 1966; Bd. II, Tübingen 1967.
(zit.: *Bachof*, Verf. R. I, bzw. II)

— Bundesrecht als Maßstabsrecht im verwaltungsgerichtlichen Normenkontrollverfahren? DöV 1964, 9 ff.

— Staatsaufsicht in Verwaltung und Wirtschaft (Aussprache), VVDStRL 22 (1965), 335 - 338.

— Die verwaltungsgerichtliche Klage auf Vornahme einer Amtshandlung, 2. Aufl., Tübingen 1968.
(zit.: *Bachof*, Vornahmeklage)

— Die Dogmatik des Verwaltungsrechts vor den Gegenwartsaufgaben der Verwaltung, VVDStRL 30 (1972), 193 - 224.

— Anmerkung zum Urteil des BVerwG vom 16. 12. 1971 — I c 31.68: JZ 1972, 208 ff.

— Satzungsgenehmigung und Satzungsoktroi: Verwaltungsakte mit Doppelnatur?: Im Dienst an Recht und Staat, Festschr. für Werner Weber zum 70. Geburtstag, Berlin 1974, 515 - 526.

Badura, Peter: Rechtsetzung durch Gemeinden: DöV 1963, 561 ff.

— Das Planungsermessen und die rechtsstaatliche Funktion des Allgemeinen Verwaltungsrechts: Verfassung und Verfassungsrechtsprechung. Festschrift zum 25jährigen Bestehen des Bayerischen Verfassungsgerichtshofes, München 1972, 157 - 182.

Badura, Peter: Eigentum im Verfassungsrecht der Gegenwart: Verhandlungen des 49. Deutschen Juristentages Düsseldorf 1972 (Schlußvortrag), Bd. II Sitzungsberichte, München 1972.

Barby, Hanno von: Verwaltungsgerichtliche Klagen auf Rechtsetzung? (Diss. jur.) Köln 1973.

Baring, Martin: Anmerkung zum Beschluß des BVerfG vom 17. 3. 1959 — 1 BvL 5/57: JZ 1960, 171 f.

Bartlsperger, Richard: Zur Konkretisierung verfassungsrechtlicher Strukturprinzipien: VerwArch. Bd. 58 (1967), 249 ff.

— Die Bauleitplanung als Reservat des Verwaltungsstaates: DVBl. 1967, 360 ff.

— Das Dilemma des baulichen Nachbarrechts: VerwArch. Bd. 60 (1969), 35 - 63.

— Der Rechtsanspruch auf Beachtung von Vorschriften des Verwaltungsverfahrensrechts: DVBl. 1970, 30 ff.

Baumbach, Adolf und Wolfgang *Lauterbach:* Zivilprozeßordnung. Kommentar, 33. Aufl., München 1975.

Baumeister, Ludger: Freiheit und Bindung des Eigentums nach dem Bundesbaugesetz: DWW 1961, 154 ff.

Baur, Fritz: Der polizeiliche Schutz privater Rechte: JZ 1962, 73 ff.

Becker, Erich: Die Selbstverwaltung als verfassungsrechtliche Grundlage der kommunalen Ordnung in Bund und Ländern: Handbuch der kommunalen Wissenschaft und Praxis, 1. Bd., Berlin, Göttingen, Heidelberg 1956, 113 - 184.

Beenken, Reinhard: Zur Überprüfbarkeit der Bauleitpläne nach dem Bundesbaugesetz, Bonn 1967.

Belz, Rainer: Wichtige Änderungen im Polizeirecht von Baden-Württemberg: DöV 1974, 766 ff.

Bender, Bernd: Inhalt und Grenzen des Gebots der verfassungskonformen Gesetzesauslegung: MDR 1959, 441 ff.

Bergmann, Wolfgang: Zwischenbilanz zur verwaltungsgerichtlichen abstrakten Normenkontrolle: VerwArch. Bd. 51 (1960), 36 - 63.

— Anmerkung zum Vorlagebeschluß des OVG Bremen vom 26. 7. 1960 — a S 1/60: DöV 1961, 266 f.

Bernhardt, Rudolf: Zur Anfechtung von Verwaltungsakten durch Dritte: JZ 1963, 302 ff.

Bettermann, Karl August: Die Unabhängigkeit der Gerichte und der gesetzliche Richter: Die Grundrechte, 3. Bd., 2. Hlbd., Berlin 1959, 523 - 642.

— Die Verpflichtungsklage nach der Bundesverwaltungsgerichtsordnung: NJW 1960, 649 ff.

— Rechtsetzungsakt, Rechtssatz und Verwaltungsakt: Festschrift für Hans Carl Nipperdey zum 70. Geburtstag Bd. II, München und Berlin 1965, 723 - 743.

— Anmerkung zum Urteil des BVerwG vom 25. 2. 1969 — I C 65.67: DVBl. 1969, 703 ff.

— Die Rechtsweggarantie des Art. 19 Abs. 4 GG in der Rechtsprechung des Bundesverfassungsgerichts: AöR Bd. 96 (1971), 528 - 567.

Bichler, Hans Wolfgang: Die notwendige Beiladung (Diss. jur.), Frankfurt 1966.

Bielenberg, Walter: Städtebauförderungsgesetz. Kommentar, (Losebl.), München 1973.

Blümel, Willi: Anmerkung zum Urteil des BVerwG vom 3. 6. 1971 — IV C 64.70: DVBl. 1972, 122 f.

Böckenförde, Ernst-Wolfgang: Die Organisationsgewalt im Bereich der Regierung, Berlin 1964.

Bogs, Harald: Die verfassungskonforme Auslegung von Gesetzen unter besonderer Berücksichtigung der Rechtsprechung des Bundesverfassungsgerichts. Stuttgart, Berlin, Köln, Mainz 1966.

Boldt, Gerhard und Heinz *Steffens*: Gewerbeordnung, Kommentar, Münster 1955.

Brohm, Winfried: Rechtsschutz im Bauplanungsrecht, Stuttgart 1959.

— Verwaltungsvorschriften und besonderes Gewaltverhältnis: DöV 1964, 238 ff.

— Strukturen der Wirtschaftsverwaltung, Stuttgart, Berlin, Köln, Mainz 1969.

— Die Dogmatik des Verwaltungsrechts vor den Gegenwartsaufgaben der Verwaltung, VVDStRL 30 (1972), 245 - 312.

Brügelmann, Hermann, Klaus *Brügelmann*, Gustav *Grauvogel*, Werner *Pohl*, Hans *Förster*, Hans *Meyer* und Siegfried *Stahnke*: Bundesbaugesetz. Kommentar, 3 Bde. (Losebl.), Stand: Dezember 1974, Lieferungen 1 - 24.

Bühler, Ottmar: Die subjektiven öffentlichen Rechte und ihr Schutz in der deutschen Verwaltungsrechtsprechung, Berlin, Stuttgart, Leipzig 1914.

— Altes und Neues über Begriff und Bedeutung der subjektiven öffentlichen Rechte: Forschungen und Berichte aus dem öffentlichen Recht. Gedächtnisschrift für Walter Jellinek, München 1955, 269 - 286.

Canaris, Klaus-Wilhelm: Die Feststellung von Lücken im Gesetz, Berlin 1964.

David, Carl-Heinz: Anmerkung zum Urteil des OVG Münster vom 12. 4. 1972 — VII A 844/71: DVBl. 1972, 692 ff.

David, Joachim: Die Satzungsgewalt der Gemeinden in Nordrhein-Westfalen, 2. Aufl., Münster 1961.
(zit.: *David*, Satzungsgewalt)

Dax, Günter: Das Gleichbehandlungsgebot als Grundlage positiver subjektiv-öffentlicher Rechte, Bonn 1969.

Dittus, Wilhelm: Einführung in das Bundesbaugesetz mit Gesetzestexten und Sachverzeichnissen, Berlin, Frankfurt a. M. 1961.

Drews, Bill, Gerhard *Wacke*, Klaus *Vogel* und Wolfgang *Martens*: Gefahrenabwehr, 8. Aufl., 1. Bd.: Organisationsrecht, Polizeiliches Handeln, Rechtsschutz und Ausgleichsansprüche. Bearb.: Vogel. Berlin, Köln, Bonn, München 1975.

Dürig, Günter: Verfassung und Verwaltung im Wohlfahrtsstaat: JZ 1953, 193 ff .

— Der Grundrechtssatz von der Menschenwürde: AöR Bd. 81 (1956), 117 - 157.

Eckhardt, Wolf-Dieter: Die verfassungskonforme Gesetzesauslegung, Berlin 1964.

Egerer, Jürgen: Der Plangewährleistungsanspruch, Baden-Baden 1971.

Ehmke, Horst: Prinzipien der Verfassungsinterpretation, VVDStRL 20 (1963), 53 - 102.

Engelhardt, Olaf-Roman Baron von: Der Rechtsschutz gegen Rechtsnormen, Berlin 1971.

Erichsen, Hans-Uwe und Wolfgang *Martens:* Das Verwaltungshandeln: Erichsen, Hans-Uwe; Martens, Wolfgang (Hrsg.), Allgemeines Verwaltungsrecht, Berlin, New York 1975, 115 - 232.

Ermacora, Felix: Die Organisationsgewalt, VVDStRL 16 (1958), 191 - 239.

Erman, Walter und Harm Peter *Westermann:* Handkommentar zum Bürgerlichen Gesetzbuch, 2 Bde., 5. Aufl., Münster 1972.

Ernst, Werner, Willy *Zinkahn* und Walter *Bielenberg:* Bundesbaugesetz. Kommentar, 2 Bde. (Losebl.), Stand 1. 4. 1974, Lieferungen 1 - 17.

Eyermann, Erich und Ludwig *Fröhler:* Verwaltungsgerichtsordnung. Kommentar 6. Aufl., München 1974.

Fleck, Hans-Joachim: Gleichzeitige Verkündung von Ermächtigungsnorm und Rechtsverordnung: DöV 1966, 633 ff.

Fleiner, Fritz: Institutionen des deutschen Verwaltungsrechts, 2. Neudruck der 8. Aufl. Tübingen 1928. Aalen 1963.

Forsthoff, Ernst: Norm und Verwaltungsakt im geltenden und künftigen Baurecht: DVBl. 1957, 113 ff.

— Subjektives öffentliches Recht: Handwörterbuch der Sozialwissenschaften, 10. Bd., Stuttgart, Tübingen, Göttingen 1959, 234 ff.

— Lehrbuch des Verwaltungsrechts, Bd. I, Allgemeiner Teil, 10. Aufl., München 1973.

Friauf, Karl Heinrich: „Latente Störung", Rechtswirkungen der Bauerlaubnis und vorbeugende Nachbarklage: DVBl. 1971, 713 ff.

— Baurecht und Raumordnung: v. Münch, Ingo (Hrsg.), Besonderes Verwaltungsrecht, 3. Aufl., Frankfurt a. M. 1972, 385 - 471.

Friesenhahn, Ernst: Die rechtsstaatlichen Grundlagen des Verwaltungsrechts: Recht, Staat, Wirtschaft, 2. Bd. Stuttgart und Köln 1950, S. 239 - 281.

Fuss, Ernst-Werner: Gleichheitssatz und Richtermacht: JZ 1959, 329 ff.

— Normenkontrolle und Gleichheitssatz: JZ 1962, 737 ff.

Gehrmann, Werner: Die Bebauungspläne im Spiegel der Rechtsprechung, Düsseldorf 1973.

Geller, Gregor, Kurt *Kleinrahm* und Hans-Joachim *Fleck:* Die Verfassung des Landes Nordrhein-Westfalen. Kommentar, 2. Aufl., Göttingen 1963.

Gelzer, Konrad: Bauplanungsrecht, 2. Aufl., Köln 1972.

Gerne, Otto: Feuerwehrgesetz für Baden-Württemberg, 2. Aufl., Stuttgart 1960.

Giacometti, Zaccaria: Allgemeine Lehren des rechtsstaatlichen Verwaltungsrechts, 1. Bd., Zürich 1960.

Glum, Friedrich: Selbstverwaltung der Wirtschaft, Berlin 1925.

Gönnenwein, Otto: Gemeinderecht, Tübingen 1963.

Görg, Hubert: Zur Frage der Erweiterung der Bundesauftragsverwaltung: DöV 1955, 273 ff.

— Bundesauftragsangelegenheiten der Gemeinden und Gemeindeverbände und ihre Pflichtaufgaben nach Weisung: DöV 1961, 41 ff.

Grabitz, Eberhard: Der Grundsatz der Verhältnismäßigkeit in der Rechtsprechung des Bundesverfassungsgerichts: AöR Bd. 98 (1973), 568 - 616.

Gross, Rolf: Zur Rechtsnatur der Allgemeinverbindlicherklärung: NJW 1965, 285 f.

Gumpert, Jobst: Rechtsmittel gegen die Allgemeinverbindlicherklärung von Tarifverträgen: BB 1954, 261 ff.

— Nachprüfung der Allgemeinverbindlicherklärung von Tarifverträgen durch Arbeitsgerichte oder Verwaltungsgerichte: BB 1959, 271 ff.

Haak, Volker: Normenkontrolle und verfassungskonforme Gesetzesauslegung des Richters, Bonn 1963.

Häberle, Peter: Öffentliches Interesse als juristisches Problem, Bad Homburg 1970.

— Die Wesensgehaltsgarantie des Artikel 19 Abs. 2 Grundgesetz, 2. Aufl., Karlsruhe 1972.

— Grundrechte im Leistungsstaat, VVDStRL 30 (1972), 43 - 141.

Hamann, Andreas: Autonome Satzungen und Verfassungsrecht. Heidelberg 1958.
(zit.: *Hamann*, Autonome Satzungen).

— Anmerkung zum Beschluß des BVerfG vom 2. 5. 1961 — 1 BvR 203/53: NJW 1961, 2059.

Hamann, Andreas und Helmut *Lenz*: Das Grundgesetz für die Bundesrepublik Deutschland vom 23. Mai 1949, Kommentar. 3. Aufl., Neuwied und Berlin 1970.

Hasskarl, Horst: Die Rechtsprechung des Bundesverfassungsgerichts zu Art. 80 Abs. 1 Satz 2 GG: AöR Bd. 94 (1969), 85 - 115.

Haug, Winfried: Autonomie im öffentlichen Recht (Diss. jur.), Heidelberg 1961.

Hegel, Hermann: Kann mit der Verpflichtungsklage auch die Verurteilung zur Vornahme einer sog. Amtshandlung begehrt werden?: JZ 1963, 15 ff.

Heidenhain, Martin: Ausschluß aller Rechtswege durch Gesetz: DöV 1969, 269 ff.

Heitzer, Sebastian und Ernst *Oestreicher*: Bundesbaubesetz und Städtebauförderungsgesetz. Kommentar, 5. Aufl., Berlin, New York 1973.

Helmreich, Karl und Julius *Widtmann*: Bayerische Gemeindeordnung. Kommentar, 3. Aufl., München 1966.

Henke, Wilhelm: Das subjektive öffentliche Recht auf Eingreifen der Polizei: DVBl. 1964, 649 ff.

— Das subjektive öffentliche Recht, Tübingen 1968.

— Anmerkung zum Urteil des BVerfG vom 25. 6. 1968 — 2 BvR 251/63: JZ 1969, 145 ff.

Henke, Wilhelm: Zur Lehre vom subjektiven öffentlichen Recht: Im Dienst an Recht und Staat. Festschrift für Werner Weber zum 70. Geburtstag, Berlin 1974, 495 - 514.

Herrfahrdt, Heinrich: Kommentar zum Bonner Grundgesetz (Bonner Kommentar), 5 Bde. (Losebl.), Lieferungen 1 - 32, Art. 80.

Herzog, Roman: Verfassungsgerichtliche und verwaltungsgerichtliche Normenkontrolle: Bay. VBl. 1961, 368 ff.

Hesse, Konrad: Grundzüge des Verfassungsrechts der Bundesrepublik Deutschland, 7. Aufl., Karlsruhe 1974.
(zit.: *Hesse*, Grundzüge)

von der Heydte, August: Tragweite der Generalklausel im Art. 19 Abs. 4 des Bonner Grundgesetzes (Aussprache), VVDStRL 8 (1950), 162 f.

von Heyl, Arnulf: Anmerkung zum Urteil des BVerwG vom 5. 7. 1974 — IV C 50.72 und zum Beschluß des BVerwG vom 21. 6. 1973 — IV B 38.73: DöV 1975, 99 ff.

Hindenlang, Siegfried: Die Satzung als Rechtsquelle im öffentlichen Recht (Diss. jur.), Freiburg 1952.

Holtkotten, Hans: Kommentar zum Bonner Grundgesetz (Bonner Kommentar), 5 Bde. (Losebl.), Lieferungen 1 - 32, Art. 129.

Hoppe, Werner: Bauleitplanung und Eigentumsgarantie: DVBl. 1964, 165 ff.

— Die Schranken der planerischen Gestaltungsfreiheit (§ 1 Abs. 4 und 5 BBauG): BauR 1970, 15 ff.

— Rechtsschutz bei der Planung von Straßen und anderen Verkehrsanlagen, München 1971.

— Zur Rechtskontrolle von Bebauungsplänen: Öffentliches Recht und Politik. Festschrift für Hans Ulrich Scupin zum 70. Geburtstag, Berlin 1973, 121 - 143.

— Zur Struktur von Normen des Planungsrechts: DVBl. 1974, 641 ff.

Huber, Ernst Rudolf: Wirtschaftsverwaltungsrecht, 1. Bd., 2. Aufl., Tübingen 1953; 2. Bd., 2. Aufl., Tübingen 1954.

— Der Streit um das Wirtschaftsverfassungsrecht (Schluß): DöV 1956, 200 ff.

— Selbstverwaltung der Wirtschaft, Stuttgart 1958.

Huwar, Gerhard: Der Erlaß von Rechts- und Verwaltungsverordnungen durch den Bundespräsidenten, Berlin 1967.

Imboden, Max: Der Plan als verwaltungsrechtliches Institut, VVDStRL 18 (1960), 113 - 143.

Ipsen, Hans-Peter: Hamburgs Verfassung und Verwaltung, Hamburg 1956.

— Fragestellungen zu einem Recht der Wirtschaftsplanung: Planung I, Baden-Baden 1965, 35 - 66.

Isensee, Josef: Subsidiaritätsprinzip und Verfassungsrecht, Berlin 1968.

Jacobi, Erwin: Die Rechtsverordnungen: Handbuch des Deutschen Staatsrechts, 2 Bde., 2. Bd, Tübingen 1932, S. 236 - 255.

Jakob, Wolfgang: Eingriff kommunaler Satzungen in „Freiheit und Eigentum“: DöV 1970, 666 ff.

Jellinek, Georg: System der subjektiven öffentlichen Rechte, 2. Aufl., Tübingen 1905.

— Gesetz und Verordnung, Freiburg i. Br. 1887.

Jellinek, Walter: Gesetz, Gesetzesanwendung und Zweckmäßigkeitserwägung, Tübingen 1913.

— Verwaltungsrecht, 3. Aufl., Berlin 1931.

Jesch, Dietrich: Rechtsstellung und Rechtsschutz der Gemeinden bei der Wahrnehmung „staatlicher" Aufgaben: DöV 1960, 739 ff.

— Gesetz und Verwaltung, Tübingen 1961.

Jülicher, Friedrich: Die Verfassungsbeschwerde gegen Urteile bei gesetzgeberischem Unterlassen, Berlin 1972.

Kääb, Artur und Walter *Rösch:* Bayerisches Landesstraf- und Verordnungsgesetz, München 1958.

Kalkbrenner, Helmut: Die bayerische Verfassung als Ermächtigungsgrundlage für Rechtsverordnungen: Bay. VBl. 1961, 364 ff.

— Verfassungsauftrag und Verpflichtung des Gesetzgebers: DöV 1963, 41 ff.

— Rechtsverordnungen in der Prüfungszuständigkeit des Bayerischen Verfassungsgerichtshofes: Verfassung und Verfassungsrechtsprechung. Festschrift zum 25jährigen Bestehen des Bayerischen Verfassungsgerichtshofes, München 1972, 329 ff.
(zit.: *Kalkbrenner,* Rechtsverordnungen)

Kaufmann, Erich: Die Gleichheit vor dem Gesetz im Sinne des Art. 109 der Reichsverfassung, VVDStRL 3 (1927), 2 - 24.

Kelsen, Hans: Hauptprobleme der Staatsrechtslehre, Tübingen 1911.

Kiess, Adolf: Rechtsverordnung und Satzung (Diss. jur.), Tübingen 1960.

Kimminich, Otto: Kommentar zum Bonner Grundgesetz (Bonner Kommentar), 5 Bde. (Losebl.), Lieferungen 1 - 32, Art. 14 (Zweitbearb.).

Klein, Friedrich: Verordnungsermächtigungen nach deutschem Verfassungsrecht: Die Übertragung rechtsetzender Gewalt im Rechtsstaat, Frankfurt a. M. 1952, 7 - 78.
(zit.: *Klein,* Verordnungsermächtigungen).

Klein, Hans H.: Bundesverfassungsgericht und Staatsraison, Frankfurt a. M., Berlin 1968.

Klinger, Hans: Verwaltungsgerichtsordnung. Kommentar, 2. Aufl., Göttingen 1964.

Klüber, Hans: Das Gemeinderecht in den Ländern der Bundesrepublik. Berlin, Heidelberg, New York 1972.

Klug, Ulrich: Juristische Logik, 3. Aufl., Berlin, Heidelberg, New York 1966.

Koehler, Alexander: Verwaltungsgerichtsordnung vom 21. Januar 1960. Kommentar, Berlin, Frankfurt a. M. 1960.

König, Hans Günther: Allgemeines Sicherheits- und Polizeirecht in Bayern, Köln, Berlin, Bonn, München 1962.

— Die Prüfung des Normenkontrollsystems nach § 47 VwGO vor dem Oberverwaltungsgericht (VGH): DVBl. 1963, 81 ff.

— Mittelbare und unmittelbare Verfassungswidrigkeit abgeleiteter Rechtsnormen: DVBl. 1972, 57 ff.

Köttgen, Arnold: Die Gemeinde und der Bundesgesetzgeber, Stuttgart 1957.

— Die Organisationsgewalt, VVDStRL 16 (1958), 154 - 190.

Kottenberg, Kurt und Erich *Rehn:* Gemeindeordnung für das Land Nordrhein-Westfalen. Kommentar (Losebl.), 10. Aufl., Siegburg 1973.

Kröner, Herbert: Die Eigentumsgarantie in der Rechtsprechung des Bundesgerichtshofes, 2. Aufl., Köln, Berlin, Bonn, München 1969.

Krüger, Hildegard: Zu Artikel 80 Abs. 1 Satz 4 des Grundgesetzes: DöV 1950, 16.

— Die Verfassungswidrigkeit der lex Schörner: DVBl. 1955, 791 ff.

— Art. 6 Abs. 5 GG ein Programmsatz?: DöV 1957, 356 ff.

— Anmerkung zum Urteil des BGH vom 25. 2. 1965 — VII ZR 79/63: DöV 1966, 133.

— Die Beziehungen des parlamentarischen Gesetzgebers zur exekutiven Verordnung: DVBl. 1967, 929 ff.

Kübler, Hartmut und Reiner *Speidel:* Handbuch des Baunachbarrechts, Stuttgart, München, Hannover 1970.

Küchenhoff, Günther: Die Rechtsnatur der staatlichen Genehmigung zu Rechtsetzungsakten öffentlicher Körperschaften: JuS 1965, 52 ff.

Küttner, Wolfdieter: Die Rechtsetzungsbefugnis von Selbstverwaltungskörpern nach dem Bonner Grundgesetz (Diss. jur.), Bonn 1966.

Kuntzmann-Auert, Marion: Rechtsstaat und kommunale Selbstverwaltung, Köln, Berlin, Bonn, München 1967.

Kunze, Richard, Carl *Schmid* und Franz-Karl *Rehm:* Gemeindeordnung für Baden-Württemberg. Kommentar, 3. Aufl., (Losebl.), 1969, Lieferungen 1 - 4.

Laband, Paul: Das Staatsrecht des Deutschen Reiches. 4 Bde., 2. Bd., 5. Aufl., Tübingen 1911.

Landmann, Robert von, Gustav *Rohmer,* Erich *Eyermann,* Ludwig *Fröhler* und Dirk *Neumann:* Gewerbeordnung. Kommentar, 2 Bde. (Losebl.), 12. Aufl., Stand: Juli 1970, Lieferungen 1 - 9.

Lange, Hans-Richard: Die Frage der Zulässigkeit von Verfassungsbeschwerden gegen Gesetze: NJW 1962, 417 ff.

— Zur Zulässigkeit gesetzesändernder Rechtsverordnungen: JR 1968, 8 ff.

— Die neuere Rechtsprechung des Bundesverfassungsgerichts zu Rechtsverordnungsermächtigungen: JZ 1968, 417 ff.

Larenz, Karl: Methodenlehre der Rechtswissenschaft, 2. Aufl., Berlin, Heidelberg, New York 1969.

Lechner: Zur Zulässigkeit der Verfassungsbeschwerde gegen Unterlassungen des Gesetzgebers: NJW 1955, 1817 ff.

Leibholz, Gerhard und Hans-Justus *Rinck:* Grundgesetz für die Bundesrepublik Deutschland, Kommentar an Hand der Rechtsprechung des Bundesverfassungsgerichts, 4. Aufl., Köln-Marienburg 1971.

Lerche, Peter: Übermaß und Verfassungsrecht, Köln, Berlin, München, Bonn 1961.

— Die verwaltungsgerichtliche Klage aus öffentlichen Verträgen: Staatsbürger und Staatsgewalt. Jubiläumsschrift zum 100jährigen Bestehen der deutschen Verwaltungsgerichtsbarkeit und zum 10jährigen Bestehen des Bundesverwaltungsgerichtes, Bd. II, Karlsruhe 1963, 59 - 90.

Liver, Peter: Gemeinderecht: Schweizerisches Zentralblatt für Staats- und Gemeindeverwaltung 1949, 40 ff.

Lohr, Valentin: Satzungsgewalt und Staatsaufsicht, Stuttgart 1963.

Lorenz, Dieter: Der Rechtsschutz des Bürgers und die Rechtsweggarantie, München 1973.

Loschelder, Wilhelm: Die Gemeindeordnungen in der Bundesrepublik Deutschland. Stuttgart, Berlin, Köln, Mainz 1965.

Loschelder, Wilhelm und Jürgen *Salzwedel:* Verfassungs- und Verwaltungsrecht des Landes Nordrhein-Westfalen, Köln und Berlin 1964.

Maeder, Gerhard und Karl-Heinz *Mittelsteiner:* Finanzgerichtsordnung. Kommentar, Baden-Baden 1969.

Mang, Johann, Theodor *Maunz*, Franz *Mayer* und Klaus *Obermayer:* Staats- und Verwaltungsrecht in Bayern, 2. Aufl., München 1964.

Mangoldt, Hermann von und Friedrich *Klein:* Das Bonner Grundgesetz, 3 Bde., 2. Aufl., Bd. I, Berlin und Frankfurt a. M. 1957, Bd. II, Berlin und Frankfurt a. M. 1964, Bd. III, München 1974.

Marcic, René: Vom Gesetzesstaat zum Richterstaat, Wien 1957.

Martens, Wolfgang: Zum Rechtsanspruch auf polizeiliches Handeln: JuS 1962, 245 ff.

Maunz, Theodor: Bespr. von: Verwaltungsgerichtsordnung. Kommentar von Eyermann, Erich und Fröhler, Ludwig: Bay. VBl. 1961, 30 f.

Maunz, Theodor, Günter *Dürig* und Roman *Herzog:* Grundgesetz. Kommentar, 2 Bde. (Losebl.), 3. Aufl., München 1973, Lieferungen 1 - 13.

Maunz, Theodor, Heinrich *Sigloch*, Bruno *Schmidt-Bleibtreu* und Franz *Klein:* Bundesverfassungsgerichtsgesetz. Kommentar (Losebl.), München 1972, Lieferungen 1 - 3.

Maurer, Hartmut: Rechtsschutz gegen Rechtsnormen: Tübinger Festschrift für Eduard Kern, Tübingen 1968, 275 - 312.

Maus, Wilhelm: Heimarbeitsgesetz. Kommentar, 2. Aufl., München und Berlin 1962.

Mayer, Otto: Deutsches Verwaltungsrecht, 1. Bd., 3. Aufl., München und Leipzig 1924.

Meder, Theodor: Handkommentar zur Verfassung des Freistaates Bayern, München 1971.

Menger, Christian Friedrich: Der Begriff des sozialen Rechtsstaates im Bonner Grundgesetz, Tübingen 1953.

— System des verwaltungsgerichtlichen Rechtsschutzes, Tübingen 1954.

— Anmerkung zum Urteil des BGH vom 21. 4. 1959 — 1 StR 504/58: JZ 1960, 168 ff.

— Höchstrichterliche Rechtsprechung zum Verwaltungsrecht: VerwArch. Bd. 50 (1959), 271 ff.; Bd. 52 (1961), 305 ff., 410 ff.

Menger, Christian Friedrich, Hans-Uwe *Erichsen* und Albert von *Mutius:* Höchstrichterliche Rechtsprechung zum Verwaltungsrecht 1972, Köln, Berlin, Bonn, München 1972.

Merten, Detlef: Anmerkung zum Beschluß des OVG Berlin vom 26. 1. 1970 — IV PV 4/69: DVBl. 1970, 701 f.

Meyer, Georg und Gerhard *Anschütz:* Lehrbuch des deutschen Staatsrechts, 7. Aufl., München und Leipzig 1919.

Meyer, Hans: Die kommunale Neuordnung als verfassungsrechtliches Problem: DöV 1971, 801 ff.

Meyer, Klaus: Zur gerichtlichen Überprüfung der Bauleitpläne: DVBl. 1968, 492 ff.

— Die verwaltungsgerichtliche Normenkontrolle: Zehn Jahre Verwaltungsgerichtsordnung. Bewährung und Reform. Vorträge und Diskussionsbeiträge der 38. Staatswissenschaftlichen Fortbildungstagung der Hochschule für Verwaltungswissenschaften Speyer 1970. Berlin 1970, 161 - 178.

Meyer, Klaus, Rudolf *Stich* und Hans-Joachim *Tittel:* Bundesbaurecht, Köln, Berlin, Bonn, München 1966.

Meyer, Klaus, Rudolf *Stich* und Otto *Schlichter:* Städtebauförderungsgesetz. Kommentar (Losebl.), Köln, Berlin, Bonn, München 1972, Lieferungen 1 - 3.

Michel, Helmut: Die verfassungskonforme Auslegung (Korreferat): JuS 1961, 274 ff.

Mörtel, Georg: Auswirkungen der veränderten verwaltungsgerichtlichen Generalklausel auf Verwaltung und Verwaltungsrechtsprechung: Wandlungen der rechtsstaatlichen Verwaltung. Vorträge und Diskussionsbeiträge des 30. Staatswissenschaftlichen Fortbildungskurses der Hochschule für Verwaltungswissenschaften Speyer. Berlin 1962, 137 - 171.

Mößle, Wilhelm: Die planungsrechtliche Situation des außerhalb des Geltungsbereiches eines Bebauungsplanes gelegenen Grundstückes: DöV 1974, 466 ff.

Müller, Hanswerner: Von welchem Zeitpunkt ab darf ein zur Neufassung eines geänderten Gesetzes ermächtigter Minister von dieser Befugnis Gebrauch machen?: DVBl. 1962, 589 ff.

— Handbuch der Gesetzgebungstechnik, 2. Aufl., Köln, Berlin, Bonn und München 1968.
(zit.: *Müller*, Handbuch)

Münch, F.: Die neue Geschäftsordnung des Bundesrates: AöR Bd. 80 (1955/1956), 240 ff.

Muntzke, Hans und Hans *Schlempp:* Kommentar zur Hessischen Gemeindeordnung, Bad Homburg v. d H. und Berlin 1954.

Musterentwurf eines Verwaltungsverfahrensgesetzes (EVwVerfG 1963), 2. Aufl., Köln und Berlin 1968.

Mutius, Albert von: Höchstrichterliche Rechtsprechung zum Verwaltungsrecht: VerwArch. Bd. 63 (1972), 207 ff.

Nawiasky, Hans, Claus *Leusser*, Karl *Schweiger* und Hans *Zacher:* Die Verfassung des Freistaates Bayern. Systematischer Überblick und Handkommentar (Losebl.), 2. Aufl., München 1971, Lieferungen 1 - 4.

Nebinger, Robert: Verwaltungsrecht, Allgemeiner Teil, Stuttgart 1946.

Nikisch, Arthur: Arbeitsrecht, 3 Bde., 1. Bd., 3. Aufl., Tübingen 1961; 2. Bd., 2. Aufl., Tübingen 1959; 3. Bd., 2. Aufl., Tübingen 1966.

Nipperdey, Hans Carl und Hermann *Heussner:* Die Rechtsnatur der Allgemeinverbindlichkeitserklärung von Tarifverträgen: Staatsbürger und Staatsgewalt. Jubiläumsschrift zum 100jährigen Bestehen der deutschen Verwaltungsgerichtsbarkeit und zum 10jährigen Bestehen des Bundesverwaltungsgerichts, Bd. I, Karlsruhe 1963, 211 - 237.

Nipperdey, Hans Carl: Lehrbuch des Arbeitsrechts. 2 Bde., 1. Hlbd., 7. Aufl., Berlin und Frankfurt a. M. 1967.

Obermayer, Klaus: Rechtsverordnung im formellen Sinn?: DöV 1955, 364 ff.

— Das Bundesverfassungsgericht und der Vorbehalt des Gesetzes: DVBl. 1959, 354 ff.

— Grundzüge des Verwaltungsrechts und des Verwaltungsprozeßrechts, München, Hannover 1964.

— Verfassungsrechtliche Aspekte der verwaltungsgerichtlichen Normenkontrolle: DVBl. 1965, 625 ff.

— Die verwaltungsgerichtliche Normenkontrolle: Zehn Jahre Verwaltungsgerichtsordnung. Bewährung und Reform. Vorträge und Diskussionsbeiträge der 38. Staatswissenschaftlichen Fortbildungstagung der Hochschule für Verwaltungswissenschaften Speyer 1970. Berlin 1970, 142 - 160.

Oldiges, Martin: Grundlagen eines Plangewährleistungsrechts, Bad Homburg v. d. H., Berlin, Zürich 1970.

Ossenbühl, Fritz: Verwaltungsvorschriften und Grundgesetz, Bad Homburg v. d. H., Berlin, Zürich 1968.

— Welche normativen Anforderungen stellt der Verfassungsgrundsatz des demokratischen Rechtsstaates an die planende staatliche Tätigkeit, dargestellt am Beispiel der Entwicklungsplanung, Gutachten B zum 50. Deutschen Juristentag, München 1974.

— Die Quellen des Verwaltungsrechts: Erichsen, Hans-Uwe; Martens, Wolfgang (Hrsg.), Allgemeines Verwaltungsrecht, Berlin, New York 1975, 51 - 114.

Pagenkopf, Hans: Kommunalrecht, Köln, Berlin, Bonn, München 1971.

Peter, Christoph: Darf der Bundesgesetzgeber zum Erlaß gesetzändernder Rechtsverordnungen ermächtigen?: AöR Bd. 92 (1967), 357 - 381.

Peters, Hans: Die Satzungsgewalt innerstaatlicher Verbände: Anschütz, Gerhard; Thoma, Richard (Hrsg.), Handbuch des Deutschen Staatsrechts, 2 Bde., 2. Bd. Tübingen 1932, S. 264 - 274.

— Die Gemeinde in der Rechtsprechung des Bundesverfassungsgerichts und des Bundesverwaltungsgerichts: Staatsbürger und Staatsgewalt. Jubiläumsschrift zum 100jährigen Bestehen der deutschen Verwaltungsgerichtsbarkeit und zum 10jährigen Bestehen des Bundesverwaltungsgerichtes, Bd. II, Karlsruhe 1963, 203 - 227.

Raiser, Ludwig: Der Stand der Lehre vom subjektiven Recht im Deutschen Zivilrecht: JZ 1961, 465 ff.

Rasch, E.: Entstehung und Auflösung von Körperschaften des öffentlichen Rechts: DVBl. 1970, 765 ff.

Rauball, Johannes und Reinhard *Rauball:* Gemeindeordnung für Nordrhein-Westfalen. Kommentar, 2. Aufl., München 1974.

Redeker, Konrad: Fragen der Kontrolldichte verwaltungsgerichtlicher Rechtsprechung: DöV 1971, 757 ff.

Redeker, Konrad und Hans-Joachim von *Oertzen:* Verwaltungsgerichtsordnung. Kommentar, 4. Aufl., Stuttgart, Berlin, Köln, Mainz 1971.

Reiff, Hermann und Günter *Wöhrle:* Kommentar zum Polizeigesetz für Baden-Württemberg, 2. Aufl., Stuttgart 1971.

Renck, Ludwig: Die verfahrensrechtlichen Möglichkeiten eines Rechtsschutzes bei Rechtsverletzungen unmittelbar durch Rechtsvorschriften: DöV 1964, 651 ff.

— Verwaltungsgerichtlicher Rechtsschutz gegen Rechtsnormen: JuS 1966, 273 ff.

Reuss, Wilhelm: Wirtschaftsverwaltungsrecht I, Köln, Berlin, Bonn, München 1963.

Richter, Peter Sieghard: Sind die Grundsätze über die Ermessensausübung beim Erlaß von Verwaltungsakten übertragbar auf den Erlaß von Rechtsverordnungen und Satzungen? (Diss. jur.), Heidelberg 1972.

Rietdorf: Gedanken zum nordrhein-westfälischen Ordnungsbehördengesetz: DVBl. 1958, 344 ff.

Rohlfing, Theodor, Hans *Kiskalt* und Karl *Wolff:* Handkommentar zur Gewerbeordnung, 3. Aufl., Berlin, Frankfurt a. M. 1961.

Rupp, Hans Heinrich: Zur neuen Verwaltungsgerichtsordnung: Gelöste und ungelöste Probleme: AöR 85 (1960), 301 - 336.

— Die Nichtigkeit eines verfassungswidrigen Gesetzes und die Entscheidungsfunktion des Bundesverfassungsgerichts: JuS 1963, 469 ff.

— Grundfragen der heutigen Verwaltungsrechtslehre, Tübingen 1965. (zit.: *Rupp,* Grundfragen)

— Die finanzielle Benachteiligung verheirateter gegenüber ledigen Beamtenkindern und Art. 6 I GG: JuS 1968, 166 ff.

— Bespr. von: Henke, Wilhelm: Das subjektive öffentliche Recht: DVBl. 1969, 221 ff.

Rupp-v. Brünneck, Wiltraut: Darf das Bundesverfassungsgericht an den Gesetzgeber appellieren?: Festschrift für Gebhard Müller zum 70. Geburtstag, Tübingen 1970, 355 - 378.

Salzwedel, Jürgen: Gleichheitsgrundsatz und Drittwirkung: Festschrift Hermann Jahrreiss zum 70. Geburtstag, Köln, Berlin, Bonn, München 1964, 339 - 353.

Sauter, Helmut, Paul *Holch* und *Rentschler:* Landesbauordnung für Baden-Württemberg. Kommentar (Losebl.), Stuttgart 1966, Lieferungen 1 - 12.

Schack, Friedrich: Die Verlagerung der Gesetzgebung im gewaltenteilenden Staat: Festschrift Karl Haff zum 70. Geburtstag, Innsbruck 1950, 332 - 359.

— Die verfassungskonforme Auslegung (Referat): JuS 1961, 269 ff.

— Die gesetzvertretenden Verordnungen: DöV 1962, 652 ff.

— Ausführungsverordnungen und gesetzergänzende Verordnungen: JZ 1964, 252 ff.

Schäfer, Walter: Die Klagearten nach der VwGO: DVBl. 1960, 837 ff.

Scheerbarth, Walter: Baustufenordnungen als Baupolizeiverordnungen oder Ortssatzungen?: DöV 1957, 470 ff.

Schefold, Dian und Klaus-Rüdiger *Leske:* Hochschulvorschaltgesetz: verfassungswidrig — aber nicht nichtig: NJW 1973, 1297 ff.

Scheuner, Ulrich: Wirtschaftliche und soziale Selbstverwaltung: DöV 1952, 609 ff.

— Ausländische Erfahrungen zum Problem der Übertragung rechtsetzender Gewalt: Die Übertragung rechtsetzender Gewalt im Rechtsstaat, Frankfurt a. M. 1952, 118 - 166.

Schick, Walter: Autonomie: Evangelisches Staatslexikon, Berlin 1966, Sp. 105 bis 107.

— Gesetz, Gesetzgebung: Evangelisches Staatslexikon, Berlin 1966, Sp. 643 bis 648.

Schiedermair, Rudolf: Einführung in das bayerische Polizeirecht, München, Berlin 1961.

Schmatz, Hans-Peter: Die Grenzen des Opportunitätsprinzips im heutigen deutschen Polizeirecht, Berlin 1966.

Schmidt, Walther W.: Ausschluß der Verfassungsbeschwerde durch den Gesetzgeber?: DöV 1968, 788 f.

Schmidt-Assmann, Eberhard: Grundfragen des Städtebaurechts, Göttingen 1972.

Schmidt-Bleibtreu, Bruno: Anmerkung zum Urteil des BVerfG vom 13. 12. 1961 — 1 BvR 1137/59 — 1 BvR 278/60: DöV 1962, 105 ff.

Schmidt-Bleibtreu, Bruno und Franz *Klein:* Kommentar zum Grundgesetz für die Bundesrepublik Deutschland, 3. Aufl., Neuwied und Berlin 1973.

Schmitt, Carl: Verfassungslehre, 4. Aufl., Berlin 1965.

Schneider, Egon: Logik für Juristen, 2. Aufl., München 1972.

Schneider, Hans: Autonome Satzung und Rechtsverordnung: Festschrift für Philipp Möhring zum 65. Geburtstag, München und Berlin 1965, 521 - 542.

Schneider, Rudolf: Rechtsschutz gegen verfassungswidriges Unterlassen des Gesetzgebers: AöR Bd. 89 (1964), 24 - 56.

— Anmerkung zum Beschluß des Bay. VerfGH vom 23. 6. 1964 — Vf. 101 — VI — 63: DVBl. 1966, 799 f.

Schrödter, Hans: Bundesbaugesetz. Kommentar, 3. Aufl., München 1973.

— 25 Jahre verwaltungsgerichtliche Rechtsprechung zum Städtebaurecht: DVBl. 1973, 763 ff.

Schütz, Walter und Gunther *Frohberg:* Kommentar zum Bundesbaugesetz, 3. Aufl., Neuwied und Berlin 1970.

Schunck, Egon und Hans *de Clerck:* Verwaltungsgerichtsordnung. Kommentar, 2. Aufl., Siegburg 1967.

Seiwerth, Jakob: Zur Zulässigkeit der Verfassungsbeschwerde gegenüber Grundrechtsverletzungen des Gesetzgebers durch Unterlassen, Berlin 1962.

Sendler, Horst: Industrieansiedlung, Umweltschutz, Planungs- und Nachbarrecht: WiR 1972, 453 ff.

Seufert, Leo: Die nicht erfüllten Gesetzgebungsgebote des GG und ihre verfassungsrechtliche Durchsetzung (Diss. jur.), Würzburg 1969.

Sieg, Harald und Werner *Leifermann:* Gewerbeordnung. Erläuterung, 3. Aufl., München 1975.

Siemer, Hermann: Normenkontrolle durch Feststellungsklage? Berlin 1971.

Simson, Werner von: Planänderung als Rechtsproblem: Planung I, Baden-Baden 1965, 405 - 422.

Sinn, Helmut: Die Änderung gesetzlicher Regelungen durch einfache Rechtsverordnung, Berlin 1971.

Spanner, Hans: Die verfassungskonforme Auslegung in der Rechtsprechung des Bundesverfassungsgerichts: AöR Bd. 91 (1966), 503 - 536.

Spiegel, Bernhard: Darf eine Verordnung zugleich mit dem ermächtigenden Gesetz verkündet werden?: NJW 1962, 1187 ff.

Stahler, Konrad: Verfassungsgerichtliche Nachprüfung gesetzgeberischen Unterlassens (Diss. jur.), München 1966.

Starck, Christian: Autonomie und Grundrechte: AöR Bd. 92 (1967), 449 - 478.

Stein, Friedrich, Martin *Jonas,* Rudolf *Pohle,* Wolfgang *Grunsky,* Dieter *Leipold,* Wolfgang *Münzberg,* Peter *Schlosser* und Ekkehard *Schumann:* Kommentar zur Zivilprozeßordnung, 2 Bde., 19. Aufl., Tübingen 1972.

Stern, Klaus: Ermessen und unzulässige Ermessensausübung, Berlin 1964.

— Verwaltungsprozessuale Grundprobleme in der öffentlichrechtlichen Arbeit: JuS 1965, 183 ff.

— Kommentar zum Bonner Grundgesetz (Bonner Kommentar), 5 Bde. (Losebl.), Lieferungen 1 - 32, Art. 28 (Zweitbearb.).

Stern, Klaus und Günter *Püttner:* Anmerkung zum Beschluß des BVerfG vom 21. 12. 1966 — 1 BvR 33/64: JZ 1967, 488 f.

Stier-Somlo, Fritz: Der Reichstag, Allgemeine Kennzeichnung: Handbuch des Deutschen Staatsrechts, 2 Bde., 1. Bd., Tübingen 1930, 381 - 386.

Süsterhenn, Adolf: Das Subsidiaritätsprinzip als Grundlage der vertikalen Gewaltenteilung: Vom Bonner Grundgesetz zur gesamtdeutschen Verfassung. Festschrift zum 75. Geburtstag von Hans Nawiasky, München 1956, 141 - 155.

Surén, Friedrich-Karl und Wilhelm *Loschelder:* Die Deutsche Gemeindeordnung. Kommentar, 2 Bde., Bd. I, Berlin 1940.

Thoma, Richard: Das System der subjektiven öffentlichen Rechte und Pflichten: Handbuch des Deutschen Staatsrechts, 2 Bde., 2. Bd., Tübingen 1932, 607 - 623.

Triepel, Heinrich: Delegation und Mandat im öffentlichen Recht, Stuttgart und Berlin 1942.

Tschira, Oskar und Walter *Schmitt-Glaeser:* Grundriß des Verwaltungsprozeßrechts mit Systematik zur Fallbearbeitung, Stuttgart, München, Hannover 1970.

Turegg, Kurt Egon von und Erwin *Kraus:* Lehrbuch des Verwaltungsrechts, 4. Aufl., Berlin 1962.

Ule, Carl Hermann: Verwaltungsgerichtsbarkeit, 2. Aufl., Köln, Berlin, München, Bonn 1962.

— Bespr. von: Entscheidungen des Bundesverfassungsgerichts 15. Band: DVBl. 1964, 779.

— Verwaltungsprozeßrecht, 5. Aufl., München 1971.

Ule, Carl Hermann und E. *Rasch:* Allgemeines Polizei- und Ordnungsrecht, Köln, Berlin, Bonn, München 1965.

Umbach, Dieter C.: Anmerkung zum Beschluß des BVerfG vom 27. 7. 1971 — 2 BvR 443/70: DVBl. 1971, 741 ff.

Volkmar, Dieter: Allgemeiner Rechtssatz und Einzelakt, Berlin 1962.

Wagener, Frido: Gemeindeverbandsrecht in Nordrhein-Westfalen. Kommentar, Köln 1967.

Wambsganz, Ludwig: Planungsrecht und Planungspflicht der Gemeinde: Bay. VBl. 1963, 1 ff.

Weber, Werner: Die Selbstverwaltung in der Landesplanung, Köln, Berlin 1956.

— Staats- und Selbstverwaltung in der Gegenwart, 2. Aufl., Göttingen 1967.

Weinberger, Ota: Rechtslogik, Wien, New York 1970.

Werner, Fritz: Zur Kritik an der Verwaltungsgerichtsbarkeit: DVBl. 1957, 221 ff.

Wessel: Die Rechtsprechung des Bundesverfassungsgerichts zur Verfassungsbeschwerde: DVBl. 1952, 161 ff.

Wieczorek, Bernhard: Zivilprozeßordnung. Kommentar Bd. II Teil 1, Berlin 1957.

Wilke, Dieter: Bundesverfassungsgericht und Rechtsverordnungen: AöR Bd. 98 (1973), 196 - 247.

Wilke, Dieter und Gerd H. *Koch:* Außenpolitik nach Anweisung des Bundesverfassungsgerichts?: JZ 1975, 233 ff.

Wolff, Bernhard: Die Ermächtigung zum Erlaß von Rechtsverordnungen nach dem Grundgesetz: AöR Bd. 78 (1952/1953), 194 - 227.

Wolff, Hans Julius: Verwaltungsrecht II, 3. Aufl., München 1970; Verwaltungsrecht III, 2. Aufl., München 1966.
(zit.: Verw. R. II, bzw. III).

Wolff, Hans Julius und Otto *Bachof:* Verwaltungsrecht I, 9. Aufl., München 1974.
(zit.: Verw. R. I.)

Ziegler, Jürgen: Unvollziehbarer Bebauungsplan und Grundeigentum: DöV 1974, 473 ff.

Zinn, Georg August und Erwin *Stein:* Verfassung des Landes Hessen. Kommentar (Losebl.), Bad Homburg v. d. H., Berlin, Zürich 1972, Lieferungen 1 - 6.

Zoller, Wolfgang: Über die Bedeutung des Art. 80 GG. Frankfurt a. M. 1971.

Zuck, Rüdiger: Subsidiaritätsprinzip und Grundgesetz, 1963.

— Normenkontrolle und Bebauungsplan: DVBl. 1974, 213 ff.

Zuleeg, Manfred: Die Ermessensfreiheit des Verordnungsgebers: DVBl. 1970, 157 ff.

Kolibri 360 GmbH
Ferdinand-Jühlke-Straße 7
99095 Erfurt, Deutschland
produktsicherheit@kolibri360.de

Druck:
CPI Druckdienstleistungen GmbH
im Auftrag der
Kolibri 360 GmbH
Ferdinand-Jühlke-Str. 7
99095 Erfurt